Springer-Lehrbuch

Ralph Alexander Lorz

# Fallrepetitorium Europarecht

 Springer

Professor Dr. Ralph Alexander Lorz
Heinrich-Heine-Universität Düsseldorf
Lehrstuhl für deutsches und ausländisches öffentliches Recht,
Völkerrecht und Europarecht
Juristische Fakultät
Universitätsstraße 1
40225 Düsseldorf
lorz@uni-duesseldorf.de

ISBN-10    3-540-28336-6 Springer Berlin Heidelberg New York
ISBN-13    978-3-540-28336-2 Springer Berlin Heidelberg New York

Bibliografische Information Der Deutschen Bibliothek
Die Deutsche Bibliothek verzeichnet diese Publikation in der Deutschen Nationalbibliografie; detaillierte bibliografische Daten sind im Internet über <http://dnb.ddb.de> abrufbar.

Dieses Werk ist urheberrechtlich geschützt. Die dadurch begründeten Rechte, insbesondere die der Übersetzung, des Nachdrucks, des Vortrags, der Entnahme von Abbildungen und Tabellen, der Funksendung, der Mikroverfilmung oder der Vervielfältigung auf anderen Wegen und der Speicherung in Datenverarbeitungsanlagen, bleiben, auch bei nur auszugsweiser Verwertung, vorbehalten. Eine Vervielfältigung dieses Werkes oder von Teilen dieses Werkes ist auch im Einzelfall nur in den Grenzen der gesetzlichen Bestimmungen des Urheberrechtsgesetzes der Bundesrepublik Deutschland vom 9. September 1965 in der jeweils geltenden Fassung zulässig. Sie ist grundsätzlich vergütungspflichtig. Zuwiderhandlungen unterliegen den Strafbestimmungen des Urheberrechtsgesetzes.

Springer ist ein Unternehmen von Springer Science+Business Media

springer.de

© Springer-Verlag Berlin Heidelberg 2006
Printed in Germany

Die Wiedergabe von Gebrauchsnamen, Handelsnamen, Warenbezeichnungen usw. in diesem Werk berechtigt auch ohne besondere Kennzeichnung nicht zu der Annahme, dass solche Namen im Sinne der Warenzeichen- und Markenschutz-Gesetzgebung als frei zu betrachten wären und daher von jedermann benutzt werden dürften.

Umschlaggestaltung: Design & Production, Heidelberg
SPIN 11539797      64/3153-5 4 3 2 1 0 – Gedruckt auf säurefreiem Papier

# Vorwort

Dieses Buch richtet sich an Studierende in fortgeschrittenen Semestern und Examenskandidaten. Sie sollen damit die Gelegenheit erhalten, ihr Wissen im Europarecht sowohl mit Blick auf den staatlichen Teil der Ersten Prüfung als auch in bezug auf eine entsprechende Schwerpunktbereichsprüfung zu wiederholen und am Fall zu vertiefen. Die gutachtliche Aufbereitung der Fälle dient in erster Linie der Vorbereitung auf mögliche Klausuren sowohl im Pflichtfach als auch im Schwerpunktbereich. Daneben kann das Buch jedoch auch als Trainingsgrundlage für die mündliche Prüfung in beiden Bereichen eingesetzt werden.

Das Buch basiert zum einen auf den Erfahrungen, die ich im Rahmen der Pflichtfachvorlesung zum Europarecht und der darauf aufbauenden Veranstaltungen zur Examensvorbereitung gewonnen habe. Zum anderen verkörpert es das Konzept der von mir speziell als Schwerpunktbereichsveranstaltung erstellten Vorlesung zum Recht des europäischen Binnenmarktes. Demzufolge liegt der Schwerpunkt der behandelten Fälle im Bereich des Binnenmarktes, namentlich der Grundfreiheiten des EG-Vertrags, die freilich auch im Pflichtfachexamen die Grundlage der meisten europarechtlichen Prüfungsfragen bilden. Weitere binnenmarktrelevante Bereiche wie das Kartell- und Beihilfenrecht werden ebenso wie die institutionellen Grundlagen der EG zumindest in ihren wesentlichen Grundzügen behandelt. Die eingestreuten verfahrensrechtlichen Probleme ergeben in ihrer Gesamtheit zugleich ein Bild der zentralen Bestandteile des europäischen Rechtsschutzsystems.

Entsprechend der Konzeption der zugrunde liegenden Veranstaltungen bauen die Fälle in aller Regel auf tatsächlichen Entscheidungen insbesondere des Europäischen Gerichtshofs auf. Damit sollen Aktualität und Realitätsbezug des verwendeten Materials gewährleistet werden. Zugleich bleiben die Falllösungen jedoch nicht bei einer analysierenden Wiedergabe der einschlägigen Rechtsprechung stehen, sondern wollen zeigen, wie die in der Praxis tatsächlich aufgetretenen Probleme schulmäßig umgesetzt werden können. Dabei wird, soweit dem nicht die Besonderheiten des Rechtsgebiets entgegenstehen, die im deutschen Jurastudium generell verwendete Falllösungstechnik zugrunde gelegt.

Aber dieses Buch beruht bei weitem nicht nur auf meinen eigenen Lehrerfahrungen. Vielmehr haben zahlreiche meiner Mitarbeiter maßgeblich daran mitgewirkt und ihre eigenen Erfahrungen als Studierende wie als Dozenten in die Formulierung der Falllösungen eingebracht. Dafür danke ich im einzelnen *Olivia Jazwinski* (Fälle 2 und 3), *Daniel Kruppa* (Fälle 1 und 4), *Lars Mammen* (Fälle 10 und 14), *Verena Meurers* (Fälle 7 und 8), *Maren Müller* (Fälle 5, 6 und 9), *Mehrdad Payandeh* (Fälle 12 und 13) und *Heiko Sauer* (Fall 11). Sie alle haben einen unverzichtbaren Beitrag als „Geburtshelfer" dieses Buches geleistet. Das gilt in technischer Hinsicht ebenso für die Unterstützung durch *Philipp Graf, Roman Kies, Daniel Riedel* und *Michael Vetter*. Die Verantwortung für den Inhalt und alle verbliebenen Fehler liegt indes allein bei mir.

Düsseldorf, im April 2006                    *Ralph Alexander Lorz*

# Inhaltsverzeichnis

**Fall 1: Kampf der Organe**........................................................ 1
(Nichtigkeitsklage – Abgrenzung Grund-/Durchführungsverordnung – Begründungspflicht – Anhörung des Parlaments)

**Fall 2: Ein Winzer hat schlecht werben**............................................ 13
(Vorabentscheidungsverfahren – Warenverkehrsfreiheit – "Dassonville"-Formel – "Keck"-Formel – "Cassis"-Formel – vertikale Drittwirkung von Richtlinien – Verwerfungsmonopol des EuGH)

**Fall 3: Umweltschutz im Binnenmarkt**........................................... 29
(Warenverkehrsfreiheit – Umweltschutz als Rechtfertigungsgrund – "Cassis"-Formel – EU-Grundrechte-Charta)

**Fall 4: Vom Regen in die Traufe**................................................. 45
(Staatshaftung bei Verstoß gegen die Warenverkehrsfreiheit – Staatshaftung bei Nichtumsetzung einer Richtlinie)

**Fall 5: Europas berühmtester Fußballspieler**..................................... 63
(Arbeitnehmerfreizügigkeit – Berufssport – unmittelbare Drittwirkung der Grundfreiheiten – Kartellverbot)

**Fall 6: Luxemburger unter sich?**.................................................. 79
(Vertragsverletzungsverfahren – ordnungsgemäßes Vorverfahren – Arbeitnehmerfreizügigkeit – Bereichsausnahme des Art. 39 Abs. 4 EG – allgemeines Diskriminierungsverbot)

**Fall 7: Der deutsche Avvocato**................................................... 95
(Vorabentscheidungsverfahren – Niederlassungsfreiheit – Sekundärrecht im Bereich der anwaltlichen Tätigkeit)

**Fall 8: Die Briefkastengesellschaft**............................................... 109
(Niederlassungsfreiheit von Gesellschaften – Offenlegungsbestimmungen für Zweigniederlassungen – Sitztheorie vs. Gründungstheorie – Rechtsprechung des EuGH zur Niederlassungsfreiheit von Gesellschaften)

**Fall 9: Die unerbetene Telefonwerbung**............ 127
(Dienstleistungsfreiheit – Abgrenzung der Grundfreiheiten untereinander – grenzüberschreitender Bezug – Beschränkungsverbot – Keck-Formel)

**Fall 10: Das Volkswagen-Gesetz auf dem Prüfstand**............ 141
(Vertragsverletzungsverfahren – Kapitalverkehrsfreiheit – "golden share"-Rechtsprechung des EuGH)

**Fall 11: Der Bananenstreit**............ 157
(Nichtigkeitsklage – GATT-Widrigkeit – Europäischer und nationaler Grundrechtsschutz – Verfassungsbeschwerde – Art. 19 Abs. 4 GG – Verhältnis BVerfG und EuGH/"Solange"- und "Maastricht"-Rechtsprechung)

**Fall 12: Keine Regel ohne Ausnahme?**............ 181
(Nichtigkeitsklage – Rechtsangleichung – Begründung von Rechtsakten – Subsidiaritätsprinzip)

**Fall 13: Revierfremde Leasingpraxis**............ 197
(Wettbewerbsrecht – Kartellrecht – Art. 81 EG – Begriff der Vereinbarung)

**Fall 14: Der Wirtschaftsaufschwung, der vom Himmel kam**............ 209
(Nichtigkeitsklage – Beihilfenrecht – Vertrauensschutz – öffentlich-rechtlicher Erstattungsanspruch – Leistungsklage – Staatshaftung)

**Literaturverzeichnis**............ 229

**Verzeichnis der Entscheidungen des EuGH**............ 235

# Fall 1: Kampf der Organe

## A. Sachverhalt

Auf Vorschlag der Kommission erlässt der Rat unter ordnungsgemäßer Beteiligung des Parlaments eine auf Art. 37 EG gestützte Verordnung zum Schutz des ökologischen Landbaus. Diese Verordnung reguliert im Wesentlichen die Erzeugung und Kennzeichnung von naturbelassenen Agrarprodukten sowie die Werbung für sie mit der Zielsetzung, einen unlauteren Wettbewerb hinsichtlich der ökologischen Ausrichtung landwirtschaftlicher Verfahren und Erzeugnisse zu verhindern.

Art. 5 Abs. 7 dieser VO (GrundVO) ermächtigt die Kommission zum Erlass ausführlicher Vorschriften für die Durchführung der entsprechenden Regelungen unter der Voraussetzung, dass ein aus Vertretern der Mitgliedstaaten zusammengesetzter Ausschuss zustimmt. Art. 5 Abs 8 GrundVO erstreckt diese Ermächtigung ausdrücklich auf die Aufstellung von Verzeichnissen der für eine ökologische Verarbeitung geeigneten Stoffe und Erzeugnisse.

Die Kommission macht bald darauf von dieser Ermächtigung Gebrauch. In dem mit einer Durchführungsverordnung (DVO) ohne Beteiligung des Parlaments aufgestellten Verzeichnis findet sich unter anderem die Sammelbezeichnung „genetisch veränderte Mikroorganismen" (GVMO) mit der Einschränkung, dass solche Organismen noch in einem eigenen Verzeichnis konkret zu benennen seien.

Zur gleichen Zeit berät der Rat über einen vom Parlament bereits begrüßten Vorschlag der Kommission für eine Richtlinie auf der Basis von Art. 93 EG zur Harmonisierung der Straßenbenutzungs- und Kfz-Abgaben. Dieser Vorschlag sieht vor, dass der Rat „baldmöglichst geeignete Vorschriften für die Einführung eines auf dem Territorialitätsprinzip beruhenden harmonisierten Abgabensystems für den Straßenverkehr" erlassen sollte. Zu berücksichtigen seien dabei insbesondere Wege-, aber auch Umweltkosten.

Dem Rat ist diese Fassung etwas zu apodiktisch. Er verabschiedet die Richtlinie daher ohne weitere Konsultationen oder Anhörungen in der Fassung, dass „gegebenenfalls Vorschläge für die Einführung einer auf das Territorialitätsprinzip gestützten Regelung zur Anlastung der Wegekosten, bei der nationale Grenzen eine untergeordnete Rolle spielen", vorzulegen seien.

Diese Vorkommnisse erregen einen Sturm der Entrüstung im Europäischen Parlament. Die Mehrheit der Abgeordneten lässt sich von ihrem Rechtsausschuss dahingehend überzeugen, dass sowohl der Erlass der DVO der Kommission als auch die Verabschiedung der veränderten Fassung der Richtlinie durch den Rat einer gesonderten Anhörung des Parlaments bedurft hätten. Außerdem sei die Aufnahme der „genetisch veränderten Mikroorganismen" in das Verzeichnis zur GrundVO als Änderung derselben begründungsbedürftig gewesen.

Der Präsident des Europäischen Parlaments beauftragt Sie mit der Prüfung der Frage, wie das Parlament eine Nichtigerklärung der beiden Rechtsakte erreichen könnte und welche Erfolgsaussichten hierfür bestehen.

# B. Lösung

Eine Nichtigerklärung der beanstandeten Rechtsakte könnte das Parlament im Wege der Nichtigkeitsklage nach Art. 230 EG erreichen. Eine solche Klage wird erfolgreich sein, wenn sie zulässig und begründet ist.

## I. Zulässigkeit

Die Nichtigkeitsklage ist zulässig, wenn die entsprechenden Sachentscheidungsvoraussetzungen vorliegen.

### 1. Zuständigkeit des Gerichtshofs

Die sachliche Zuständigkeit der europäischen Gerichtsbarkeit richtet sich nach Art. 225 Abs. 1 EG. Danach ist das Gericht erster Instanz (EuG) für Klagen nach Art. 230 EG zuständig. Allerdings enthält Art. 225 Abs. 1 EG i.V.m. Art. 51 EuGH-Satzung eine davon abweichende Zuständigkeitsregelung zugunsten des EuGH für den Fall der Klageerhebung von Gemeinschaftsorganen. Somit ist für die Klage des Europäischen Parlament der EuGH zuständig.

### 2. Parteifähigkeit

Gemäß Art. 230 Abs. 1 EG überwacht der EuGH die Rechtmäßigkeit der (rechtsverbindlichen) Handlungen von Rat und Kommission. Das Europäische Parlament kann entsprechende Verfahren nach Art. 230 Abs. 2 EG in Gang setzen. Damit sind das Parlament als Klägerin sowie Rat und Kommission als Beklagte jeweils taugliche Verfahrensbeteiligte.

### 3. Klagegegenstand

Klagegegenstand kann gemäß Art. 230 Abs. 1 EG jeder Rechtsakt der EG-Organe sein, soweit es sich nicht um eine Empfehlung oder Stellungnahme handelt.

> Nach Ansicht des EuGH ist der Handlungsbegriff nach Art. 230 Abs. 1 EG nach Sinn und Zweck weit auszulegen. Über die in Art. 249 EG genannten Arten von Handlungen hinaus sollen daher alle Handlungen von Organen erfasst werden, die dazu bestimmt sind, Rechtswirkungen zu erzeugen[1].

---

[1] EuGH, Urt. v. 31.03.1971, Rs. 22/70, Slg. 1971, 263 (Ziff. 38/42) [*Kommission/Rat*]; EuGH, Urt. v. 02.03.1994, Rs. C-316/91, Slg. 1994, I-625 (Ziff. 8) [*Parlament/Rat*].

Vorliegend begehrt das Parlament die Aufhebung einer Verordnung bzw. einer Richtlinie. Zwar ist die Kommission im Gegensatz zu Parlament und Rat nicht originärer Gesetzgeber der Gemeinschaft. Die vorliegende Verordnung ist jedoch (lediglich) eine DurchführungsVO, die auf einer vom Rat unter Beteiligung des Parlaments erlassenen Verordnung basiert. Somit liegen taugliche Streitgegenstände vor.

## 4. Klagebefugnis

Als weitere Voraussetzung müsste das Parlament klagebefugt sein.

> Zu beachten ist, dass sich die Klagebefugnis nach dem jeweiligen Kläger richtet. Es gibt im Rahmen der Nichtigkeitsklage gemäß Art. 230 EG privilegierte (Abs. 2), teilprivilegierte (Abs. 3) und nicht privilegierte (Abs. 4) Kläger. Bei den privilegierten Klägern dient das Verfahren der objektiven Rechtskontrolle, eine gesonderte Klagebefugnis ist daher nicht erforderlich[2]. Natürliche und juristische Personen sind als Adressaten einer Entscheidung immer klagebefugt, Art. 230 Abs. 4 Alt. 1 EG. Darüber hinaus müssen sie unmittelbar und individuell betroffen, d. h. in ihren Interessen (nicht notwendig in ihren Rechten) beeinträchtigt sein, Art. 230 Abs. 4 Alt. 2 EG[3].
>
> Das Parlament gehörte bis zum Vertrag von Nizza zu den teilprivilegierten Klägern, deren Klageerhebung auf „die Wahrung ihrer Rechte abzielen" muss. Mit dem Inkrafttreten des Vertrags von Nizza am 01.02.2003 ist nunmehr auch das Parlament privilegierter Klageberechtigter nach Art. 230 Abs. 2 EG geworden[4]. Somit wäre das Parlament nach alter Rechtslage als nur teilprivilegierter Kläger hinsichtlich des gerügten Verstoßes gegen die Begründungspflicht aus Art. 253 EG nicht klagebefugt gewesen, weil das Begründungserfordernis nicht den Interessen des Parlaments dient, sondern das Recht für die Gemeinschaftsbürger transparent machen soll[5].

Als in Art. 230 Abs. 2 EG aufgeführter privilegierter Kläger ist das Parlament insgesamt ohne weiteres klagebefugt.

---

[2] Geiger R, EUV/EGV-Kommentar, 4. Aufl. 2004, Art. 230 EGV Rn. 13.
[3] Streinz R, Europarecht, 7. Aufl. 2005, Rn. 603.
[4] Streinz R, Europarecht, 7. Aufl. 2005, Rn. 586.
[5] EuGH, Urt. v. 29.02.1996, verb. Rs. C-296/93 u. C-307/93, Slg. 1996, I-795 (Ziff. 72) [*Frankreich, Irland/Kommission*].

## 5. Klagegrund

Die Klage wird auf zwei Gesichtspunkte gestützt. Zum einen wird auf die fehlende Anhörung des Parlaments sowohl mit Blick auf die Verordnung der Kommission als auch bezogen auf die Richtlinie des Rates abgestellt. Außerdem stützt das Parlament seine Klage auf die seiner Meinung nach fehlende Begründung gemäß Art. 253 EG für die geänderte GrundVO. Anhörungsrechte, soweit sie nicht bloß fakultativer Art sind, und Begründungspflicht sind wesentliche Formvorschriften im Sinne des Art. 230 Abs. 2 EG[6].

Damit rügt das Parlament die Verletzung wesentlicher Formvorschriften, so dass ein Klagegrund im Sinne des Art. 230 Abs. 2 EG gegeben ist.

## 6. Klagefrist

Nach Art. 230 Abs. 5 EG ist eine Frist von zwei Monaten ab der Bekanntgabe der Rechtsakte einzuhalten. Die Fristwahrung kann hier unterstellt werden.

## 7. Ergebnis

Die Klage des Parlaments ist in vollem Umfang zulässig.

## II. Begründetheit

Die Klage ist begründet, wenn die angefochtenen Rechtsakte wegen Verletzung einer wesentlichen Formvorschrift rechtswidrig sind, Art. 230 Abs. 2 EG.

> Die Nichtigkeitsklage ist auch dann begründet, wenn der angefochtene Rechtsakt einem oder mehreren der in Art. 230 Abs. 2 EG genannten Aufhebungsgründe unterfällt, selbst wenn der Mangel nicht vom Kläger geltend gemacht wird, sofern er von Amts wegen zu beachten ist[7]. In jedem Falle erfolgt die Nichtigerklärung durch den EuGH gemäß Art. 231 Abs. 1 EG. Daneben sieht Art. 231 Abs. 2 EG als Ausnahmeregel eine Begrenzungsmöglichkeit der Wirkung einer Nichtigerklärung durch den Gerichtshof vor. Diese ist über den Wortlaut (Verordnung) des Art. 231 Abs. 2 EG

---

[6] Cremer W, in: Calliess C/Ruffert M (Hrsg.), EUV/EGV-Kommentar, 2. Aufl. 2002, Art. 230 EG Rn. 72 f.; EuGH, Urt. v. 25.05.1993, Rs. C-199/91, Slg. 1993, I-2667 (Ziff. 34) [*Foyer culturel du Sart-Tilman/Kommission*]; EuGH, Urt. v. 29.10.1980, Rs. 138/79, Slg. 1980, 3333 (Ziff. 33) [*Roquette Frères/Rat*].

[7] Cremer W, in: Calliess C/Ruffert M (Hrsg.), EUV/EGV-Kommentar, 2. Aufl. 2002, Art. 230 EG Rn. 69.

> hinaus vom EuGH auf alle verbindlichen Rechtsakte – im Sinne von Art. 249 EG – und Beschlüsse im Wege einer Analogie ausgeweitet worden[8].

## 1. Nichtigkeit der Durchführungsverordnung

Hinsichtlich der DurchführungsVO rügt das Parlament zwar nur die unterlassene Anhörung. Da die Durchführungsverordnung jedoch, soweit sie in der Grundverordnung vorgesehen ist, in die alleinige Zuständigkeit der Kommission fällt (vgl. Art. 202 3. Spiegelstrich EG), läuft die Klage des Parlaments hier darauf hinaus, dass die Kommission zur Aufnahme der „genetisch veränderten Mikroorganismen" (GVMO) im Wege der Durchführungsverordnung gar nicht ermächtigt gewesen sei. Vielmehr sei eine Änderung der Grundverordnung erforderlich gewesen, die gemäß Art. 37 Abs. 2 und 3 EG nur durch den Rat im Wege eines erneuten Gesetzgebungsverfahrens – unter Beteiligung des Parlaments – hätte erfolgen können.

Deshalb rügt das Parlament hier im Kern die Unzuständigkeit der Kommission für die Aufnahme der GVMO sowie einen eventuellen Ermessensmissbrauch. Zusätzlich wird noch die fehlende Begründung der darin gesehenen Änderung der GrundVO gerügt.

### a) Abgrenzung der Zuständigkeiten für Grund- und Durchführungsverordnung

> Der Gerichtshof grenzt hier nach einer Art „Wesentlichkeitstheorie" ab, d. h. die „wesentlichen Elemente der zu regelnden Materie" müssen in der Grundverordnung unter Beteiligung des Parlaments festgelegt werden, und die Durchführungsverordnung der Kommission muss diese in jedem Fall respektieren. Eine Maßnahme, die nicht bereits in der Grundverordnung angelegt ist, ermangelt deshalb einer Rechtsgrundlage und ist damit rechtswidrig[9].

Fraglich ist somit, ob die Kommission, dem Vorbringen des Parlaments entsprechend, mit den streitigen Bestimmungen die Grenzen einer Durchführung derjenigen Grundsätze, die in der nach Anhörung des Parlaments erlassenen GrundVO festgelegt worden sind, überschritten hat.

---

[8] EuGH, Urt. v. 07.07.1992, Rs. C-295/90, Slg. 1992, I-4193 (Ziff. 26 f.) [*Parlament/Rat*]; EuGH, Urt. v. 12.05.1998, Rs. C-106/96, Slg. 1998, I-2729 (Ziff. 41) [*Großbritannien/Kommission*]; EuGH, Urt. v. 28.05.1998, Rs. C-22/96, Slg. 1998, I-3231 (Ziff. 42) [*Parlament/Rat*].

[9] EuGH, Urt. v. 16.06.1987, Rs. 46/86, Slg. 1987, 2671 (Ziff. 16) [*Romkes*]; EuGH, Urt. v. 10.05.1995, Rs. C-417/93, Slg. 1995, I-1185 (Ziff. 30) [*Parlament/Rat*].

Dazu müsste die Aufnahme von GVMO in das Verzeichnis nicht mehr von Art. 5 Abs. 8 der GrundVO gedeckt gewesen sein. Zwar nimmt die GrundVO GVMO nicht ausdrücklich aus. Jedoch reguliert die Verordnung nur die Vermarktungsmodalitäten bezüglich naturbelassener Agrarprodukte. Es ist freilich nicht unbedingt ersichtlich, weshalb nicht – in gewissen Grenzen – auch andere Stoffe nichtlandwirtschaftlichen Ursprungs, namentlich GVMO, im weitesten Sinne einer ökologischen Verarbeitung sollten zugeordnet werden können. Ökologie und Gentechnologie schließen sich insoweit nicht vollends aus. Letztlich entscheidend ist jedoch, dass die GrundVO weder eine ausdrückliche noch eine interpretationsfähige Zuständigkeit der Kommission zur Aufnahme von GVMO enthält. Vielmehr bestand die Kompetenz zur Verzeichnisaufstellung ausdrücklich nur für Stoffe, die einer ökologischen Verarbeitung zugänglich sind. Die Kommission hat zwar scheinbar lediglich ein solches Verzeichnis aufgestellt und damit gemäß ihrer Befugnis aus der GrundVO gehandelt. Faktisch hat sie aber mit den GVMO, nach außen als Verzeichnis deklariert, eine neue, in dem ursprünglichen Regelungsziel der GrundVO so nicht enthaltene Regelung einzuführen versucht. Da jedoch nur die Maßnahme an sich, nämlich das Aufstellen von Verzeichnissen, von der GrundVO gedeckt war, die Aufnahme von GVMO hingegen nicht in der GrundVO angelegt war, ist sie mangels Rechtsgrundlage rechtswidrig.

Die Kommission hat folglich den von der GrundVO gezogenen Rahmen überschritten und ist nicht zuständig gewesen.

**b) Vorliegen eines Ermessensmissbrauchs**

Der EuGH definiert Ermessensmissbrauch in ständiger Rechtsprechung als „Vornahme einer Rechtshandlung durch ein Gemeinschaftsorgan ausschließlich oder zumindest überwiegend zu anderen als den angegebenen Zwecken oder mit dem Ziel, ein Verfahren zu umgehen, das der Vertrag speziell vorsieht, um die konkrete Sachlage zu bewältigen"[10]. Folglich ist vorliegend ein Ermessensmissbrauch im Sinne des Art. 230 Abs. 2 EG gegeben, wenn die Kommission in der Durchführungsverordnung Regelungen getroffen hat, die in der Grundverordnung hätten erfolgen müssen. Nach der hier vertretenen Auffassung stellt das mit der DurchführungsVO aufgestellte Verzeichnis ein aliud bzw. ein qualitatives Mehr zur GrundVO dar. Somit hätte es einer Aufnahme der GVMO bereits in die GrundVO bedurft, und die Kommission bewegte sich nicht innerhalb der ihr in der GrundVO erteilten Ermächtigung. Ein Ermessensmissbrauch liegt demnach vor.

**c) Begründungserfordernis**

Ferner rügt das Parlament, dass die seiner Meinung nach vorliegende Änderung der GrundVO einer Begründung nach Art. 253 EG bedurft hätte. Eine Begründungspflicht durch die Kommission setzt eine geänderte GrundVO voraus. Zwar wurde die GrundVO selbst hier nicht formell geändert. Die Kommission hat aber

---

[10] EuGH, Urt. v. 20.06.1991, Rs. C-248/89, Slg. 1991, I-2987 (Ziff. 26) [*Cargill/ Kommission*].

durch die von ihr verwendete Sammelbezeichnung auf dem Weg über die DurchführungsVO den ursprünglichen Regelungsgehalt der GrundVO erheblich erweitert. Dies kommt im Ergebnis einer materiellen Änderung der GrundVO gleich. Somit bestand eine erneute Begründungspflicht. Also ist auch gegen das Begründungserfordernis verstoßen worden.

> Die Begründungspflicht aus Art. 253 EG stellt eine formelle Anforderung dar, deren Verletzung regelmäßig ein Verstoß im Sinne des Art. 230 Abs. 2 EG ist[11]. In der Regel führt ein Begründungsmangel daher sogar von Amts wegen zur Aufhebung der Maßnahme durch den Gerichtshof[12]. Allerdings können sich normative Akte, also auch Verordnungen, auf die Angabe der Gesamtlage, die zum Erlass der Maßnahme geführt hat, beschränken[13]. Dies gilt um so mehr, wenn die betroffene Partei die tatsächlichen rechtlichen Gesichtspunkte kennt[14].

### d) Ergebnis

Nach der hier vertretenen Argumentation liegen sowohl eine Unzuständigkeit der Kommission als auch ein Ermessensmissbrauch und die Verletzung einer wesentlichen Formvorschrift durch sie vor. Die Nichtigkeitsklage des Parlaments gegen die DurchführungsVO ist folglich begründet.

> Der Gerichtshof hat dagegen in dem diesem Fall zugrunde liegenden Urteil weder eine Zuständigkeitsüberschreitung noch einen Ermessensmissbrauch angenommen[15]. Er stützt dies darauf, dass noch keine rechtsverbindliche Entscheidung der Kommission vorgelegen habe, da die konkrete Zulässigkeit genetisch veränderter Mikroorganismen noch die Aufnahme in ein gesondertes Verzeichnis voraussetze und die allgemeine Erwähnung dieser Organismen in der Durchführungsverordnung zunächst nur eine unverbindliche Absichtserklärung darstelle. Allerdings fragt der EuGH nicht danach, warum diese „Absichtserklärung" dann überhaupt aufgenommen wurde.

---

[11] Calliess C, in: Calliess C/Ruffert M (Hrsg.), EUV/EGV-Kommentar, 2. Aufl. 2002, Art. 253 EG Rn. 25.
[12] EuGH, Urt. v. 20.03.1959, Rs. 18/57, Slg. 1957, 91 (114) [*Nold KG/ECSC High Authority*]; EuGH, Urt. v. 07.07.1981, Rs. 158/80, Slg. 1981, 1805 (Ziff. 25 f.) [*Rewe/Hauptzollamt Kiel*].
[13] EuGH, Urt. v. 19.11.1998, Rs. C-150/94, Slg. 1998, I-7235 (Ziff. 25) [*Großbritannien/Rat*].
[14] EuGH, Urt. v. 12.03.2002, Rs. C-27/00, Slg. 2002, I-2569 (Ziff. 51) [*Omega Air u. a.*].
[15] EuGH, Urt. v. 13.07.1995, Rs. C-156/93, Slg. 1995, I-2019 (Ziff. 27, 34) [*Parlament/Kommission*].

> Mit dieser Argumentation wären also Unzuständigkeit und Ermessensmissbrauch ebenso wie eine Verletzung der Begründungspflicht nach Art. 253 EG zu verneinen.

## 2. Nichtigkeit der veränderten Richtlinie

### a) Zuständigkeit des Rates für den Erlass der Richtlinie

Der Rat ist nach Art. 93 EG für den Erlass der Harmonisierungsrichtlinie zuständig.

### b) Verletzung einer wesentlichen Formvorschrift

Die Richtlinie leidet unter einem Formfehler, wenn sie formale Mängel aufweist (Art. 253, 254 EG) oder das für ihren Erlass vorgeschriebene Verfahren (Art. 250-252 EG) nicht eingehalten wurde.
    Art. 93 und 250 Abs. 1 EG verlangen zur Änderung eines Kommissionsvorschlags einen einstimmigen Ratsbeschluss – dieser kann noch unterstellt werden – sowie die Anhörung von Parlament und Wirtschafts- und Sozialausschuss. Zwar ist das Parlament vorliegend angehört worden. Allerdings fand diese Anhörung nur zu dem ursprünglichen Kommissionsvorschlag statt, nicht zu seiner Änderung. Damit ist die Frage aufgeworfen, wann Änderungen eines Vorschlags durch den Rat die erneute Anhörung des Parlaments erforderlich machen. Nach dem Gerichtshof ist dies dann der Fall, „wenn der endgültig verabschiedete Text als Ganzes gesehen in seinem Wesen von demjenigen abweicht, zu dem das Parlament bereits angehört worden ist, es sei denn, die Änderungen entsprechen im wesentlichen einem vom Parlament selbst geäußerten Wunsch"[16].
    Damit ist zu fragen, ob die Änderungen im vorliegenden Fall den Kern der fraglichen Regelung betreffen. Statt einer unbedingten Verpflichtung auf baldige Harmonisierung werden nur noch „gegebenenfalls" Vorschläge für eine gemeinschaftliche Regelung eingefordert. Damit wird aus einer zwingenden Formulierung eine nur noch fakultative.
    Außerdem fehlt in der geänderten Fassung die Erwähnung der Umweltkosten. Folglich weicht der verabschiedete Text wesentlich von dem ab, zu dem das Parlament angehört worden war. Somit hätte es erneut angehört werden müssen. Also hat der Rat einen Formverstoß begangen.

---

[16] EuGH, Urt. v. 16.07.1992, Rs. C-65/90, Slg. 1992, I-4593 (Ziff. 16) [*Parlament/Rat*]; EuGH, Urt. v. 05.10.1993, verb. Rs. C-13/92, C-14/92, C-15/92 u. C-16/92, Slg. 1993, I-4751 (Ziff. 23) [*Driessen u. a.*]; EuGH, Urt. v. 05.07.1995, Rs. C-21/94, Slg. 1995, I-1827 (Ziff. 18) [*Parlament/Rat*].

> Zu beachten ist, dass dem Anhörungserfordernis erst Genüge getan ist, wenn das Parlament seiner Auffassung tatsächlich Ausdruck verleiht[17]. Andererseits ist aber eine Nichtanhörung unschädlich, wenn das Parlament selbst seine Verpflichtung zu redlicher Zusammenarbeit verletzt[18].

Die entsprechenden Formvorschriften der Art. 93, 250 Abs. 1 EG sind auch wesentlich im Sinne des Art. 230 Abs. 2 EG; denn sie dienen im Besonderen der Wahrung der organschaftlichen Rechte des Parlaments im Rahmen des gemeinschaftlichen Rechtsetzungsverfahrens. Gerade die wirksame Beteiligung des Parlaments im Rechtsetzungsverfahren stellt aber ein zentrales Element des vom EG-Vertrag beabsichtigten institutionellen Gleichgewichts dar[19].

Der Rat hat also durch die Änderung der Rechtsvorschrift ohne erneute Anhörung des Parlaments eine wesentliche Formvorschrift verletzt.

> Entgegen dem Wortlaut des Art. 230 Abs. 2 EG unterscheidet man nicht zwischen wesentlichen und unwesentlichen Formvorschriften[20]. Ein Verstoß ist vielmehr abstrakt anhand der Norm unter Berücksichtigung aller Umstände als wesentlich zu qualifizieren[21]. Naturgemäß ist dies vor allem dann anzunehmen, wenn sich der Verstoß im Ergebnis tatsächlich auswirkt. Ein Verstoß gegen obligatorische Beteiligungs- und Anhörungsrechte wird stets als wesentlich erachtet[22], weil nie auszuschließen ist, dass die Maßnahme bei erfolgter Anhörung nicht doch anders ausgesehen hätte[23]. Bei lediglich fakultativen Anhörungsrechten führt eine nicht erfolgte Anhörung allerdings nicht zur Nichtigkeit[24].

c) **Zwischenergebnis**

Die Klage des Parlaments gegen die Richtlinie ist begründet.

---

[17] EuGH, Urt. v. 29.10.1980, Rs. 139/79, Slg. 1980, 3393 (Ziff. 34) [*Maizena/Rat*].
[18] EuGH, Urt. v. 30.03.1995, Rs. C-65/93, Slg. 1995, I-643 (Ziff. 27 f.) [*Parlament/Rat*].
[19] EuGH, Urt. v. 30.03.1995, Rs. C-65/93, Slg. 1995, I-643 (Ziff. 21) [*Parlament/Rat*].
[20] Gaitanides C, in: Groeben H von der/Schwarze J, EU-/EG-Vertrag Kommentar, 6. Aufl. 2004, Band 4, Art. 189-314 EGV, Art. 230 EG Rn. 122.
[21] Ehricke U, in: Streinz R (Hrsg.), EUV/EGV-Kommentar, 2003, Art. 230 EGV Rn. 73.
[22] Streinz R, Europarecht, 7. Aufl. 2005, Rn. 360; als Beispiel: EuGH, Urt. v. 29.10.1980, Rs. 138/79, Slg. 1980, 3333 (Ziff. 37) [*Roquette Frères/Rat*].
[23] Geiger R, EUV/EGV-Kommentar, 4. Aufl. 2004, Art. 253 EGV Rn. 6.
[24] EuGH, Urt. v. 27.09.1988, Rs. 165/87, Slg. 1988, 5545 (Ziff. 20) [*Kommission/Rat*].

## 3. Ergebnis

Die Klage des Parlaments ist sowohl bezüglich der DurchführungsVO als auch mit Blick auf die veränderte Richtlinie begründet; die angefochtenen Rechtsakte werden daher für nichtig erklärt werden, soweit nicht Art. 231 Abs. 2 EG eingreift.

### III. Gesamtergebnis

Die Klage des Parlaments wird insgesamt erfolgreich sein.

# C. Anmerkungen

## I. Rechtsprechung

Der Fall geht zurück auf folgende Urteile des Gerichtshofs:

EuGH, Urt. v. 05.07.1995, Rs. C-21/94, Slg. 1995, I-1827 [*Parlament/Rat*]

EuGH, Urt. v. 13.07.1995, Rs. C-156/93, Slg. 1995, I-2019 [*Parlament/ Kommission*]

## II. Vertiefungshinweise

### 1. Zur Nichtigkeitsklage

Die Nichtigkeitsklage ist eine Gestaltungsklage, keine Feststellungsklage. Das stattgebende Urteil stellt keine bestehende Nichtigkeit fest, sondern beseitigt die auch einem rechtswidrigen Akt bis zu seiner Aufhebung zukommende Geltung (Ausnahme: Es liegt bereits ein Nichtakt vor, dessen Inexistenz dann nur vom Gerichtshof festgestellt wird; ein Nichtakt liegt aber nur höchst ausnahmsweise vor, wenn eine Handlung mit ganz besonders schweren und offensichtlichen Fehlern behaftet ist).

Soweit sie als Instrument des Rechtsschutzes von Gemeinschaftsorganen gegen Verletzungen ihrer Kompetenzen und anderer organschaftlicher Positionen im institutionellen Gefüge der Gemeinschaft fungiert, ist die Nichtigkeitsklage funktionell ein Organstreitverfahren[25]. Nach welchen Kriterien die Parteifähigkeit von Organteilen des Europäischen Parlaments zu beurteilen ist, ist umstritten[26].

---

[25] Herdegen M, Europarecht, 7. Aufl. 2005, Rn. 185.
[26] Ibid.

Beim Klagegrund der „Verletzung dieses Vertrages" im Sinne des Art. 230 Abs. 2 EG handelt es sich um einen Auffangtatbestand; es geht hier um alle Verstöße, die keinem der anderen drei spezielleren Aufhebungsgründe unterfallen. Den Klagegrund erfüllt jede Gemeinschaftshandlung, die gegen höherrangiges Gemeinschaftsrecht verstößt.

## 2. Zum institutionellen Gleichgewicht

Die EG als mit den herkömmlichen Kategorien des Staatsrechts nicht qualifizierbares Gebilde kennt keine Gewaltenteilung im nationalstaatlichen Sinne. Die Funktionenverteilung in der Gemeinschaft ist auch mit dem Begriff der Gewaltenteilung nicht zu erfassen, denn bereits die Gemeinschaftsrechtsetzung ist auf drei Organe (Rat, Parlament und Kommission) aufgeteilt.

Der in den Verträgen („Gemeinschaftsverfassung") angelegten Kompetenzverteilung zwischen den Organen entnimmt der Gerichtshof aber in ständiger Rechtsprechung ein übergeordnetes Prinzip des „institutionellen Gleichgewichts". Danach haben die Verträge „ein System der Zuständigkeitsverteilung zwischen den Organen geschaffen, das jedem Organ seinen eigenen Auftrag innerhalb des institutionellen Gefüges der Gemeinschaft und bei der Erfüllung der dieser übertragenen Aufgaben zuweist. Die Wahrung des institutionellen Gleichgewichts gebietet es, dass jedes Organ seine Befugnisse unter Beachtung der Befugnisse der anderen Organe ausübt. Sie verlangt auch, dass eventuelle Verstöße gegen diesen Grundsatz geahndet werden können"[27]. Beispielsweise hatte der Gerichtshof schon vor der jetzigen Regelung des Art. 230 Abs. 2 EG bzw. der vorherigen des Art. 230 Abs. 3 EGV aus diesem Grundsatz die Möglichkeit des Parlaments abgeleitet, zur Wahrung seiner Beteiligungsrechte gegen Rechtsakte zu klagen, bei denen diese verletzt worden sein könnten.

## III. Lesehinweise

Drewes, Eva, Entstehung und Entwicklung des Rechtsschutzes vor den Gerichten der Europäischen Gemeinschaften am Beispiel der Nichtigkeitsklage, Berlin 2000

Giegerich, Thomas, Organstreit vor dem Gerichtshof der Europäischen Gemeinschaften, ZaöRV 1990, 812-835

Hamer, Jens, Neueste Entwicklungen im europäischen Rechtsschutzsystem, JA 2003, 666-671

Schlacke, Sabine, Anmerkung zu EuGH, Urt. v. 13.07.1995, Rs. C-156/93 [*Parlament/Kommission*], DVBl. 1995, 1285-1291

---

[27] EuGH, Urt. v. 22.05.1990, Rs. C-70/88, Slg. 1990, I-2041 (Ziff. 21) [*Tschernobyl I*].

# Fall 2: Ein Winzer hat schlecht werben

## A. Sachverhalt

Der italienische Staatsangehörige Andrea Antecchino (A) betreibt ein Weingut in Venetien. Zudem ist er Herausgeber des Weinjournals „Il vino quotidiano", in dem er hauptsächlich für seine eigenen Erzeugnisse wirbt. Mittels der Verbreitung des Magazins in Deutschland will er sich Anfang 2004 auf dem deutschen Weißweinmarkt, der fest in der Hand deutscher Winzer ist, etablieren.

Aufgrund des steigenden Alkoholkonsums in allen Bevölkerungsschichten und der steigenden Zahl von Drogentoten ist die Bekämpfung des Alkoholismus zu einem der Hauptziele der Gesundheitspolitik geworden. Per Gesetz wird die Werbung für alkoholische Getränke mit einem Alkoholgehalt von mehr als 6 Vol.-Prozent flächendeckend in allen Medien zum 01.01.2004 verboten. Das Gesetz droht bei Zuwiderhandlungen ein hohes Bußgeld an (die Verfassungsmäßigkeit eines solchen Gesetzes sei unterstellt).

Nach dem Erscheinen der ersten Deutschland-Ausgabe von „Il vino quotidiano" Mitte 2004 erhält A von den deutschen Behörden einen Bußgeldbescheid in Höhe von 50.000 €. A ist empört; für ihn dient das Werbeverbot allein der Abschottung der deutschen Märkte vor ausländischen Konkurrenzprodukten. Er hat Sie als seinen Rechtsbeistand ausgewählt und bittet Sie um die Beantwortung der folgenden Frage:

Verstößt das werbebeschränkende deutsche Gesetz gegen die Warenverkehrsfreiheit?

Abwandlung:
Die EG erlässt eine Richtlinie im Bereich der Alkoholwerbung, die zum Zwecke des Gesundheitsschutzes einige Restriktionen vorsieht, die Werbung in der Fachpresse aber erlaubt; die Richtlinie ist zum 01.01.2005 in nationales Recht umzusetzen. Anlässlich dieser neuen Gemeinschaftsrechtslage will A sein Vorhaben, auf den deutschen Markt vorzudringen, wiederholen. Erneut wird Anfang 2005 eine deutsche Ausgabe von „Il vino quotidiano" vorbereitet und in Deutschland verkauft.

Zum Leidwesen des A wiederholen sich die Ereignisse von 2004, weil die Richtlinie nicht fristgemäß umgesetzt wurde: er erhält einen Bußgeldbescheid in

Höhe von 50.000 €. A will nun den Rechtsweg beschreiten und fühlt sich durch die Richtlinie bestärkt. Die Erlassbehörde des Bußgeldbescheids meint allerdings, A könne aus der Richtlinie für sich keine Rechte herleiten; diese gehe nur die Mitgliedstaaten etwas an.

A ist jetzt vollends verwirrt und legt Ihnen die folgenden Fragen vor:

(1) Kann A sich im Verfahren vor dem Amtsgericht auf die Richtlinie berufen, und welche Voraussetzungen müssen dafür erfüllt sein?

(2) Was kann das Amtsgericht tun, wenn es die gemeinschaftsrechtliche Lage für unklar hält? Wie wird es vorgehen, wenn es die Richtlinie für nichtig hält?

## B. Lösung

**Ausgangsfall:**

Das werbebeschränkende deutsche Gesetz könnte gegen die Warenverkehrsfreiheit (Art. 28 EG) verstoßen.

> Zweck der Warenverkehrsfreiheit ist die Gewährleistung des freien innergemeinschaftlichen Warenverkehrs. Es sollen also staatliche Hindernisse für den freien Warenverkehr ausgeschaltet und der freie Wettbewerb im gemeinsamen Markt dadurch gesichert werden, dass in andere Mitgliedstaaten eingeführte Waren den gleichen Marktzugang und die gleichen Vermarktungschancen haben wie im Inland hergestellte und verkaufte Erzeugnisse.[1]

### I. Tatbestand der Warenverkehrsfreiheit

Fraglich ist, ob der vorliegende Sachverhalt den Tatbestand der Warenverkehrsfreiheit erfüllt.

#### 1. Anwendbarkeit

Dazu müsste die Warenverkehrsfreiheit zunächst anwendbar sein. Das ist der Fall, wenn es sich um eine mitgliedstaatliche Maßnahme mit grenzüberschreitendem Bezug handelt und es kein gemeinschaftsrechtliches Spezialgesetz (lex specialis) gibt. Ein gemeinschaftsrechtliches Spezialgesetz ist nicht gegeben. Art. 28 EG kann also direkt zur Anwendung kommen.

#### 2. Ware

Dann müsste es sich gem. Art. 28 EG um eine Ware handeln. Als Ware gelten körperliche Gegenstände, die über die Grenze verbracht werden, einen Geldwert haben und deshalb Gegenstand von Handelsgeschäften sein können.[2] Hier muss eine Abgrenzung zur Kapitalmarkt- und Dienstleistungsfreiheit vorgenommen werden.[3] Der von A zu verkaufende Wein ist ein geldwerter Gegenstand und un-

---

[1] Hobe S, Europarecht, 2. Aufl. 2004, Rn.134; Frenz W, Europarecht, 2004, Rn. 656..
[2] EuGH, Urt. v. 10.12.1968, Rs. 7/68, Slg. 1968, 633 [*Kommission/Italien*].
[3] EuGH, Urt. v. 21.10.1998, Rs. C-97/98, Slg. 1999, I-7319 (Ziff. 35) [*Jägerskiöld/Gustafsson*].

streitig keine Dienstleistung und kein Kapital. Er ist also eine Ware i.S.d. Art. 23 Abs. 2 EG.

### 3. Mitgliedstaatliche Maßnahme

Weiterhin müsste es sich um eine mitgliedstaatliche Maßnahme handeln. Hier steht eine Handlung der Bundesrepublik Deutschland in Frage. Zunächst müsste es sich um eine staatliche Maßnahme handeln. Diese ist gegen Handlungen eines Unternehmens abzugrenzen, denn hierfür gelten die Wettbewerbsvorschriften der Art. 81 und 82 EG.[4] Typische Instrumente des staatlichen Handelns sind u.a. Gesetze, Verordnungen oder Satzungen.

Hier handelt es sich um ein Gesetz und damit um einen Akt der Legislative. Eine staatliche Maßnahme des Mitgliedstaats Deutschland ist mithin gegeben.

### 4. Grenzüberschreitender Bezug

Schließlich müsste ein grenzüberschreitender Bezug gegeben sein. A will italienischen Wein in Deutschland verkaufen. Ein grenzüberschreitender Bezug ist damit zu bejahen.

### 5. Beschränkung der Warenverkehrsfreiheit

Des Weiteren müsste die Warenverkehrsfreiheit durch die Maßnahme eingeschränkt werden.

#### a) Formale Einfuhrbeschränkung

Zunächst könnte eine Einfuhrbeschränkung vorliegen. Dieser Begriff erfasst alle mitgliedstaatlichen Maßnahmen, mit deren Hilfe zum Schutz der einheimischen Produktion die Konkurrenz ausländischer Erzeugnisse vom nationalen Markt ferngehalten werden soll, indem sie die Ein- oder Ausfuhr verbieten oder der Menge oder dem Wert nach begrenzen.[5]

Vorliegend wird die Einfuhr von Wein weder verboten noch begrenzt. Eine Einfuhrbeschränkung ist somit nicht gegeben.

---

[4] Borchardt K-D, Die rechtlichen Grundlagen der europäischen Union, 2. Aufl. 2002. Rn. 628.

[5] Borchardt K-D, Die rechtlichen Grundlagen der europäischen Union, 2. Aufl. 2002, Rn. 632.

## b) Maßnahme gleicher Wirkung (*Dassonville*)

Das Werbeverbot könnte jedoch auch dann gegen die Warenverkehrsfreiheit verstoßen, wenn es sich um eine Maßnahme gleicher Wirkung handelt.

Der Begriff der „Maßnahme gleicher Wirkung" wurde vom EuGH erstmals in der sog. *Dassonville*-Entscheidung eingeführt, um zu vermeiden, dass Staaten durch einfallsreiche Hemmnisse den Warenverkehr erschweren können, nur weil das Hemmnis keine formale Einfuhrbeschränkung darstellt.

Nach der sog. *Dassonville*-Formel ist eine Maßnahme gleicher Wirkung jede staatliche Handelsregelung, die geeignet ist, den innergemeinschaftlichen Handel unmittelbar oder mittelbar, tatsächlich oder potentiell zu behindern.[6]

> Der EuGH hat mit der *Dassonville*-Formel drei Kriterien für die Charakterisierung einer innerstaatlichen Maßnahme als Maßnahme gleicher Wirkung herausgearbeitet:
>
> 1. Es muss keine tatsächliche Behinderung des Handels vorliegen; es reicht vielmehr aus, dass die Maßnahme sich grundsätzlich dazu eignet, den Handel zu behindern.
>
> 2. Die potentielle Möglichkeit der Handelsbeeinträchtigung kann unabhängig von dem Zweck der Maßnahme zu bejahen sein. Es ist mithin unerheblich, ob die Maßnahme zu dem Zweck vorgenommen wurde, den Handel zu beeinträchtigen, oder nicht.
>
> 3. Es muss sich um Maßnahmen handeln, die in adäquater Weise eine Handelsbeschränkung verursacht haben. Sind derartige Wirkungen dagegen unwahrscheinlich oder handelt es sich um auf das notwendige Maß begrenzte Nebenwirkungen einer zulässigen Maßnahme, ist der Tatbestand des Art. 28 EG nicht erfüllt.[7]

Das Werbeverbot müsste also geeignet sein, die Warenverkehrsfreiheit mittelbar oder unmittelbar, potentiell oder tatsächlich zu behindern. Ein Werbeverbot führt dazu, dass W sein Produkt auf dem deutschen Markt nicht bekannt machen kann. Wenn ein Produkt nicht bekannt ist, wird es – im Gegensatz zu bekannten einheimischen Produkten – auch selten gekauft werden. Das Werbeverbot ist mithin geeignet, den Absatz ausländischer Produkte einzudämmen, weil diese auf dem deutschen Markt nicht bekannt gemacht werden können.

Eine Maßnahme gleicher Wirkung liegt damit vor.

---

[6] EuGH, Urt. v. 08.07.1974, Rs. 8/74, Slg. 1974, 847 [*Dassonville*].
[7] EuGH, Urt. v. 03.12.1998, Rs. C-67/97, Slg. 1998, I-8033 (Ziff. 22) [*Bluhme*].

## c) *Keck*-Tatbestandsausnahme

> Mit der *Dassonville*-Formel wurde der Anwendungsbereich der Warenverkehrsfreiheit sehr weit gezogen. Diese sehr weite Fassung des Anwendungsbereichs bewog den EuGH später im Urteil *Keck* und *Mithouard*[8] dazu, die *Dassonville*-Formel einzuschränken.

Trotz der Tatsache, dass es sich bei dem Werbeverbot um eine Maßnahme gleicher Wirkung wie eine Einfuhrbeschränkung handelt, könnte ein Verstoß gegen Art. 28 EG zu verneinen sein, wenn die Voraussetzungen der *Keck*-Formel gegeben sind.

> Der EuGH führt mit seinem *Keck*-Urteil das Kriterium der Produkt- und Vertriebsbezogenheit von Maßnahmen ein.
>
> Zunächst gilt die *Keck*-Formel nicht für Maßnahmen, die schon ausdrücklich, also formal diskriminierend sind.[9]
>
> Für die vertriebsbezogene Beschränkung verlangt der EuGH zusätzlich, dass die nationalen Regelungen über Verkaufsmodalitäten geeignet sein müssen, den Marktzugang für Erzeugnisse aus einem anderen Mitgliedstaat zu versperren oder stärker zu behindern, als sie dies für inländische Erzeugnisse tun.[10] Regelungen, die eine vertriebsbezogene Beschränkung darstellen, sind dann als Maßnahmen gleicher Wirkung zu qualifizieren, wenn sie in dem Sinne diskriminierend wirken, dass der Marktzugang für eingeführte Produkte versperrt oder stärker behindert wird als für einheimische Produkt. Regelungen, die in rechtlicher und tatsächlicher Hinsicht einheimische und ausländische Produkte unterschiedslos betreffen, sind von den Maßnahmen gleicher Wirkung nicht erfasst.
>
> Für produktbezogene Beschränkungen gelten die in der *Keck*-Entscheidung getroffenen Bestimmungen nicht. Diese Beschränkungen unterliegen folglich der *Dassonville*-Formel in vollem Umfang.

---

[8] EuGH, Urt. v. 23.11.1991, verb. Rs. C-267/91 u. C-268/91, Slg. 1993, I-6097 [*Keck u. Mithouard*].
[9] Epiney A, in: Calliess C/Ruffert M (Hrsg.), EUV/EGV-Kommentar, 2. Aufl. 2002, Art. 28 EG Rn. 27.
[10] Borchardt K-D, Die rechtlichen Grundlagen der europäischen Union, 2. Aufl. 2002, Rn. 641.

*aa) Anwendbarkeit von Keck*

Vorliegend ist also entscheidend, ob es sich bei dem Werbeverbot um eine vertriebs- oder produktbezogene Maßnahme handelt, da das für die Anwendung der *Keck*-Formel maßgeblich ist.

Das Werbeverbot betrifft hier den Marktzutritt der ausländischen Alkoholika als solchen nicht; es geht vielmehr um Werbung, also Modalitäten der Vermarktung. Es ist mithin eine Vertriebsmodalität i.S.d. der *Keck*-Rechtsprechung zu bejahen.

Somit ist die *Keck*-Formel anwendbar.

*bb) Diskriminierung*

Als weitere Voraussetzung im Rahmen der *Keck*-Formel müsste die Maßnahme formell und materiell diskriminierungsfrei, also unterschiedslos anwendbar sein.

Der EuGH hat entschieden, dass nicht ausgeschlossen werden kann, dass das vollständige Verbot einer Form der Förderung des Absatzes eines Erzeugnisses in einem Mitgliedstaat, das dort rechtmäßig verkauft wird, stärkere Auswirkungen auf Erzeugnisse aus anderen Mitgliedstaaten hat.[11]

Das vorliegende Verbot hindert die Hersteller und Importeure sogar an jeder Verbreitung von Werbung, die sich an den Verbraucher richtet. Für einen solchen Fall hat der EuGH festgestellt, dass bei Erzeugnissen wie alkoholischen Getränken, deren Genuss mit herkömmlichen gesellschaftlichen Übungen sowie örtlichen Sitten und Gebräuchen verbunden sei, ein Verbot jeder an die Verbraucher gerichteten Werbung geeignet sei, den Marktzugang für Erzeugnisse aus anderen Mitgliedstaaten stärker zu behindern, als dies für inländische Erzeugnisse der Fall sei, mit denen der Verbraucher unwillkürlich besser vertraut sei.[12]

Das bedeutet: die Verbraucher sind die Weine der deutschen Winzer gewohnt und kennen die Produkte des A nicht. Wenn A keine Möglichkeit hat, für seine Weine in Deutschland zu werben, können seine Weine zwar in den deutschen Markt eintreten, haben de facto dort aber schlechte Aussichten. Das gilt für die typischerweise etablierten einheimischen Produkte nicht gleichermaßen, da sie der Werbung für den Absatz weniger bedürfen. Damit ist, obwohl das Werbeverbot formal diskriminierungsfrei ausgestaltet ist, jedenfalls eine materielle Diskriminierung der ausländischen Erzeugnisse gegeben.

*cc) Zwischenergebnis*

Die Maßnahme (Werbeverbot) ist eine diskriminierende Vertriebsmodalität. Die Tatbestandsausnahme der *Keck*-Formel greift nicht ein.

---

[11] EuGH, Urt. v. 09.07.1997, verb. Rs. C-34/95, C-35/95 u. C-36/95, Slg. 1997, I-3848 (Ziff. 44) [*Konsumentombudsmannen/De Agostini u. TV-Shop*].

[12] EuGH, Urt. v. 09.07.1997, verb. Rs. C-34/95, C-35/95 u. C-36/95, Slg. 1997, I-3848 (Ziff. 46) [*Konsumentombudsmannen/De Agostini u. TV-Shop*].

## 6. Zwischenergebnis

Der Tatbestand der Warenverkehrsfreiheit gem. Art. 28 EG ist gegeben.

## III. Rechtfertigungsebene

Die Maßnahme des Werbeverbots stellt trotz der Tatbestandsmäßigkeit keine Verletzung des Art. 28 EG dar, wenn sie gerechtfertigt ist.
Grundsätzlich kommen auf der Rechtfertigungsebene geschriebene und ungeschriebene Rechtfertigungsgründe in Betracht. Für Art. 28 EG enthält Art. 30 EG eine Liste geschriebener Rechtfertigungsgründe.

### 1. Ausnahme gem. Art. 30 EG

In Betracht kommt vorliegend zunächst eine Rechtfertigung nach Art. 30 EG.

**a) Tatbestand des Art. 30 EG**

Art. 30 EG umfasst Gründe der öffentlichen Sittlichkeit, Ordnung und Sicherheit, den Schutz der Gesundheit und des Lebens von Menschen, Tieren und Pflanzen, des nationalen Kulturguts von künstlerischem, geschichtlichem oder archäologischen Wert sowie das gewerbliche und kommerzielle Eigentum. Diese Aufzählung ist abschließend.[13] Das werbebeschränkende Gesetz soll ausdrücklich dem Gesundheitsschutz dienen. Insofern unterfällt es Art. 30 EG.

**b) Einschränkung: Verhältnismäßigkeit**

Allerdings darf nach Art. 30 S. 2 EG das Werbeverbot weder ein Mittel zur willkürlichen Diskriminierung noch eine verschleierte Beschränkung des Handels zwischen den Mitgliedstaaten darstellen. Zu prüfen ist somit die Verhältnismäßigkeit der staatlichen Beschränkung. Hier ist zu prüfen, ob von den an sich geeigneten Maßnahmen diejenige gewählt wurde, die den innergemeinschaftlichen Warenverkehr am wenigsten belastet.[14]
Fraglich ist also, ob der deutsche Gesetzgeber eine mildere Maßnahme als das Werbeverbot hätte erlassen können, um das Rechtsgut Gesundheit zu schützen. Dies ist problematisch. Im schwedischen Fall hatte GA Jacobs[15] schon bei einem weniger einschneidenden Verbot Zweifel an der Verhältnismäßigkeit geäußert; dem ist der EuGH mit dem Verweis darauf, dass keine gleich effektive, aber den

---

[13] Hobe S, Europarecht, 2. Aufl. 2004, Rn. 260; Frenz W, Europarecht, 2004, Rn. 935.
[14] Borchardt, K-D, Die rechtlichen Grundlagen der europäischen Union, 2. Aufl. 2002, Rn. 664.
[15] GA Jacobs, Schlussanträge zum EuGH Urt. v. 08.03.2001, Rs. C-405/98, Slg. 2001, I-1797 (Ziff. 61) [*Konsumentombudsmannen*].

innergemeinschaftlichen Handel weniger tangierende Maßnahme ersichtlich und zudem keine Diskriminierungsabsicht erkennbar sei, nicht gefolgt.

Für den etwas anders gelagerten vorliegenden Fall erscheint es allerdings gut vertretbar, die Einschränkung als unverhältnismäßig anzusehen, da z.B. in Fachmagazinen durchaus geworben werden könnte, ohne dass der Alkoholkonsum in der Breite der Bevölkerung signifikant zunähme; ferner sind andere Maßnahmen (z.B. ein weniger einschneidendes Verbot in Verbindung mit Kampagnen zur Prävention und gesundheitlichen Aufklärung) gut denkbar.

Somit ist das Werbeverbot nicht verhältnismäßig.

### c) Zwischenergebnis

Das Werbeverbot ist nicht durch Art. 30 EG gerechtfertigt.

## 2. Ungeschriebene Rechtfertigungsgründe

Es könnten aber ungeschriebene Rechtfertigungsgründe in Betracht kommen.

Auf eine ungeschriebene Rechtfertigungsmöglichkeit nach der *Cassis*-Formel ist hier jedoch nicht einzugehen, da die Prüfung der geschriebenen Rechtfertigungstatbestände vorrangig ist und der Tatbestand der „Gesundheit" bereits geprüft wurde.

## IV. Ergebnis

Die Unvereinbarkeit des Werbeverbots mit Art. 28 EG ist festzustellen.

---

Inhalt und Charakter der *Cassis de Dijon*-Formel

In dem soeben geprüften Fall wurden geschriebene Rechtfertigungsgründe gem. Art. 30 EG geprüft und bejaht.

Neben diesen gibt es auch ungeschriebene Rechtfertigungsgründe, die einer rechtswidrigen Verletzung der Warenverkehrsfreiheit entgegenstehen. Diese ungeschriebenen Gründe wurden vom EuGH in der *Cassis de Dijon*-Entscheidung[16] entwickelt. In dieser Entscheidung hat der EuGH erklärt:

„Hemmnisse für den Binnenhandel der Gemeinschaft, die sich aus den unterschieden der nationalen Regelungen über die Vermarktung der Erzeugnisse ergeben, müssen hingenommen werden, soweit diese Bestimmungen notwendig sind, um zwingenden Erfordernissen gerecht zu werden, insbesondere den Erfordernissen einer wirksamen steuerlichen Kontrolle, des

---

[16] EuGH, Urt. v. 20.02.1978, Rs. 120/78, Slg. 1979, 649 [*Cassis de Dijon*].

Schutzes der öffentlichen Gesundheit, der Lauterkeit des Handelsverkehrs und des Verbraucherschutzes."[17]

Dass eine Verletzung der Warenverkehrsfreiheit auch durch ungeschriebene Gründe gerechtfertigt sein kann, ist seit dieser Entscheidung anerkannt. Fraglich ist aber weiterhin, in welcher Reihenfolge die geschriebenen und ungeschriebenen Rechtfertigungsgründe zu prüfen sind. Dafür ist die Einordnung der *Cassis de Dijon*-Formel maßgeblich.

Die dogmatische Einordnung der *Cassis de Dijon*-Formel ist streitig. Einerseits wird sie als immanente Schranke des Art. 28 EG angesehen, wonach eine entsprechende Maßnahme bereits den Tatbestand eines Eingriffs in die Warenverkehrsfreiheit nicht erfüllte (mit der Folge, dass sie vor Art. 30 EG zu prüfen ist).[18] Andererseits wird vertreten, dass es sich bei der *Cassis de Dijon*-Formel um einen zusätzlichen Rechtfertigungsgrund handelt, so dass zwar der Schutzbereich der Warenverkehrsfreiheit eröffnet, die Maßnahme jedoch gerechtfertigt wäre (mit der Folge, dass sie hinter Art. 30 EG zu prüfen ist).[19]

Für die erste Meinung spricht, dass man die zwingenden Erfordernisse als negative Tatbestandsvoraussetzungen ansehen kann, weil sie schon das Vorliegen der „Maßnahme gleicher Wirkung" ausschließen sollen. Andererseits führt der EuGH eine strikte Verhältnismäßigkeitsprüfung durch. Es wird jedes Mal zwischen dem einschlägigen zwingenden Erfordernis und den Erfordernissen der Warenverkehrsfreiheit abgewogen. Diese Handhabung entspricht der üblichen Vorgehensweise bei Rechtfertigungsgründen. Der EuGH spricht auch im Zusammenhang mit den zwingenden Erfordernissen im Sinne der *Cassis de Dijon*-Formel immer öfter von Rechtfertigungsgründen.[20] In diesem Buch wird daher der zweiten Meinung gefolgt, wonach die Gründe der *Cassis de Dijon*-Formel als Rechtfertigungsgründe angesehen werden, so dass zunächst Art. 30 EG zu prüfen ist.

Der EuGH hat die ursprüngliche *Cassis de Dijon*-Formel in zahlreichen Urteilen angewandt und teilweise auch weiterentwickelt, insbesondere durch

---

[17] EuGH, Urt. v. 20.02.1978, Rs. 120/78, Slg. 1979, 649 (Ziff. 8) [*Rewe/Bundesmonopolverwaltung für Branntwein*].

[18] Herdegen M, Europarecht, 7. Aufl. 2005, Rn. 294 ff.; Borchardt K-D, Die rechtlichen Grundlagen der europäischen Union, 2. Aufl. 2002, Rn. 652 ff.

[19] Jarass H D, Elemente einer Dogmatik der Grundfreiheiten II, in: EuR 2000, 705-723, 718; Haltern U, Europarecht, 2005, 618; Frenz W, Europarecht, 2004, Rn. 999.

[20] EuGH, Urt. v. 15.12.1993, Rs. C-415/93, Slg. 1995, I-4921 (Ziff. 105 ff. u. 121 ff.) [*Bosman*]; EuGH, Urt. v. 26.06.1997, Rs. C-368/95, Slg. 1997, I-3689 (Ziff. 18) [*Vereinigte Familiapress Zeitungsverlags- und vertriebs GmbH*]; EuGH, Urt. v. 09.07.1997, verb. Rs. C-34/95, C-35/95 u. C-36/95, Slg. 1997, I-3848 (Ziff. 46) [*Konsumentombudsmannen/De Agostini und TV-Shop*].

Anerkennung weiterer zwingender Erfordernisses wie etwa des Umweltschutzes[21], der Sicherstellung der finanziellen Gleichgewichts von sozialen Sicherungssystemen[22], kultureller Zwecke[23] oder der Sicherung der Nahversorgungsbedingungen in relativ abgelegenen Gebieten[24].

Einigkeit besteht darin, dass die zwingenden Erfordernisse (im Urteil hieß es „insbesondere") nicht abschließend formuliert sind, so dass grundsätzlich alle öffentlichen Interessen hierunter subsumiert werden können, solange sie aus gemeinschaftsrechtlicher Sicht als solche anzuerkennen sind und vor allem keinen wirtschaftlichen Charakter aufweisen.[25]

## Abwandlung: Frage 1

### I. Die Rechtsprechung des Gerichtshofs zur vertikalen Drittwirkung von Richtlinien

Die Frage behandelt die vertikale Drittwirkung (unmittelbare Wirkung) von nicht umgesetzten Richtlinien.

### 1. Grundsätzliche Drittwirkungsmöglichkeit

Fraglich ist zunächst, ob eine vertikale Drittwirkung (unmittelbare Wirkung) von nicht umgesetzten Richtlinien möglich ist. Gegen diese spricht prima facie der Wortlaut des Art. 249 Abs. 3 EG, wonach sich die Richtlinie nur an die Mitgliedstaaten richtet.

---

[21] EuGH, Urt. v. 20.09.1988, Rs. 302/88, Slg. 1988, 4607 (Ziff. 8 f.) [*Pfandflaschen*]; vgl. auch Fall 3.
[22] EuGH, Urt. v. 28.04.1989, Rs. C-120/95, Slg. 1998, I-1831 (Ziff. 39) [*Decker*].
[23] EuGH, Urt. v. 25.07.1991, Rs. C-353/89, Slg. 1991, I-4069 (Ziff. 29 f.) [*Mediawet*]; EuGH, Urt. v. 03.02.93, Rs. C-148/91, Slg. 1993, I-487 (Ziff. 9 f.) [*Veronica Omröp Organisatie*].
[24] EuGH, Urt. v. 13.01.2000, Rs. C-254/98, Slg. 2000, I-151 (Ziff. 34) [*Schutzverband gegen unlauteren Wettbewerb*].
[25] Ehlers D, Europäische Grundrechte und Grundfreiheiten, 2. Aufl. 2005, 245.

> Der Gerichtshof hat in richterlicher Rechtsfortbildung dennoch die grundsätzliche Möglichkeit der vertikalen Drittwirkung von Richtlinien anerkannt.[26]
> Er hat diese Rechtsprechung auf folgende Erwägungen gestützt:
>
> – die praktische Wirksamkeit (*effet utile*) von Richtlinienbestimmungen wäre abgeschwächt, wenn sich Einzelne nicht vor staatlichen Gerichten auf sie berufen könnten,
>
> – die Mitgliedstaaten dürften ihren Bürgern nicht ihre eigene Umsetzungssäumnis entgegenhalten und müssten daher nach Fristablauf unter bestimmten Voraussetzungen das Richtlinienrecht gegen sich gelten lassen (*estoppel*-Prinzip),
>
> – der Grundsatz der Rechtssicherheit und die Loyalitätspflicht der Mitgliedstaaten aus Art. 10 EG geböten ebenfalls die unmittelbare Richtlinienwirkung.

## 2. Voraussetzungen

Dann müssten die Voraussetzungen einer Drittwirkung vorliegen.

### a) Ablauf der Umsetzungsfrist

Zuerst müsste die in der Richtlinie zur Zielerreichung gestellte Frist abgelaufen sein.[27] Die Richtlinie war zum 01.01.2005 in nationales Recht umzusetzen. Diese Frist ist verstrichen.

### b) Keine oder nicht hinreichende Umsetzung

Des Weiteren dürfte in der vorgegebenen Zeit keine Umsetzung stattgefunden haben.[28] Der 1.1.2005 ist verstrichen, ohne dass die Richtlinie umgesetzt wurde.

### c) Hinreichend bestimmter und unbedingter Charakter der einzelnen Richtlinienvorschrift

Zudem müßte die Richtlinie so hinreichend genau formuliert sein, dass daraus unmittelbar (ohne Umsetzungsspielraum für den nationalen Gesetzgeber) Rechte

---

[26] EuGH, Urt. v. 19.01.1982, Rs. 8/81, Slg. 1982, 53 (70 ff.) [*Becker*]; EuGH, Urt. v. 10.06.1999, Rs. C-346/97, Slg.1999, I-3418 [*Braatheus Sverige*].
[27] Streinz R, Europarecht, 7. Aufl. 2005, Rn. 453.
[28] Geiger R, EUV/EGV-Kommentar, 4. Aufl. 2004, Art. 249 EGV Rn. 15.

abgeleitet werden können (sog. *self-executing*-Charakter der Richtlinie).[29] Hinsichtlich des Erlaubtseins von Werbung in der Fachpresse ist dieser Charakter hier zu bejahen.

**d) Individualbegünstigender Charakter der Richtlinienbestimmung**

Schließlich müsste die Richtlinie einen individualbegünstigenden Charakter haben. Richtlinien, die Bürger belasten, haben insoweit keine unmittelbare Drittwirkung.[30] Die vorliegende Richtlinie erlaubt die Werbung in der Fachpresse und ist für A somit begünstigend.

**e) Ergebnis**

Die Voraussetzungen sind erfüllt. A kann sich auf die Richtlinie berufen.

**Abwandlung: Frage 2**

**I. Das Amtsgericht hält die gemeinschaftsrechtliche Lage für unklar**

Wenn ein Amtsgericht (AG) eine gemeinschaftsrechtliche Lage für unklar hält, kann es ein Vorabentscheidungsverfahren gemäß Art. 234 EG einleiten.

> Das Vorabentscheidungsverfahren ist eine der bedeutsamsten Bestimmungen des EG-Vertrags zur Sicherung der gemeinschaftlichen Rechtseinheit. Es will die einheitliche Auslegung des innerstaatlich relevanten Gemeinschaftsrechts durch eine Zusammenarbeit des EuGH mit den mitgliedstaatlichen Gerichten garantieren.[31]

Das AG kann, wenn es die gemeinschaftsrechtliche Rechtslage für unklar hält, das Verfahren aussetzen und dem EuGH Fragen zur Auslegung des Gemeinschaftsrechts vorlegen. Dabei ist aber zu beachten, dass Fragen zur Gültigkeit oder Auslegung des nationalen Rechts gerade nicht in die Kompetenz des Gerichtshofs fallen.[32]

**II. Das Amtsgericht hält die Richtlinie für nichtig**

Diese Frage betrifft einen speziellen Fall des Vorabentscheidungsverfahrens, der in Art. 234 EG nicht explizit geregelt, für das Verständnis der Jurisdiktionskompe-

---

[29] Streinz R, Europarecht, 7. Aufl. 2005, Rn. 453.
[30] Streinz R, Europarecht, 7. Aufl. 2005, Rn. 453.
[31] Geiger R, EUV/EGV-Kommentar, 4. Aufl. 2004, Art. 234 EGV Rn. 1.
[32] EuGH, Urt. v. 10.06.1999, Rs. C-346/97, Slg.1999, I-3418 [*Braatheus Sverige*].

tenzen aber von Bedeutung ist. Es handelt sich eigentlich weder um eine Auslegungsfrage noch um eine Gültigkeitsfrage (denn das AG ist ja von der Ungültigkeit der Richtlinie überzeugt). Würde das AG jedoch aufgrund dieser Überzeugung die Richtlinie im nationalen Verfahren nicht anwenden, wäre die einheitliche Auslegung und Geltung des Gemeinschaftsrechts in den Mitgliedstaaten gefährdet. Aus diesem Grunde hat der EuGH für sich ein Verwerfungsmonopol für das Gemeinschaftsrecht beansprucht.[33] Ein nationales Gericht darf deshalb nicht aus eigener Kraft Gemeinschaftsrechtsakte verwerfen, die es für ungültig hält, sondern ist zur Vorlage an den Gerichtshof verpflichtet.

> Insofern besteht eine Parallele zum Verwerfungsmonopol des deutschen Bundesverfassungsgerichts, welches in Art. 100 I GG kodifiziert ist. Hält ein Gericht ein Gesetz, auf dessen Gültigkeit es ankommt, für verfassungswidrig, so ist im Rahmen einer Normenkontrolle die Entscheidung des Bundesverfassungsgerichts einzuholen.[34]

> Anmerkung zur Abwandlung:
> Der EuGH beansprucht für sich ein Verwerfungsmonopol für das Gemeinschaftsrecht. Dies wurde insbesondere in der *Foto Frost*-Entscheidung deutlich.[35] Das Finanzgericht Hamburg legte hier dem EuGH im Rahmen eines Vorabentscheidungsverfahrens einen Fall vor, bei dem die Firma Foto Frost gegen das Hauptzollamt Luebeck-Ost klagte. Der EuGH stellte fest, dass nationale Gerichte nicht befugt seien, selbst die Ungültigkeit von Handlungen der Gemeinschaftsorgane festzustellen. Hierzu führte der EuGH aus:
>
> „(...) Dagegen sind die nationalen Gerichte, unabhängig davon, ob ihre Entscheidungen selbst noch mit Rechtsmitteln des innerstaatlichen Rechts angefochten werden können, nicht befugt, selbst Handlungen der Gemeinschaftsorgane für ungültig zu erklären. Diese Lösung ist erst wegen des Erfordernisses der einheitlichen Anwendung des Gemeinschaftsrechts geboten. Meinungsverschiedenheiten der Gerichte der Mitgliedstaaten über die Gültigkeit von Gemeinschaftshandlungen wären geeignet, die Einheit der Gemeinschaftsrechtsordnung selbst aufs Spiel zu setzen und das grundlegende Erfordernis der Rechtssicherheit zu beeinträchtigen."

---

[33] EuGH, Urt. v. 22.10.1987, Rs. 314/85, Slg. 1987, 4199 [*Foto Frost*].
[34] Vergleiche hierzu: Jarass H D/Pieroth B, GG-Kommentar, 7. Aufl. 2004, Art. 100 GG.
[35] EuGH, Urt. v. 22.10.1987, Rs. 314/85, Slg. 1987, 4199 [*Foto Frost*].

## C. Anmerkungen

Seidel, Martin, Die Direkt- und Drittwirkung von Richtlinien des Gemeinschaftsrechts, NJW 1985, 517-522

# Fall 3: Umweltschutz im Binnenmarkt

## A. Sachverhalt

Die Power-AG (P) und die NewEnergy-AG (N) sind Energieversorgungsunternehmen (EVU) in der Bundesrepublik. Während P auf der „ersten Stufe" steht, d.h. bundesweit und darüber hinaus Strom erzeugt und an kleinere Unternehmen weitergibt, steht N auf der „zweiten Stufe": N bezieht Strom von den großen EVU und gibt diesen auf regionaler Ebene an die Endverbraucher weiter.

1998 wird das deutsche Energiewirtschaftsrecht novelliert. Aus ökologischen Gesichtspunkten soll die Stromerzeugung aus erneuerbaren Energien noch stärker gefördert werden. Das neue Stromeinspeisungsgesetz (StrEG) enthält deshalb die folgenden Vorschriften:

N ist nach §§ 2, 3 StrEG verpflichtet, den in seiner Region erzeugten Strom aus erneuerbaren Energien abzunehmen und mit einem festgelegten Satz, der über dem Marktpreis liegt, zu vergüten. Da seine Region ideale Bedingungen für die Erzeugung von Strom aus Windenergie bietet, steigt der Anteil des an N gelieferten Windstroms von weniger als 1% der Gesamtmenge (1991) auf ca. 15% der Gesamtmenge (1998) an. In diesem Jahr kostet N die Abnahme- und Vergütungspflicht der §§ 2, 3 StrEG über 110 Mio. DM. Nach § 4 StrEG stellt nun N dem vorgelagerten Energieversorger die Kosten für den über 5% hinausgehenden Anteil von monatlich 10 Mio. DM in Rechnung.

P zahlt an N, behält sich aber die Rückforderung vor. Tatsächlich erhebt P einige Monate später vor dem zuständigen Landgericht Klage auf Rückzahlung der geleisteten Beträge. Die Leistung an N sei ohne Rechtsgrund erfolgt: das ganze Abnahme- und Vergütungssystem des StrEG sei gemeinschaftsrechtswidrig, weil es nur für in der Bundesrepublik erzeugten Strom aus erneuerbaren Energien gelte, was mit der den Grundfreiheiten des EG-Vertrags zugrunde liegenden Idee eines gemeinsamen Marktes nicht zu vereinbaren sei. Wegen des Verstoßes gegen die vorrangigen gemeinschaftsrechtlichen Grundfreiheiten könne das StrEG keinen Rechtsgrund für die Zahlungen an N darstellen, die somit rückabzuwickeln seien. Außerdem macht P geltend, das StrEG verstoße gegen das „europäische Grundrecht auf unternehmerische Freiheit" nach Art. 16 der EU-Grundrechtecharta und könne auch deshalb keine Vergütungspflicht begründen. P bittet die Kammer, zur Klärung der gemeinschaftsrechtlichen Fragen eine Vorabentscheidung des EuGH einzuholen.

N hält die gemeinschaftsrechtliche Rechtsauffassung von P für falsch. Die Grundfreiheiten des EG-Vertrags könnten einem konsistenten, ökologisch und ökonomisch abgewogenen System zur Förderung erneuerbarer Energien in den Mitgliedstaaten nicht entgegen stehen; dies zeige schon die Querschnittsklausel des Art. 6 EG. Die Grundrechtecharta sei rechtlich ohne jede Relevanz. Er meint außerdem: „Während die Gemeinschaft nur an die Gemeinschaftsgrundrechte gebunden ist, gelten für die Mitgliedstaaten nur die Grundrechte des innerstaatlichen Rechts". All dies sei so klar, dass eine das Verfahren in die Länge ziehende Vorabentscheidung des EuGH unnötig sei und deshalb zu unterbleiben habe.

Aufgaben:
(1) Verstößt die Beschränkung des Abnahme- und Vergütungssystems für Strom aus erneuerbaren Energien gegen die Grundfreiheiten des EG-Vertrags?

(2) Würdigen Sie die Rechtsauffassung des N zur Relevanz des Art. 16 der EU-Grundrechtecharta.

(3) Kommentieren Sie die wörtlich wiedergegebene Aussage des N.

(4) Nehmen Sie an, dass die Klage des P auch letztinstanzlich abgewiesen wird und dass in allen Instanzen eine Vorlage an den EuGH mit der Begründung unterbleibt, die Gemeinschaftsrechtslage sei „glasklar und daher irrelevant", die Vorwürfe von P „haltlos". Mit welchen Rechtsbehelfen kann P das Unterlassen der Vorlage rügen? Wären diese begründet?

# B. Lösung

**Aufgabe 1:**

Die Beschränkung des Abnahme- und Vergütungssystems für Strom aus erneuerbaren Energien könnte gegen die Grundfreiheiten des EG-Vertrags verstoßen.
Das System des StrEG könnte gegen die Warenverkehrsfreiheit des Art. 28 EG verstoßen.

## I. Verstoß gegen Art. 28 EG

Dazu müsste der Tatbestand des Art. 28 EG erfüllt sein. Hierfür müsste es sich um eine mengenmäßige Einfuhrbeschränkung einer Ware handeln oder um eine Maßnahme gleicher Wirkung.

### 1. Anwendbarkeit

Zunächst dürfte es keine in der Anwendung vorrangigen Spezialgesetze geben. Es liegen keine gemeinschaftsrechtlichen leges speciales vor.

### 2. Ware

Dann müsste es sich bei Strom um eine Ware im Sinne des Art. 28 EG handeln. Als Ware gelten grundsätzlich körperliche Gegenstände, die über die Grenze verbracht werden, einen Geldwert haben und deshalb Gegenstand von Handelsgeschäften sein können.[1] Fraglich ist, ob Strom unter den Begriff der Ware fallen kann.

> Die Bewertung von Strom als bewegliche Sache ist zumindest nicht eindeutig.[2] Angesichts der Handelsfähigkeit von elektrischem Strom und seiner praktischen Handhabung als geldwertes Gut sprechen die besseren Gründe jedoch dafür, ihn als Ware anzusehen.[3] So hat auch der EuGH die Warenqualität von Elektrizität bejaht.[4] Zwar ist Strom keine körperliche Sache, seine Handhabung entspricht der solcher Sachen aber durchaus. Zudem ist er ein geldwertes Gut, kann transportiert werden und Gegenstand

---

[1] EuGH, Urt. v. 10.12.1968, Rs. 7/68, Slg. 1968, 633 (634) [*Kommission/Italien*].
[2] Müller-Graff P-C, in: Groeben H von der/Schwarze J (Hrsg.), Kommentar zum EU/EG-Vertrag, 6. Aufl. 2003, Art. 30 EG Rn. 113 m.w.N.
[3] Beutler B/Bieber R/Pipkorn J/Streil J, Die Europäische Union, Rechtsordnung und Politik, 5. Aufl. 2001, Rn. 731; Frenz W, Europarecht, 2004, Rn. 669.
[4] EuGH, Urt. v. 13.03.2001, Rs. C-379/98, Slg. 2001, I-2099 [*PreussenElektra*].

von Handelsgeschäften sein. Somit kann auch Strom als Ware im Sinne des Art. 28 EG angesehen werden.

### 3. Staatliche Maßnahme mit zwischenstaatlichem Bezug

Schließlich müsste es sich um eine staatliche Maßnahme mit zwischenstaatlichem Bezug handeln.[5] Vorliegend handelt es sich um ein Bundesgesetz und mithin um eine staatliche Maßnahme. Diese müsste zusätzlich einen zwischenstaatlichen Bezug aufweisen. P erzeugt bundesweit und darüber hinaus Strom und gibt auch grenzüberschreitend an kleinere Unternehmen weiter. Der zwischenstaatliche Bezug ist damit gegeben.

### 4. Mengenmäßige Einfuhrbeschränkung/Maßnahme gleicher Wirkung

Fraglich ist, ob eine Einfuhrbeschränkung oder eine Maßnahme gleicher Wirkung besteht.

#### a) Einfuhrbeschränkung

Zunächst könnte eine Einfuhrbeschränkung vorliegen. Diese erfasst alle mitgliedstaatlichen Maßnahmen, mit deren Hilfe zum Schutz der einheimischen Produktion die Konkurrenz ausländischer Erzeugnisse vom nationalen Markt ferngehalten werden soll, indem sie die Ein- oder Ausfuhr verbieten oder der Menge oder dem Wert nach begrenzen.[6]

Vorliegend ist eine mengenmäßige Einfuhrbeschränkung nicht gegeben.

#### b) Maßnahme gleicher Wirkung (*Dassonville*)

Das StrEG könnte aber, indem es die Abnahme- und Vergütungspflicht nur für deutschen Öko-Strom vorsieht, eine Maßnahme gleicher Wirkung darstellen.

> Nach der sog. *Dassonville*-Formel (vgl. Fall 1) ist eine Maßnahme gleicher Wirkung jede staatliche Handelsregelung, die geeignet ist, den innergemeinschaftlichen Handel unmittelbar oder mittelbar, tatsächlich oder potentiell zu behindern.[7]

§§ 2, 3 StrEG verpflichten dazu, den erzeugten Strom aus erneuerbaren Energien abzunehmen und mit einem festgelegten Satz zu vergüten. Solche Abnahmegebote

---

[5] Hobe S, Europarecht, 2. Aufl. 2004, Rn. 245.
[6] Borchardt K-D, Die rechtlichen Grundlagen der Europäischen Union, 2. Aufl. 2002, Rn. 632.
[7] EuGH, Urt. v. 08.07.1974, Rs. 8/74, Slg. 1974, 837 (847) [*Dassonville*].

sind geeignet, den innergemeinschaftlichen Handel zu beeinträchtigen.[8] Das Anbieten von im Ausland erzeugtem Ökostrom auf dem deutschen Markt wird durch das StrEG weniger attraktiv gemacht, da für diesen Strom keine Abnahmepflicht besteht und dieser wegen der Abnahmepflicht für deutschen Ökostrom auch schwer zu verkaufen sein wird. Damit ist jedenfalls eine potentielle unmittelbare Handelsbeschränkung gegeben, so dass eine Maßnahme gleicher Wirkung zu bejahen ist.

### c) Ausnahme: *Keck*-Formel

Obwohl das StrEG eine Maßnahme gleicher Wirkung darstellt, könnte ein Verstoß gegen Art. 28 EG zu verneinen sein, wenn die Voraussetzungen der *Keck*-Formel gegeben sind.

> Damit die *Keck*-Formel anwendbar ist, müssen zwei Voraussetzungen vorliegen. Zunächst muss es sich um bestimmte nicht-diskriminierende Verkaufsmodalitäten handeln, des weiteren müssen diese den Absatz inländischer und ausländischer Produkte gleichermaßen betreffen.[9]

Das StrEG verpflichtet Energieversorger dazu, den in einer bestimmten Region erzeugten Strom aus erneuerbaren Energien abzunehmen und mit einem festgelegten Satz, der über dem Marktpreis liegt, zu vergüten. Vor allem aber beschränkt es diese Vergütungspflicht auf deutschen Ökostrom. Es ist mithin formal diskriminierend.
Die *Keck*-Formel findet also keine Anwendung.

### 5. Zwischenergebnis

Der Tatbestand eines Verstoßes gegen Art. 28 EG ist gegeben.

## II. Rechtfertigung

Das StrEG würde aber nicht gegen die Warenverkehrsfreiheit verstoßen, wenn die Beschränkung gerechtfertigt wäre. Als Rechtfertigungsgründe kommen grundsätzlich geschriebene, so in Art. 30 EG aufgelistete, und ungeschriebene Gründe in Betracht.

---

[8] EuGH, Urt. v. 13.03.2001, Rs. C-379/98, Slg. 2001, I-2099 (Ziff. 71) [*PreussenElektra*].
[9] EuGH, Urt. v. 23.11.1991, verb. Rs. C-267/91 u. 268/91, Slg. 1993, I-6097 [*Keck u. Mithouard*].

## 1. Geschriebene Rechtfertigungsgründe

Zunächst ist an eine Rechtfertigung nach Art. 30 EG zu denken. Offensichtlich geht es bei dem StrEG um Umweltschutzbelange, da die Förderung erneuerbarer Energien der Verringerung der CO2-Emissionen und damit der Reduzierung des Treibhauseffekts dient. Der Umweltschutz ist aber gerade nicht explizit in Art. 30 EG aufgeführt.

Teilweise wird dazu vertreten, dass der Umweltschutz indirekt in dem Schutz der Gesundheit und des Lebens von Menschen, Tieren und Pflanzen enthalten sei.[10] Dafür spricht, dass sich Maßnahmen, die die Umwelt schädigen, letztlich auch auf die Gesundheit und das Leben von Menschen, Tieren und Pflanzen auswirken. Nach anderer Meinung geht diese Interpretation jedoch zu weit. Im Rahmen des Art. 30 EG sollen nach dieser Ansicht nur Maßnahmen anerkannt werden, die unmittelbar auf den Schutz der Gesundheit oder des Lebens abzielen, während nur mittelbar wirkende Maßnahmen nicht von Art. 30 EG umfasst seien.[11] Alles andere würde auch zu einer unüberschaubaren Ausweitung des Art. 30 EG führen. Art. 30 EG ist aber nach ständiger Rechtsprechung des EuGH als Ausnahmevorschrift gerade eng auszulegen.[12] Der Umweltschutz ist somit im Ergebnis nicht von Art. 30 EG umfasst.

## 2. Ungeschriebene Rechtfertigungsgründe

> Nach ständiger Rechtsprechung des EuGH können Maßnahmen, die in die Grundfreiheiten eingreifen, auch durch ungeschriebene Rechtfertigungstatbestände gerechtfertigt werden, nämlich durch „zwingende Erfordernisse des allgemeinen Wohls", die auf einheimische und ausländische Erzeugnisse unterschiedslos anwendbar sind (*Cassis*-Rechtsprechung[13]).

Formal nicht diskriminierende Maßnahmen können also im Gegensatz zu den formal diskriminierenden Maßnahmen unabhängig von Art. 30 EG zulässig sein, soweit sie zum Zwecke des Allgemeinwohls notwendig sind.

---

[10] Borchardt K-D, Die rechtlichen Grundlagen der Europäischen Union, 2. Aufl. 2002, Rn. 658.
[11] Epiney A, in: Calliess C/Ruffert M (Hrsg.), EUV/EGV, 2. Aufl. 2002, Art. 30 EG Rn. 36.
[12] EuGH, Urt. v. 14.12.1972, Rs. 29/72, Slg. 1972, 1309 (Ziff. 4) [*Marimex/Italienische Finanzverwaltung*]; EuGH, Urt. v. 09.06.1982, Rs. 95/81, Slg. 1982, 2187 (Ziff. 27) [*Kommission/Italien*]; EuGH Urt. v. 19.03.1991, Rs. C-205/89, Slg. 1991, I-1361 (Ziff. 6) [*Kommission/Griechenland*].
[13] EuGH, Urt. v. 20.02.1978, Rs. 120/78, Slg. 1979, 649 [*Cassis de Dijon*].

## a) Umweltschutz als ungeschriebener Rechtfertigungsgrund?

Fraglich ist zunächst, ob der Umweltschutz von der *Cassis*-Rechtsprechung des EuGH umfasst ist.

> In seinem *Cassis*-Urteil legte der EuGH fest, dass neben Art. 30 EG auch immanente Schranken des Art. 28 EG einen Eingriff in die Warenverkehrsfreiheit rechtfertigen können. Hierbei bezog er sich zunächst insbesondere auf die steuerliche Kontrolle, den Schutz der Gesundheit, die Lauterkeit des Handelsverkehrs und den Verbraucherschutz[14] (vergleiche zu der Qualifikation der *Cassis*-Formel: Fall 1).

Schon das Wort „insbesondere" zeigt dabei, dass der Katalog i.S.d. *Cassis*-Formel nicht abschließend ist.[15] Die Umwelt ist ein wichtiges Gut, die es zu schützen gilt. Es ist mithin nicht erkennbar, warum der Umweltschutz nicht als zwingendes Gut des Allgemeinwohls gelten sollte.

> Der Umweltschutz ist mittlerweile auch durch den EuGH als Erfordernis i.S.d. *Cassis*-Rechtsprechung anerkannt.[16]
>
> Der EuGH hatte im Jahr 1986 zu entscheiden, ob das Königreich Dänemark gegen seine Verpflichtungen aus Artikel 28 EG-Vertrag verstoßen hatte, indem es das durch Verordnung festgelegte obligatorische Rücknahmesystem für Verpackungen von Bier und Erfrischungsgetränken eingeführt und angewendet hatte.
>
> Das System, dessen Vereinbarkeit mit dem Gemeinschaftsrecht von der Kommission in Frage gestellt wurde, war dadurch gekennzeichnet, dass die Hersteller Bier und Erfrischungsgetränke nur in Mehrwegverpackungen auf den Markt bringen durften. Diese Verpackungen mussten vom nationalen Umweltamt genehmigt werden.
>
> Die dänische Regierung trug vor, das in Dänemark geltende obligatorische Rücknahmesystem für Verpackungen von Bier und Erfrischungsgetränken sei durch ein zwingendes Erfordernis des Umweltschutzes gerechtfertigt. Der Gerichtshof hat Dänemark Recht gegeben und festgestellt, der Umweltschutz stelle ein zwingendes Erfordernis dar, das die Anwendung des Artikels 28 EG-Vertrag einschränken kann.

---

[14] EuGH, Urt. v. 20.02.1978, Rs. 120/78, Slg. 1979, 649 [*Cassis de Dijon*].
[15] Streinz R, Europarecht, 7. Aufl., 2005, Rn. 870.
[16] EuGH, Urt. v. 20.09.1988, Rs. 302/86, Slg. 1998, 4607 (4630) [*Kommission/Dänemark*].

### b) Anwendbarkeit der *Cassis*-Formel auf formal diskriminierende Maßnahmen

Problematisch ist aber, dass die Regelung des StrEG direkt an die Herkunft des Öko-Stroms anknüpft und deshalb als formal diskriminierende Maßnahme anzusehen ist. Demnach müsste eine Rechtfertigung über die *Cassis*-Formel hier eigentlich ausscheiden.

> Allerdings spricht einiges dafür, diese Unterscheidung nicht weiter zu verfolgen. Der Gerichtshof selbst scheint von der Unterscheidung Abstand zu nehmen; er führt die in seiner früheren Rechtsprechung bereits erkennbar gewordenen Inkonsistenzen fort.[17] Aufgrund dieser Inkonsistenzen wird im Schrifttum bereits vermutet, der EuGH habe die Unterscheidung zwischen geschriebenen und ungeschriebenen Rechtfertigungstatbeständen ganz eingeebnet.[18]

Andererseits hält der EuGH teilweise auch ausdrücklich an der Differenzierung zwischen unterschiedslosen und unterschiedlichen Maßnahmen fest.[19]

Der Streit muss also entschieden werden. Zumindest auf dem hier relevanten Gebiet des Umweltschutzes besteht dabei eine klare Tendenz des EuGH, auch formal diskriminierende Maßnahmen für gerechtfertigt zu halten. Dies rührt insbesondere daher, dass der EG-Vertrag selbst in den Artikeln 6 und 174 dem Umweltschutz eine herausragende Bedeutung zumisst. Deshalb könnte eine noch nicht klar in Erscheinung getretene Sonderregel für den Umweltschutz als Rechtfertigungsgrund darin bestehen, Art. 30 EG (nur) für den Umweltschutz zu öffnen, zumal in dem „Schutz der Gesundheit und des Lebens von Menschen, Tieren und Pflanzen" Aspekte des Umweltschutzes erkennbar sind. Auf der gleichen Linie läge es, aus den Sondervorschriften zu folgern, dass jedenfalls im Umweltschutz ausnahmsweise auch formal diskriminierende Maßnahmen einer ungeschriebenen Rechtfertigung zugänglich sein müssen.

Mit einer solchen Begründung ließe sich in der hier vorliegenden Sonderkonstellation klausurtechnisch zugleich der Streit umgehen, ob die Differenzierung zwischen unterschiedslos und unterschiedlich anwendbaren Maßnahmen auf der Rechtsfolgenebene generell aufzugeben ist. (Siehe hierzu unten die Anmerkungen unter C. I.)

---

[17] Vgl. zu der inkonsequenten Rechtsprechung des EuGH: Streinz R, Europarecht, 7. Aufl. 2005, Rn. 871.

[18] Weiß W, Nationales Steuerrecht und Niederlassungsfreiheit - Von der Konvergenz der Grundfreiheiten als Beschränkungsverbote zur Auflösung der Differenzierung zwischen unterschiedslosen und unterschiedlichen Maßnahmen, EuZW 1999, 493-497; Streinz R, Europarecht, 7. Aufl. 2005, Rn. 344.

[19] EuGH, Urt. v. 29.04.1999, Rs. C-224/97, Slg. 1999, I-2517 (2536) [*Ciola/Land Vorarlberg*].

Im Ergebnis ist also festzuhalten, dass die *Cassis*-Formel im Bereich des Umweltschutzes unterschiedslos auf formal diskriminierende und formal nicht diskriminierende Maßnahmen anzuwenden ist.

## c) Zwischenergebnis

Das StrEG könnte durch ein zwingendes Erfordernis des Allgemeininteresses (Umweltschutz) gerechtfertigt sein.

## 3. Verhältnismäßigkeit

Das StrEG ist dann durch Art. 28 EG gerechtfertigt, wenn es verhältnismäßig ist.

> Der EuGH betont ausdrücklich, dass eine Maßnahme dann gerechtfertigt ist, wenn sie sich zu dem angestrebten Zweck eignet, erforderlich und angemessen ist.[20]

Aus ökologischen Gesichtspunkten soll die Stromerzeugung aus erneuerbaren Energien noch stärker gefördert werden. Das StrEG ist geeignet, dieses Ziel zu erreichen und so die Umwelt zu schützen.

Das StrEG ist auch erforderlich, wenn es kein milderes Mittel gibt, diesen Zweck zu erreichen. Das StrEG schafft Anreize, um erneuerbare Energien zu fördern. Zwar ist dies kostspielig, doch ist ein milderes Mittel nicht ersichtlich.

Schließlich müsste das StrEG angemessen sein. Hierbei geht es um eine Abwägung zwischen der Beeinträchtigung des freien Warenverkehrs einerseits und dem verfolgten Schutzinteresse andererseits.[21] Auf der einen Seite stellt das StrEG ein einschneidendes Instrument dar, das verlangt, das erneuerbare Energien zu teuren Preisen gefördert werden. Auf der anderen Seite steht das wichtige Gut „Umweltschutz". Dabei ist zu beachten, dass der Umweltschutz von besonderer Bedeutung ist, wie sie sich unter anderem aus internationalen Verpflichtungen wie dem Kyoto-Protokoll ergibt.[22] Der Schutz der Umwelt überwiegt vorliegend die Nachteile, die sich für den Warenverkehr ergeben. Damit ist die Angemessenheit gegeben.

Das StrEG ist verhältnismäßig.

## 4. Ergebnis

Der Eingriff des StrEG in Art. 28 EG ist gerechtfertigt.

---

[20] EuGH, Urt. v. 10.11.1982, Rs. 261/81, Slg. 1982, 3972 [*Rau*].
[21] Epiney, A, in: Calliess C/Ruffert M (Hrsg.), EUV/EGV-Kommentar, 2. Aufl. 2002, Art. 30 EG Rn. 57; Frenz W, Europarecht, 2004, Rn. 1060..
[22] Vgl. zur Argumentation des EuGH: EuGH, Urt. v. 13.03.2001, Rs. C-379/98, Slg. 2001, I-2099 [*PreussenElektra*].

**Aufgabe 2:**

Fraglich ist, ob die Auffassung des N, die Charta sei ohne jede rechtliche Relevanz, zutreffend ist.

Zwar ist die Charta, die im Dezember 2000 auf dem Gipfel von Nizza „feierlich proklamiert" wurde, (noch) nicht rechtsverbindlich, also kein förmlicher Bestandteil des Primärrechts. Doch wird sie dem Gerichtshof neben der EMRK und den Verfassungen der Mitgliedstaaten (vgl. Art. 6 Abs. 2 EU) als Rechtserkenntnisquelle für die Grundrechtsrechtsprechung dienen. Ferner handelt es sich bei der Charta materiell nicht um etwas Neues: es ging im Kern darum, bereits bestehende und in der Rechtsprechung anerkannte Garantien, die Gemeinschaftsgrundrechte, sichtbar zu machen.[23] Die klassischen Freiheitsrechte, insbesondere die Freiheit zu unternehmerischer Betätigung, waren aber auch schon vor der Charta im Gemeinschaftsrecht anerkannt. Insofern kann P durchaus einen Verstoß gegen diese Gemeinschaftsgrundrechte geltend machen. Die Aussage des N zur Charta ist also so nicht zutreffend.

**Aufgabe 3:**

Gefragt ist nach der Bindung der Gemeinschaft an die Grundrechte der Mitgliedstaaten und nach der Bindung der Mitgliedstaaten an die Gemeinschaftsgrundrechte.

### I. Bindung der Gemeinschaft an die Grundrechte der Mitgliedstaaten

Zur Frage der Bindung der Gemeinschaft an die Grundrechte der Mitgliedstaaten vertreten der EuGH und das BVerfG unterschiedliche Ansichten.[24]

#### 1. Die Position des EuGH

> Das Gemeinschaftsrecht fließt aus einer autonomen Rechtsquelle. Die Mitgliedstaaten haben kraft ihrer Hoheitsrechtsübertragung eine eigene Rechtsordnung geschaffen. Die Gemeinschaft ist als Rechtsgemeinschaft auf die einheitliche Geltung und Anwendung ihres Rechts angewiesen.

---

[23] Hobe S, Europarecht, 2. Aufl. 2004, Rn. 242.
[24] Vgl. zum Überblick über die Ansichten: Streinz R, Europarecht, 7. Aufl. 2005, Rn. 190 ff.

Deshalb kann keine wie auch immer geartete Rechtsvorschrift dem Gemeinschaftsrecht vorgehen.[25] Daraus folgt, dass keine Bindung an nationale Grundrechte bestehen kann.

## 2. Die Position des BVerfG

> Die Ausübung der europäischen Hoheitsgewalt betrifft zunehmend auch die Grundrechtsberechtigten in Deutschland unmittelbar. Das BVerfG hat daher den Schutz dieser Grundrechte nicht nur vor der deutschen öffentlichen Gewalt, sondern auch vor der Gemeinschaftsgewalt zur Aufgabe.[26]

Das BVerfG geht deshalb grundsätzlich von einer Geltung der Grundrechte auch gegenüber der Hoheitsgewalt der EG aus. Allerdings ist die Gemeinschaft nach Art. 23 Abs. 1 S. 1 GG auf einen dem deutschen Schutzstandard im Wesentlichen gleich zu achtenden Grundrechtsschutz verpflichtet. Deshalb zieht sich das BVerfG „in einem Kooperationsverhältnis zum EuGH" auf eine Reservekompetenz zurück und wacht nur darüber, dass der unabdingbare Grundrechtsstandard generell gewährleistet bleibt.[27]

## II. Bindung der Mitgliedstaaten an die Gemeinschaftsgrundrechte

Die Frage der Bindung der Mitgliedstaaten an die Gemeinschaftsgrundrechte bejaht der EuGH.

> Der Gerichtshof sieht die Mitgliedstaaten in ständiger Rechtsprechung in zwei Fallgruppen an die Gemeinschaftsgrundrechte gebunden: beim Vollzug von Gemeinschaftsrecht und bei der Einschränkung von Grundfreiheiten.[28]

## 1. Vollzug von Gemeinschaftsrecht

Die Mitgliedstaaten handeln beim Verwaltungsvollzug als „verlängerter Arm" der Gemeinschaft. Es ist einleuchtend, dass sie dabei keine Maßnahmen treffen dür-

---

[25] EuGH, Urt. v. 03.06.1964, Rs.6/64, Slg. 1964, 1253 [*Costa/ENEL*].
[26] BVerfGE 89, 155 (174 ff.) [*Maastricht*].
[27] BVerfGE 73, 339 (387 f.) [*Solange II*]; BVerfGE 89, 155 (174 ff.) [*Maastricht*].
[28] Vgl. als Überblick: Lecheler H, Einführung in das Europarecht, 2. Aufl. 2003, 124.

fen, die die Gemeinschaftsorgane selbst wegen ihrer Grundrechtsbindung nicht ergreifen könnten.[29]

## 2. Einschränkung von Grundfreiheiten

Zudem kann die Gemeinschaft eine mitgliedstaatliche Einschränkung gemeinschaftsrechtlicher Bestimmungen, z.b. der Grundfreiheiten, auch dann nicht als gerechtfertigt ansehen, wenn diese den Gemeinschaftsgrundrechten widerspricht.

Verstößt z.b. eine nationale Maßnahme gegen eine Grundfreiheit, so kann dieser Verstoß grundsätzlich gerechtfertigt sein. Diese Rechtfertigung unterliegt aber immer noch der Kontrolle, ob nicht Gemeinschaftsgrundrechte verletzt werden. Die Gemeinschaftsgrundrechte stellen insofern eine „Schranken-Schranke" dar, die die Rechtfertigung eines Verstoßes verhindern kann.

Nach h.M. gilt somit auch bei der Einschränkung von Grundfreiheiten der Grundsatz der einheitlichen Anwendung des Gemeinschaftsrechts.[30] Gegen die Bindung an die Gemeinschaftsgrundrechte bei der Einschränkung von Grundfreiheiten werden freilich Bedenken vorgebracht, da bei diesen Tatbeständen der Vertrag gerade die Autonomie der Mitgliedstaaten wahre.

## Aufgabe 4:

Gefragt ist, mit welchen Rechtsbehelfen P das Unterlassen der Vorlage rügen könnte.

## I. Rechtsbehelfe

Gegen das letztinstanzliche Urteil kommt nur eine Verfassungsbeschwerde gem. Art. 93 Abs. 1 Nr. 4 a GG i.V.m. § 13 Nr. 8a BVerfGG, §§ 90 ff. BVerfGG in Betracht.

---

[29] EuGH, Urt. v. 24.03.1994, Rs. C-2/92, Slg. 1994, I-955 [*Bostock*].
[30] EuGH, Urt. v. 28.10.1975, Rs. 36/75, Slg. 1975, 1219 [*Rutili*]; EuGH, Urt. v. 18.06.1991, Rs. C-260/89, Slg. 1991, I-2925 [*ERT*].

## II. Begründetheit der Verfassungsbeschwerde

Diese müsste begründet sein.
Die Verfassungsbeschwerde ist begründet, wenn die Ablehnung der Vorlage an den EuGH Grundrechte bzw. grundrechtsgleiche Rechte des P verletzt.

### 1. Recht auf den gesetzlichen Richter

Hier kommt das Grundrecht des P auf seinen gesetzlichen Richter im Sinne des Art. 101 Abs. 1 S. 1 GG in Betracht.
Dieses Grundrecht nach Art. 101 Abs. 1 S. 2 GG könnte verletzt sein, wenn die Vorlage willkürlich unterblieben ist.[31]

#### a) EuGH als Richter i.S.d.. Art. 101 GG?

Dazu müsste der EuGH gesetzlicher Richter im Sinne des GG sein.
Mit der Solange II-Entscheidung, die als Meilenstein gilt, machte das BVerfG erstmals klar, dass der EuGH Richter im Sinne von Art. 101 Abs. 1 S. 2 GG ist.[32]

Das BVerfG bejahte die Gerichtsqualität des EuGH als einem durch die Gemeinschaftsverträge errichteten hoheitlichen Rechtspflegeorgan, das nach festgelegten Kompetenzen und rechtsstaatlichen Verfahren Rechtsfragen nach Maßgabe von Rechtsnormen in richterlicher Unabhängigkeit endgültig entscheidet. Maßgeblich war vor allem die Feststellung, dass der EuGH teilweise in die deutsche Gerichtsbarkeit funktional eingegliedert ist.

Diese Meinung hat das BVerfG seitdem noch mehrmals deutlich gemacht.[33] Der EuGH ist also durch die Übertragung von Rechtsprechungsaufgaben, insbesondere nach Art. 234 EG, gesetzlicher Richter im Sinne des GG.[34]

#### b) Vorlageverpflichtung

Weiterhin müsste das Fachgericht vorlageverpflichtet gewesen sein.

> Bei Unklarheit der gemeinschaftsrechtlichen Rechtslage ist das letztinstanzliche Gericht vorlageverpflichtet.[35] Diese Pflicht entfällt nur, wenn die gemeinschaftsrechtliche Rechtslage klar ist. Das ist hier aber nicht der Fall.

---

[31] Jarass H D/Pieroth B, GG, 7. Aufl. 2004, Art. 101 GG Rn. 1.
[32] BVerfGE 73, 339 (366 ff).
[33] BVerfGE 80, 74; BVerfG NJW 1990, 941; NJW 1994, 2017 (2018); NVwZ 1997, 481; EuZW 1998, 728; NJW 2001, 1267 (1268); NJW 2002, 1486 (1487).
[34] Streinz R, Europarecht, 7. Aufl. 2005, Rn. 257.
[35] Hobe S, Europarecht, 2. Aufl. 2004, Rn. 197.

Das letztinstanzliche Gericht hat die Vorlagepflicht unhaltbar gehandhabt: der unzutreffende Hinweis, die Gemeinschaftsrechtslage sei „glasklar und daher irrelevant", zeigt, dass sich das Gericht weder mit der Gemeinschaftsrechtslage noch mit der Möglichkeit einer Vorlage ernsthaft auseinander gesetzt hat, obwohl die Rechtsprechung des Gerichtshofs in diesem Bereich gerade unklar und unvollständig ist.

## 2. Zwischenergebnis

Die Behandlung der Anregung des P, eine Vorabentscheidung nach Art. 234 EG einzuholen, stellt somit eine unzulässige Willkür dar. Art. 101 Abs. 1 S. 2 GG ist folglich verletzt.

## 3. Ergebnis

Die Verfassungsbeschwerde wäre begründet.

# C. Anmerkungen

## I. Bedeutung der *PreussenElektra*-Entscheidung

Dem soeben geprüften Fall liegt die sogenannte *PreussenElektra*-Entscheidung des EuGH zugrunde.[36] Das deutsche Stromeinspeisungsgesetz von 1998 sah eine Abnahmepflicht von in Deutschland erzeugtem Strom aus erneuerbaren Energien vor. Diese Maßnahme stellte unstreitig eine Maßnahme gleicher Wirkung wie eine mengenmäßige Beschränkung dar, indem sie zumindest potentiell den innergemeinschaftlichen Handel mit der Ware Strom behinderte.

Der EuGH rechtfertigte diese Beschränkung mit dem zwingenden Erfordernis „Umweltschutz". Allerdings konnten bis dahin nationale Maßnahmen, die nicht unterschiedslos galten, nach ständiger Rechtsprechung nicht durch ungeschriebene zwingende Erfordernisse des Allgemeinwohls gerechtfertigt werden.[37] Hier handelte es sich aber um eine unterscheidende Maßnahme, da das Gesetz nur deutschen Strom betraf.

Von der Differenzierung zwischen unterschiedslosen und unterscheidenden Maßnahmen scheint sich der EuGH auch in weiteren Urteilen zu distanzieren.[38] Damit würde die Bedeutung der Unterscheidung zwischen den geschützten Interessen nach Art. 30 EG und den Ausnahmen nach der *Cassis de Dijon*-Formel schwinden.[39]

Von einer tatsächlichen Aufgabe der Unterscheidung zwischen unterschiedlichen und unterschiedslos geltenden Maßnahmen dürfte jedoch nach derzeitigem Stand noch nicht auszugehen sein. Der Umweltschutz, der schon wegen Art. 6 EG eine herausgehobene Stellung innehat, dürfte vielmehr als eigenständiger Rechtfertigungsgrund in einzigartiger Weise sowohl für unterschiedliche wie auch für unterschiedslose Maßnahmen gelten.[40]

Allerdings ist damit fraglich geworden, ob andere anerkannte zwingende Erfordernisse des Allgemeinwohls (z.B. der Verbraucherschutz) nicht ebenfalls unter bestimmten Voraussetzungen auch für formal diskriminierende Maßnahmen gelten können. Die abschließende Klärung dieser Frage muss der zukünftigen Rechtsprechung des EuGH überlassen bleiben. In der Klausur sind im Prinzip beide Ansichten gut vertretbar, sofern das Problem erkannt und argumentativ ansprechend behandelt wird.

---

[36] EuGH, Urt. v. 13.03.2001, Rs. C-379/98, Slg. 2001, I-2099 [*PreussenElektra*].

[37] Plötscher S, Der Begriff der Diskriminierung im Europäischen Gemeinschaftsrecht, 164; Vergleiche hierzu des Weiteren die Anmerkungen zu Fall 1: Inhalt und Charakter der *Cassis de Dijon*-Formel.

[38] EuGH, Urt. v. 09.07.1997, verb. Rs. C-34/95, C-35/95 u.C-36/95, Slg. 1997, I-3848, Rn. 46 [*Konsumentombudsmannen/De Agostini u. TV-Shop*]; EuGH, Urt. v. 28.04.89, Rs. C-120/95, Slg. 1998, I-1831, Rn. 39 [*Decker*].

[39] Mayer F C, Die Warenverkehrsfreiheit im Europarecht – eine Rekonstruktion, EuR 2003, 793-824, 807.

[40] Mayer F C, Die Warenverkehrsfreiheit im Europarecht – eine Rekonstruktion, EuR 2003, 793-824, 807; siehe auch Frenz W, Europarecht, 2004, Rn. 1030.

## II. Lesehinweise

EuGH Urt. v. 13.03.2001, Rs. C-379/98, Slg. 2001, I-2099 [*PreussenElektra*]

Mayer, Franz C, Die Warenverkehrsfreiheit im Europarecht – eine Rekonstruktion, EuR 2003, 793-824

Plötscher, Stefan, Der Begriff der Diskriminierung im Europäischen Gemeinschaftsrecht, 2003

# Fall 4: Vom Regen in die Traufe

## A. Sachverhalt

Der französische Bierbrauer Koenig (K), dessen Betrieb im Elsaß angesiedelt ist, exportierte bis 1981 in erheblichem Umfang Bier nach Deutschland. Ende 1981 beanstandeten die deutschen Behörden, das Bier des K entspreche nicht dem in Deutschland gesetzlich festgelegten Reinheitsgebot, da es mit unzulässigen Zusatzstoffen versetzt sei, und dürfe daher weder als „Bier" bezeichnet noch überhaupt nach Deutschland eingeführt werden. Daraufhin stellte der deutsche Importeur des K den Bezug seines Bieres ein.

In dem nach Bekanntwerden dieser Vorfälle von der EG-Kommission eingeleiteten Vertragsverletzungsverfahren stellte der EuGH 1987 fest, Deutschland habe, indem es das Inverkehrbringen von Bier, das in einem anderen Mitgliedstaat rechtmäßig hergestellt worden sei, verboten habe, gegen Art. 30 EWGV (heute: Art. 28 EG) und damit gegen die Freiheit des Warenverkehrs verstoßen. Auf dieses Urteil hin konnte K die Lieferungen seines Bieres nach Deutschland wieder aufnehmen. Seine Versuche, von der Bundesrepublik einen Ersatz des ihm in der Zwischenzeit entstandenen Schadens zu erhalten, schlugen jedoch in den ersten beiden Instanzen fehl.

Nach seiner Niederlage in der zweiten Instanz beschließt K, seine aufgestaute Frustration mit Hilfe eines Urlaubs im sonnigen Florida abzubauen. Zu diesem Zweck bucht er bei dem in Deutschland ansässigen Reiseveranstalter „Money Power Trouble Line" (MP) im Frühjahr 1993 eine entsprechende Reise für Dezember, die er zur Ausnutzung eines dreiprozentigen Rabatts auch sofort voll bezahlt. Das Pech bleibt ihm jedoch treu: Im Sommer 1993 fällt MP in Konkurs. Die Reise kann K nicht mehr antreten, sein Geld sieht er ebenfalls nicht wieder.

Um seinen wutschnaubenden Mandanten zu beruhigen und die Auszahlung seines Honorars sicherzustellen, weist der Anwalt des K diesen auf die Richtlinie 90/314/EWG des Rates vom 13.06.1990 hin.

Art. 7 dieser Richtlinie lautet:

„Der Veranstalter und/oder Vermittler, der Vertragspartei ist, weist nach, daß im Fall der Zahlungsunfähigkeit oder des Konkurses die Erstattung gezahlter Beträge und die Rückreise des Verbrauchers sichergestellt sind."

Nach Art. 9 derselben Richtlinie hatten die Mitgliedstaaten für die Umsetzung dieser Vorschrift bis zum 31.12.1992 zu sorgen. Der deutsche Gesetzgeber erließ jedoch erst 1994 das entsprechende Gesetz, durch das der neue § 651k in das BGB eingefügt wurde.

Ist die Bundesrepublik Deutschland dem K hinsichtlich des Bieres und/oder der Reise zum Schadensersatz verpflichtet?

# B. Lösung

## I. Die Bierlieferungen

K könnte wegen des Biereinfuhrverbotes und des infolgedessen entstandenen Schadens Schadensersatzansprüche gegen die Bundesrepublik Deutschland haben.

### 1. Gemeinschaftsrechtlicher Amtshaftungsanspruch gem. Art. 288 Abs. 2 EG

Ein gemeinschaftsrechtlicher Amtshaftungsanspruch nach Art. 288 Abs. 2 EG kommt nicht in Betracht. Denn dieser richtet sich nicht gegen die Mitgliedstaaten, sondern gegen die Gemeinschaft selbst und wird damit nur durch ein Handeln bzw. Unterlassen von EG-Organen ausgelöst.

### 2. Allgemeiner gemeinschaftsrechtlicher Staatshaftungsanspruch[1]

Als Grundlage für einen Schadensersatzanspruch des K gegen die Bundesrepublik kommt aber der gemeinschaftsrechtliche Staatshaftungsanspruch in Betracht.

#### a) Haftungsgrundlagen[2]

Den gemeinschaftsrechtlichen Staatshaftungsanspruch hat der EuGH in richterlicher Rechtsfortbildung entwickelt. Kompetentiell stützt er sich auf Art. 220 EG, wonach ihm die Aufgabe der Wahrung des Rechts bei der Auslegung und Anwendung des Vertrages zukommt. Der Anspruch selbst folgt – so der Gerichtshof – aus dem Wesen der durch den EG-Vertrag geschaffenen Rechtsordnung[3]. Zur Herleitung eines solchen gemeinschaftsrechtlich begründeten Haftungsanspruchs zieht der Gerichtshof folgende Erwägungen heran:
  In Art. 288 Abs. 2 EG komme der allgemeine Grundsatz der Haftung öffentlicher Stellen für Schäden, die sie in Ausübung ihrer Amtstätigkeit verursachen, zum Ausdruck. Ferner folge aus der Loyalitätspflicht („Gemeinschaftstreue") nach Art. 10 EG, dass die Mitgliedstaaten die rechtswidrigen Folgen eines Gemeinschaftsrechtsverstoßes zu beseitigen hätten. Zudem gebiete es der Grundsatz des „effet utile" eine solche Anspruchsgrundlage zur Verfügung zu stellen, denn nur auf diese Weise könne dem Gemeinschaftsrecht in möglichst großem Umfang Wirksamkeit verschafft werden. Schließlich sei nur so im Rahmen des Gemeinschaftsrechts ein effektiver Rechtsschutz für die Bürger zu gewährleisten.

---

[1] Zur Erläuterung des Aufbaus vgl. unten die Vertiefungshinweise, C. II. 1. a).
[2] Auf die Rechtsgrundlagen des Haftungsanspruchs sollte immer kurz eingegangen werden.
[3] EuGH, Urt. v. 19.11.1991, verb. Rs. C-6/90 u. C-9/90, Slg. 1991, I-5357 (Ziff. 31 f.) [*Francovich*].

Um der mit dem EG-Vertrag geschaffenen Rechtsordnung ihre volle Wirksamkeit zu verleihen, sind die Mitgliedstaaten deshalb in Erfüllung ihrer Mitwirkungspflichten aus Art. 10 EG verpflichtet, im Falle einer Verletzung ihrer Vertragspflichten die davon betroffenen Gemeinschaftsbürger zu entschädigen. Das gilt insbesondere im Falle der Nichtumsetzung von Richtlinien, da andernfalls Art. 249 Abs. 3 EG leerzulaufen droht. Die Haftungsvoraussetzungen sind analog Art. 288 Abs. 2 EG nach den allgemeinen Rechtsgrundsätzen zu bestimmen, die den Rechtsordnungen der Mitgliedstaaten gemeinsam sind.

**b) Haftungsvoraussetzungen**

Es müssten die vom EuGH entwickelten Haftungsvoraussetzungen vorliegen.

*aa) Hinreichend qualifizierter Verstoß gegen Gemeinschaftsrecht*

Als erstes Tatbestandsmerkmal hat der EuGH das Erfordernis eines Gemeinschaftsrechtsverstoßes aufgestellt. Sofern es sich um normatives Unrecht handelt – was in den meisten bislang vom Gerichtshof entschiedenen Fällen zum Haftungsrecht der Fall war – ist zudem erforderlich, dass dieser Verstoß hinreichend qualifiziert ist, damit den gesetzgebenden Körperschaften noch ein ausreichender Handlungsspielraum belassen wird. Ein solcher Verstoß liegt dann vor, wenn ein Mitgliedstaat die seinem gesetzgeberischen Ermessen gesetzten Grenzen offenkundig und erheblich überschritten hat[4].

> Anhaltspunkte für die Beurteilung der Offenkundigkeit und Erheblichkeit der Ermessensüberschreitung hat der Gerichtshof im *Brasserie du Pêcheur* und *Factortame*-Urteil[5] genannt. Danach sind bei der Prüfung eines hinreichend qualifizierten Verstoßes das Maß an Klarheit und Genauigkeit der verletzten Vorschrift, der Umfang des Ermessensspielraums, den die verletzte Vorschrift den nationalen oder Gemeinschaftsbehörden belässt, die Vorsätzlichkeit der Begehung des Verstoßes oder der Schadenszufügung, die Entschuldbarkeit eines möglichen Rechtsirrtums und ein eventuelles Mitverschulden der Gemeinschaftsorgane zu berücksichtigen.

Durch das Verbot der Bezeichnung von Ks Getränken als Bier müsste die Bundesrepublik offenkundig gegen Gemeinschaftsrecht verstoßen haben. Das Verbot einer konkreten Warenbezeichnung (hier bezüglich der Getränkeart) ist wenigstens potentiell geeignet, den freien Warenverkehr zu behindern. Es drängt sich daher ein Verstoß gegen Art. 28 EG (Warenverkehrsfreiheit) auf, welcher neben men-

---

[4] Bogdandy A von, in: Grabitz E/Hilf M (Hrsg.), Das Recht der Europäischen Union, Band III, Stand: 06/2005, Art. 288 EGV Rn. 139.
[5] EuGH, Urt. v. 05.03.1996, verb. Rs. C-46/93 u. C-48/93, Slg. 1996, I-1029 [*Brasserie du Pêcheur u. Factortame*].

genmäßigen Einfuhrbeschränkungen alle Maßnahmen gleicher Wirkung verbietet[6]. Die grundlegende Rechtsprechung des EuGH hierzu lag in Gestalt der *Dassonville*-Entscheidung[7] 1981 bereits vor und musste der Bundesrepublik daher zum fraglichen Zeitpunkt bekannt sein. Schließlich weicht der hier zugrunde liegende Sachverhalt rechtlich auch nicht erheblich davon ab. Insbesondere ist das Bierbezeichnungsverbot nicht unterschiedslos diskriminierend, so dass sich der Bundesrepublik ein Verstoß gegen Art. 28 EG geradezu aufdrängen musste. Folglich kann ein hinreichend qualifizierter Gemeinschaftsrechtsverstoß bezüglich des Bezeichnungsverbots bejaht werden.

Fraglich ist indes, wie es sich mit dem Biereinfuhrverbot verhält. Das hierzu ergangene, die Unvereinbarkeit mit Gemeinschaftsrecht feststellende Urteil des EuGH datiert von 1987. Es konnte insoweit nicht bereits 1981 als Maßstab gelten. Daher ist zu fragen, ob die Annahme eines Verstoßes gegen Gemeinschaftsrecht durch das Biereinfuhrverbot zum damaligen Zeitpunkt derart wahrscheinlich erschien, dass die Bundesrepublik vernünftigerweise mit einem derart lautenden Urteil des EuGH rechnen musste. Ausgehend von der Möglichkeit einer Rechtfertigung über Art. 30 EG, die hier bei einem Nahrungsmittel in Form des Gesundheitsschutzes in Betracht kommt, konnte in durchaus berechtigter Weise auch von einer möglichen Gemeinschaftsrechtskonformität der Maßnahme ausgegangen werden. Insofern kann zumindest nicht von einem offenkundigen Verstoß die Rede sein.

Somit kann ein hinreichend qualifizierter Gemeinschaftsrechtsverstoß nur bezüglich des Bezeichnungsverbots bejaht werden.

*bb) Schutzzweck der verletzten Norm*

Weitere Voraussetzung ist, dass die Rechtsnorm, gegen die verstoßen worden ist, die Verleihung von subjektiven Rechten bezwecken muss[8]. Im Falle der vereitelten Bierlieferungen verstieß der deutsche Gesetzgeber nach Feststellung des EuGH gegen Art. 28 EG. Diese Norm gewährt als Grundfreiheit des EG-Vertrags allen Gemeinschaftsbürgern ein subjektives Recht gegenüber mitgliedstaatlichen Einfuhrbeschränkungen[9].

---

[6] Zur ausführlichen Prüfung der Warenverkehrsfreiheit siehe oben Fälle 2 und 3.
[7] EuGH, Urt. v. 11.07.1974, Rs. 8/74, Slg. 1974, 837 [*Dassonville*].
[8] EuGH, Urt. v. 19.11.1991, verb. Rs. C-6/90 u. C-9/90, Slg. 1991, I-5357 (Ziff. 40) [*Francovich*]; EuGH, Urt. v. 26.03.1996, Rs. C-392/93, Slg. 1996, I-1631 (Ziff. 39) [*British Telecommunications*].
[9] EuGH, Urt. v. 05.02.1963, Rs. 26/62, Slg. 1963, 1 (Ziff. 24 ff.) [*van Gend & Loos*]; EuGH, Urt. v. 22.03.1977, Rs. 74/76, Slg. 1977, 557 (Ziff. 13) [*Ianelli & Volpi/Meroni*]; EuGH, Urt. v. 29.11.1978, Rs. 83/78, Slg. 1978, 2347 (Ziff. 66 f.) [*Pigs Marketing Board/Redmond*].

*cc) Unmittelbarer Kausalzusammenhang*

Schließlich muss gerade der festgestellte, hinreichend qualifizierte Verstoß für den geltend gemachten Schaden unmittelbar ursächlich geworden sein[10]. Da das Verbot der Zusatzstoffe keinen hinreichend qualifizierten Verstoß gegen EG-Recht darstellte, müsste das Verbot für K, sein Bier als „Bier" zu vertreiben, für den Verlust seiner Absatzchancen unmittelbar verantwortlich sein.

Im Wege einer wertenden Zurechnung lässt sich ein unmittelbarer Kausalzusammenhang zwischen Bezeichnungsverbot und Absatzverlust jedoch schwerlich feststellen. Das (bloße) Verbot, eine Ware nicht mit einer bestimmten Bezeichnung zu versehen, lässt immer noch Raum für eine alternative Bezeichnung, so dass ein Absatzeinbruch bzw. die vollständige Absatzunmöglichkeit gerade nicht unausweichlich sind. Anders als bei einem strikten Einfuhrverbot kann der Betroffene zumindest theoretisch unter einer anderen Bezeichnung seine wirtschaftliche Betätigung fortsetzen. Wenn dies aber noch möglich ist, kann das Verbot einer Bezeichnung nicht unmittelbar zu einem Absatzschaden führen. Im Übrigen hätte im vorliegenden Fall auch die Möglichkeit der Bezeichnung seiner Getränke als „Bier" dem K nichts genutzt, da er sie wegen des Einfuhrverbots sowieso nicht in Deutschland hätte verkaufen dürfen.

Ein unmittelbarer Kausalzusammenhang zwischen dem hinreichend qualifizierten Gemeinschaftsrechtsverstoß und dem geltend gemachten Schaden besteht demnach nicht.

> Der BGH hat im nationalen Ausgangsverfahren entschieden, dass die Maßnahmen, die aufgrund der gemeinschaftsrechtswidrigen Bestimmungen gegen K ergangen seien, nie die Bezeichnung des Getränks in Frage gestellt hätten, sondern allein gegen die in diesem enthaltenen Zusatzstoffe gerichtet gewesen seien. Der BGH geht davon aus, dass es einer wertenden Zurechnung der Haftungsfolgen bedarf. Aus dieser ergebe sich, dass zwischen dem Zusatzstoffverbot und dem Absatzverlust, nicht aber zwischen dem Bezeichnungsverbot und dem Absatzverlust ein unmittelbarer Kausalzusammenhang gegeben sei. Somit liege zwischen dem hinreichend qualifizierten Verstoß und dem erlittenen Schaden keine ausreichende Kausalität vor[11].

---

[10] EuGH, Urt. v. 19.11.1991, verb. Rs. C-6/90 u. C-9/90, Slg. 1991, I-5357 (Ziff. 40) [*Francovich*].
[11] BGHZ 134, 30 (36 ff.).

*dd) Ergebnis*

Die Haftungsvoraussetzungen sind nicht erfüllt.

**c) Ergebnis**

Ein gemeinschaftsrechtlicher Staatshaftungsanspruch des K gegen die Bundesrepublik ist nicht gegeben.

## 3. Nationaler Amtshaftungsanspruch gem. Art. 34 GG i.V.m. § 839 Abs. 1 S. 1 BGB[12]

Als Grundlage für einen Haftungsanspruch des K gegen die Bundesrepublik kommt schließlich noch der Amtshaftungsanspruch nach Art. 34 GG i.V.m. § 839 Abs. 1 S. 1 BGB in Betracht.

**a) Beamter im haftungsrechtlichen Sinne**

Dazu müsste zunächst ein Tun oder Unterlassen eines Beamten im haftungsrechtlichen Sinne vorliegen. Beamter im haftungsrechtlichen Sinne ist jeder, der hoheitliche Aufgaben wahrnimmt[13]. Die Gesetzgebung als Staatsfunktion ist hoheitliche Tätigkeit, so dass die Mitglieder der gesetzgebenden Körperschaften als Beamte im haftungsrechtlichen Sinne angesehen werden können.

**b) Verletzung einer Amtspflicht**

Ferner müsste eine Amtspflicht verletzt worden sein. Zu den Amtspflichten im Sinne des Amtshaftungsrechts gehört insbesondere die Pflicht zu rechtmäßigem Handeln und damit die Beachtung höherrangigen Rechts[14]. Das deutsche Recht hinsichtlich des Imports von Ks Bier war, wie der Gerichtshof festgestellt hat, mit Art. 28 EG nicht vereinbar. Das EG-Recht geht aber dem nationalen vor und verkörpert somit höherrangiges Recht[15]. Daher hätte die Gesetzeslage an das geltende EG-Recht angepasst werden müssen. Dies ist jedoch nicht geschehen. Eine Amtspflichtverletzung liegt damit vor.

---

[12] Das Nicht-Vorliegen des gemeinschaftsrechtlichen Haftungsanspruchs entfaltet nicht etwa eine Sperrwirkung für den nationalen Amtshaftungsanspruch.
[13] Ossenbühl F, Staatshaftungsrecht, 5. Aufl. 1998, 14.
[14] Ossenbühl F, Staatshaftungsrecht, 5. Aufl. 1998, 43.
[15] EuGH, Urt. v. 15.07.1964, Rs. 6/64, Slg. 1964, 1253 (1269 f.) [*Costa/ENEL*].

## c) Drittbezogenheit dieser Amtspflicht

Voraussetzung eines Amtshaftungsanspruchs ist zudem die Drittbezogenheit der verletzten Amtspflicht. Diese ist gegeben, wenn die objektiv bestehende verletzte Rechtspflicht auch den Interessen einzelner Bürger zu dienen bestimmt ist[16]. Vorliegend handelt es sich jedoch um sog. „legislatives Unrecht". Dieses kann nach überwiegender Auffassung grundsätzlich nicht Gegenstand eines Amtshaftungsanspruchs sein, da der Erlass abstrakt-genereller Gesetze prinzipiell nicht im Interesse bestimmter Personen oder Personenkreise, sondern ausschließlich im Interesse der Allgemeinheit erfolgt[17] (mögliche Ausnahmen sind Maßnahme- und Einzelfallgesetze). Somit ist die Drittbezogenheit der verletzten Amtspflicht hier zu verneinen.

## d) Ergebnis

Ein Amtshaftungsanspruch des K gegen die Bundesrepublik aus Art. 34 GG i.V.m. § 839 Abs. 1 S. 1 BGB scheidet aus.

## 4. Anspruch aus enteignungsgleichem Eingriff

Ein Anspruch aus enteignungsgleichem Eingriff unter Heranziehung des allgemeinen Aufopferungsgedankens der §§ 74, 75 Einleitung Pr ALR in seiner richterrechtlichen Ausprägung scheidet ebenfalls aus. Denn hierzu muss in eine nach Art. 14 Abs. 1 S. 1 GG als Eigentum geschützte Rechtsposition eingegriffen werden. Hinsichtlich der vereitelten Bierlieferungen handelte es sich aber nicht um bereits im Vermögen und damit im Eigentum des K befindliche Rechtspositionen. Bloße künftige Erwerbschancen und -erwartungen werden vom Eigentumsschutz des Art. 14 GG jedoch nicht erfasst[18].

Somit hat K keinen Anspruch aus dem Rechtsinstitut des enteignungsgleichen Eingriffs.

## 5. Endergebnis

Hinsichtlich der ihm entgangenen Biergeschäfte hat K keinen Anspruch auf Schadensersatz gegen die Bundesrepublik Deutschland.

---

[16] Papier H-J, in: Rebmann K (Hrsg.), Münchener Kommentar zum BGB, 4. Aufl. 2004, § 839 Rn. 234.
[17] BGHZ 36, 40 (44); 84, 292 (300); 87, 321 (345); 102, 350 (367); 109, 163 (167).
[18] Pieroth B/Schlink B, Grundrechte, 21. Aufl. 2005, Rn. 912.

## II. Ersatz der Reisekosten

> Anspruch aus der Richtlinie?
> Unmittelbare Wirkung kommt einer Richtlinie nur unter besonderen Voraussetzungen zu. Die sogenannte „horizontale" Wirkung, d.h. die Heranziehung einer Richtlinie bei der Beurteilung von Rechtsverhältnissen zwischen Privaten, lehnt der EuGH außerdem grundsätzlich ab[19]. Deshalb kann K hier keinen Anspruch gegen MP aus der Richtlinie geltend machen.

### 1. Gemeinschaftsrechtlicher Staatshaftungsanspruch[20]

Grundlage für das Schadensersatzbegehren des K gegen die Bundesrepublik könnte aber der gemeinschaftsrechtliche Staatshaftungsanspruch sein.

**a) Haftungsgrundlagen**

Zu Rechtsgrundlage und Herleitung des Anspruchs siehe oben unter B. I. 2. a.

**b) Voraussetzungen des gemeinschaftsrechtlichen Staatshaftungsanspruchs**

Damit ein Anspruch des K begründet ist, müssen die Haftungsvoraussetzungen des gemeinschaftsrechtlichen Staatshaftungsanspruchs vorliegen.

*aa) Hinreichend qualifizierter Verstoß gegen Gemeinschaftsrecht*

Hatte der Mitgliedstaat zum Zeitpunkt der Rechtsverletzung nicht zwischen verschiedenen gesetzgeberischen Möglichkeiten (für die Umsetzung der Richtlinie) zu wählen und verfügte daher nur über einen erheblich (ggf. auf Null) reduzierten Ermessensspielraum, so ist der Verstoß in jedem Falle offenkundig und erheblich. Das gilt insbesondere dann, wenn ein Mitgliedstaat innerhalb der durch eine Richtlinie festgesetzten Umsetzungsfrist keinerlei Maßnahmen trifft. Dann liegt ein Verstoß gegen Art. 249 Abs. 3 EG i.V.m. Art. 10 Abs. 1 S. 1 EG in Gestalt der Nichtumsetzung der Richtlinie unproblematisch vor, denn hinsichtlich der Frage des „Ob" der Umsetzung haben die Mitgliedstaaten keinerlei Ermessen[21].

> Im vorliegenden Fall ist zu beachten, dass nach der ständigen Rechtsprechung des BGH die Vorauskasse des gesamten Reisepreises grundsätzlich einen Verstoß gegen § 9 AGBG (heute: § 307 I, II BGB) darstellt, es sei

---

[19] Zum Problemkreis der unmittelbaren Wirkung von Richtlinien sei auf die Vertiefungshinweise unter C. II. 2. verwiesen.
[20] Zum Aufbau sei hier wiederum auf die Vertiefungshinweise unter C. I. 1. a) verwiesen.
[21] EuGH, Urt. v. 08.10.1996, Rs. C-178/94, Slg. 1996, I-4845 (Ziff. 25) [*Dillenkofer u. a.*].

> denn, der Reisende erhält gleichzeitig sogenannte qualifizierte Reisepapiere, die ihm unmittelbare Ansprüche gegen die tatsächlichen Leistungserbringer einräumen[22]. Insofern könnte die normative Umsetzung der Richtlinie entbehrlich gewesen sein. Allerdings bleibt dem Reisenden immer noch das Konkursrisiko hinsichtlich der zulässigen Teilvorauszahlung sowie das Risiko, dass die tatsächlichen Leistungserbringer sich verweigern oder selbst durch Konkurs ausfallen. Beides wollte die Richtlinie dem Verbraucher abnehmen, weshalb – so der EuGH – eine normative Umsetzung weiterhin erforderlich war.
>
> Allgemein ist zu beachten, dass gerade im Bereich der Richtlinienumsetzung das Gebot größtmöglicher Transparenz gilt[23]. Der Gemeinschaftsbürger muss zur effektiven Durchsetzung seiner gemeinschaftlichen Rechte diese auch zur Kenntnis nehmen können. Denn gerade der subjektive Rechtsschutz des Einzelnen dient der objektiven Rechtskontrolle innerhalb der Gemeinschaft.

Ein hinreichend qualifizierter Verstoß der Bundesrepublik gegen die Richtlinie liegt damit vor.

*bb) Schutzzweck der verletzten Norm*

Gemäß Art. 249 Abs. 3 EG richtet sich eine Richtlinie an die Mitgliedstaaten und gerade nicht an die einzelnen EG-Bürger. Sie selbst kann somit keine subjektiven Rechte verleihen. Der EuGH spricht ihr jedoch entsprechende Wirkungen zu, wenn sie die Verleihung von Rechten an einzelne Marktbürger umfasst bzw. verlangt (Individualprinzip), deren Inhalt allein auf der Grundlage der Richtlinie bestimmt werden kann (Bestimmtheitsgrundsatz)[24].

Zwar dient im vorliegenden Fall die auf der Grundlage von Art. 100a EGV (heute: Art. 95 EG) erlassene Richtlinie primär der Verwirklichung des Binnenmarktes. Zumindest ihr Art. 7 verfolgt darüber hinaus aber auch speziell das Anliegen des Verbraucherschutzes. Der Inhalt der zu diesem Zweck eingeräumten Rechte ergibt sich ebenfalls klar aus dieser Vorschrift. Im Falle des Konkurses eines Reiseveranstalters sollen die Verbraucher einen Anspruch auf Rückreise sowie auf die Erstattung ihrer bereits erbrachten Zahlungen haben.

Somit umfasst der Schutzzweck der Norm die Verleihung subjektiver Rechte an die einzelnen Marktbürger.

---

[22] BGH NJW 1986, 1613; BGH NJW 1987, 1931.
[23] EuGH, Urt. v. 30.05.1991, Rs. C-59/89, Slg. 1991, I-2607 (Ziff. 28) [*Kommission/Deutschland*].
[24] EuGH, Urt. v. 19.11.1991, verb. Rs. C-6/90 u. C-9/90, Slg. 1991, I-5357 (Ziff. 40) [*Francovich*].

*cc) Unmittelbarer Kausalzusammenhang*

Der unmittelbare Zusammenhang zwischen der Nichtumsetzung der Richtlinie und dem Schaden des K ist offensichtlich. Wäre die Richtlinie korrekt umgesetzt worden, wäre K gegen den Verlust seiner Reisepreiszahlung voll versichert gewesen.

*dd) Mitverschulden*

Man könnte daran denken, dass bei der Entstehung des Schadens ein Verschulden des K mitgewirkt hat, weil er den Reisepreis ohne Absicherung durch qualifizierte Reisepapiere so lange vor Antritt der Reise gezahlt hat. Eine solche Vertrauensseligkeit begründet jedoch für sich allein nach der Rechtsprechung des Gerichtshofs noch nicht die Annahme einer Nachlässigkeit des Geschädigten[25].

> Für das Verschulden des Mitgliedstaates gilt: Bei der Nicht-Umsetzung einer Richtlinie kann sich der Gesetzgeber ohnehin nicht exkulpieren. Ein Verschulden soll nach Ansicht des EuGH aber auch darüber hinaus nicht erforderlich sein[26]. Als Begrenzung der Reichweite des verschuldensunabhängigen Haftungsanspruchs fungiert vielmehr das Merkmal des hinreichend qualifizierten Verstoßes.

*ee) Zwischenergebnis*

Die Haftungsvoraussetzungen des gemeinschaftsrechtlichen Staatshaftungsanspruchs sind erfüllt. Da sich Höhe und Modalitäten des Schadensersatzes nach nationalem Recht richten, müssen weiterhin auch die Voraussetzungen des deutschen Staatshaftungsanspruchs vorliegen.

**c) Voraussetzungen des Amtshaftungsanspruchs nach Art. 34 GG i.V.m. § 839 Abs. 1 S. 1 BGB**

Zu prüfen sind daher nunmehr die Voraussetzungen des deutschen Amtshaftungsanspruchs.

*aa) Amtspflichtverletzung durch Beamte im haftungsrechtlichen Sinne*

Für die Nichtumsetzung der Richtlinie sind die Mitglieder des Bundestages in der Ausübung eines ihnen anvertrauten öffentlichen Amtes, namentlich der Gesetzge-

---

[25] EuGH, Urt. v. 08.10.1996, Rs. C-178/94, Slg. 1996, I-4845 (Ziff. 73) [*Dillenkofer u. a.*].
[26] EuGH, Urt. v. 05.03.1996, verb. Rs. C-46/93 u. C-48/93, Slg. 1996, I-1029 (Ziff. 76) [*Brasserie du Pêcheur u. Factortame*].

bung, verantwortlich; insoweit handelten sie als Beamte im haftungsrechtlichen Sinne.
Die Nichtumsetzung stellt einen Verstoß gegen die aus Art. 10 EG i.V.m. Art. 249 Abs. 3 EG erwachsende gemeinschaftsrechtliche Verpflichtung zur Umsetzung dar und begründet somit eine Amtspflichtverletzung.

*bb) Drittbezogenheit der Amtspflicht*

Hinsichtlich der Drittbezogenheit stellt sich wiederum das Problem, dass Schäden in Folge legislativen Unrechts regelmäßig nicht über Art. 34 GG i.V.m. § 839 Abs. 1 S. 1 BGB ersatzfähig sind, weil der Gesetzgeber allein im öffentlichen Interesse tätig wird[27].
Allerdings ist an dieser Stelle das gemeinschaftsrechtliche Effizienzgebot zu berücksichtigen. Voraussetzungen, die über die vom EuGH entwickelten Vorgaben hinausgehen – seien sie auch im nationalen Haftungsrecht üblich –, sind daher bei der Abwicklung des gemeinschaftsrechtlichen Staatshaftungsanspruchs auf nationaler Ebene nur insoweit zulässig als durch sie eine Verwirklichung des Gemeinschaftsrechts nicht praktisch unmöglich gemacht wird[28]. Soweit deshalb das Erfordernis der Drittbezogenheit den Anspruch ungeachtet des Vorliegens der sonstigen Haftungsvoraussetzungen scheitern lassen würde, muss auf diese Voraussetzung bei der Realisierung des Schadensersatzanspruchs verzichtet werden.

*cc) Verschulden, Schaden und Kausalität*

Der deutsche Amtshaftungsanspruch erfordert zusätzlich ein Verschulden[29]. Ob den Gesetzgeber hier wenigstens ein Fahrlässigkeitsvorwurf trifft, kann indes dahingestellt bleiben. Erneut gebietet nämlich das Effizienzgebot, dass bei der Abwicklung des gemeinschaftsrechtlichen Staatshaftungsanspruchs auf nationaler Ebene keine die Durchführung des Anspruchs erschwerende Hürde aufgestellt wird. Da der EuGH es genügen lässt, dass ein hinreichend qualifizierter Verstoß gegen Gemeinschaftsrecht vorliegt, darf somit auch im nationalen Haftungsrecht nicht ein Mehr in Form eines Verschuldens verlangt werden.

> Beachte: Nicht gegen das Effizienzgebot verstößt die Ausschlussregelung für den Fall der Rechtsmittelversäumung nach § 839 Abs. 3 BGB; allerdings stehen dem EG-Bürger gegen die Nichtumsetzung einer Richtlinie ohnehin keine rechtlichen Handlungsmöglichkeiten offen. Ferner steht das Effizienzgebot nicht den nationalen Verjährungsvorschriften entgegen; denn durch sie wird eine Durchsetzung des gemeinschaftsrechtlichen Haf-

---

[27] Reinert P, in: Bamberger H G/Roth H (Hrsg.), Kommentar zum Bürgerlichen Gesetzbuch, Stand August 2004, Band 2, § 839 BGB Rn. 57.
[28] Streinz R, Europarecht, 7. Aufl. 2005, Rn. 462.
[29] Wurm M, in: Staudinger J von (Hrsg.), Kommentar zum Bürgerlichen Gesetzbuch, §§ 839, 839a, 13. Bearbeitung 2002, § 839 Rn. 195.

> tungsanspruchs nicht praktisch unmöglich gemacht, sondern nur seine Geltendmachung zeitlich beschränkt.

Auch die übrigen Voraussetzungen, insbesondere Schaden und Kausalität, liegen vor.

*dd) Zwischenergebnis*

Die Voraussetzungen des deutschen Amtshaftungsanspruchs liegen ebenfalls vor.

**d) Ergebnis**

Damit ist der gemeinschaftsrechtliche Staatshaftungsanspruch insgesamt begründet. K kann Schadensersatz für den verlorenen Reisepreis von der Bundesrepublik Deutschland fordern. Die Berechnung richtet sich im einzelnen nach den §§ 249 ff. BGB.

> Geltendmachen muss K seinen Anspruch gemäß Art. 34 S. 3 GG i.V.m. § 40 Abs. 2 S. 1 VwGO vor den ordentlichen Gerichten. Sachlich zuständig ist unabhängig vom Streitwert ist nach § 71 Abs. 2 Nr. 2 GVG das Landgericht.

## 2. Anspruch aus enteignungsgleichem Eingriff

Ein Entschädigungsanspruch aus enteignungsgleichem Eingriff scheitert an der Voraussetzung der Unmittelbarkeit. Nach dieser muss sich der Vermögensschaden als unmittelbare Folge eines hoheitlichen Eingriffs in eine nach Art. 14 Abs. 1 S. 1 GG geschützte Rechtsposition darstellen[30]. Diese Unmittelbarkeit ist normativ zu bestimmen und hier zu verneinen, da das Unterlassen des Gesetzgebers nur unter dem zusätzlichen Umstand der Insolvenz des Reiseveranstalters zu einem Schaden des K geführt hat.

## 3. Endergebnis

Das Schadensersatzbegehren des K wegen des Reisepreises wird Erfolg haben.

---

[30] Maurer H, Allgemeines Verwaltungsrecht, 15. Aufl. 2004, § 27 Rn. 93.

## C. Anmerkungen

### I. Rechtsprechung

Der Fall geht zurück auf folgende Urteile des EuGH und des BGH:

EuGH, Urt. v. 08.10.1996, verb. Rs. C-178/94, C-179/94, C-188/94, C-189/94 u. C-190/94, Slg. 1996, I-4845 [*Dillenkofer u. a.*]

EuGH, Urt. v. 05.03.1996, verb. Rs. C-46/93 u. C-48/93, Slg. 1996, I-1029 [*Brasserie du Pêcheur u. Factortame*]

EuGH, Urt. v. 14.07.1994, Rs. C-91/92, Slg. 1994, I-3325 [*Faccini Dori*]

BGH, Urt. v. 24.10.1996, BGHZ 134, 30 [*Brasserie du Pêcheur*]

### II. Vertiefungshinweise

#### 1. Zum gemeinschaftsrechtlichen Staatshaftungsanspruch

Nachdem der Gemeinschaftsgesetzgeber der Anregung des EuGH (Mitte der siebziger Jahre), einen Staatshaftungsanspruch zu kodifizieren, nicht gefolgt war, entwickelte der EuGH den gemeinschaftsrechtlichen Staatshaftungsanspruch im Wege der Rechtsfortbildung. Ziel war es, für bestimmte Konstellationen, in denen ein Verstoß gegen Gemeinschaftsrecht vorliegt, gemeinschaftsrechtliche Rechtsschutzlücken derart zu schließen, dass dem Geschädigten ein Anspruch gegen den Mitgliedstaat zusteht. In Betracht kommt ein Verstoß sowohl gegen unmittelbar wirkendes Primär- oder Sekundärrecht als auch gegen nicht unmittelbar wirkende Richtlinien, die nicht fristgerecht oder nur unzureichend umgesetzt wurden. Zuletzt hat der EuGH auch eine Haftung für gemeinschaftsrechtswidriges Handeln von letztinstanzlichen nationalen Gerichten bejaht[31].

#### a) Aufbau

Der Aufbau der entsprechenden Anspruchsprüfung gestaltet sich deshalb schwierig, weil bislang dogmatisch nicht abschließend geklärt ist, ob es einen eigenständigen, genuin gemeinschaftsrechtlichen Staatshaftungsanspruch gibt oder ob es nur eine Anspruchsgrundlage für die Staatshaftung im nationalen Recht gibt, die allerdings europarechtskonform auszulegen und anzuwenden ist[32]. Zwar ist nach der Rechtsprechung des EuGH der gemeinschaftsrechtliche Staatshaftungsan-

---

[31] EuGH, Urt. v. 30.09.2003, Rs. C-224/01, Slg. 2003, I-10239 (Ziff. 30 ff.) [*Köbler/Republik Österreich*].
[32] Schoch F, Staatshaftung wegen Verstoßes gegen Europäisches Gemeinschaftsrecht, in: Jura 2002, 837-841, 839 m.w.N.

spruch ein Anspruch, der aus dem Wesen der durch den Vertrag geschaffenen Rechtsordnung folgt. Jedoch sollen die Folgen des verursachten Schadens im Rahmen des nationalen Haftungsrechts zu beheben sein.

Teilweise wird deshalb folgende Aufbauvariante bevorzugt: Man beginnt mit den Anspruchsgrundlagen des deutschen Staatshaftungsrechts und stellt relativ knapp dar, aus welchen Gründen eine Haftung nach diesen Ansprüchen ausscheidet. Daraufhin wird der gemeinschaftsrechtliche Staatshaftungsanspruch als eigenständige Anspruchsgrundlage mit den speziellen Tatbestandsmerkmalen geprüft. Dies ist ein gangbarer Weg.

Hier wird der andere mögliche Weg zugrunde gelegt: Der gemeinschaftsrechtliche Staatshaftungsanspruch wird in das nationale Haftungsrecht derart integriert, dass zunächst die gemeinschaftsrechtlichen Haftungsvoraussetzungen geprüft werden und dann zusätzlich die nationalen, weil sich Höhe und Modalitäten des Schadensersatzes eben nach nationalem Recht richten. Hierbei müssen jedoch zwei Bedingungen erfüllt sein: Die Ausgestaltung des Haftungsregimes darf nicht ungünstiger sein als bei vergleichbaren innerstaatlichen Ansprüchen (Diskriminierungsverbot), und die Durchsetzbarkeit des Anspruchs darf nicht übermäßig erschwert oder praktisch unmöglich gemacht werden (Effizienzgebot).

Hiergegen wird teilweise eingewandt, dies könnte nicht ohne Brüche gelingen, wie zum Beispiel das Verschuldenserfordernis des deutschen Amtshaftungsanspruchs zeige, das im Gemeinschaftsrecht entbehrlich sei. Tatsächlich ist dies aber kein wirkliches Argument gegen den gewählten Aufbau, weil nach Ansicht des EuGH mangels einer gemeinschaftsrechtlichen Regelung die Verwirklichung des gemeinschaftsrechtlichen Haftungsanspruchs über die nationalen Haftungstatbestände erreicht wird. Auf diese Weise verbleibt den Mitgliedstaaten insoweit ein Mehr an Zuständigkeit, als – abgesehen von Diskriminierungsverbot und Effizienzgebot – die nationalen Regelungen bestehen bleiben und Anwendung finden. Ferner lässt sich eine Tendenz des EuGH erkennen, die Ausfüllung des Haftungsanspruchs den entscheidenden (nationalen) Gerichten zu überantworten und es darüber hinaus bei einer Angemessenheitskontrolle zu belassen, so dass der eigentliche gemeinschaftsrechtliche Staatshaftungsanspruch eher subsidiärer Natur ist[33].

Nach der hier vertretenen Auffassung entspricht diese Vorgehensweise eher der Rechtsnatur des Anspruchs. Schließlich sei noch darauf hingewiesen, dass in der Klausur unter taktischen Gesichtspunkten mit dem höherrangigen Gemeinschaftsrecht begonnen werden sollte.

**b) Bedeutung**

Der Bereich der Staatshaftung der Mitgliedstaaten wegen Verstößen gegen Gemeinschaftsrecht ist von großer Bedeutung. In der Praxis ist dies wegen der erheblichen Säumnis der Mitgliedstaaten bei der Umsetzung von Richtlinien so. In theoretischer Sicht gilt diese Feststellung wegen der Unterschiede zum deutschen Staatshaftungsrecht im Bereich des normativen Unrechts und wegen der Einbet-

---

[33] Lorz R A, Anmerkung zum Urteil des BGH vom 14.12.2000, in: JR 2001, 413-415, 413.

tung der Sachverhalte in das innerstaatliche Recht. Es muss daher insbesondere in der entsprechenden Schwerpunktbereichsprüfung mit Klausuren zu dieser Thematik gerechnet werden. Als Ausgangspunkte werden oft die Urteile des EuGH in den Fällen *Francovich* (EuGH, Urt. v. 19.11.1991, verb. Rs. C-6/90 u. C-9/90, Slg. 1991, I-5357), *Brasserie du Pêcheur und Factortame* (s.o.) und *Dillenkofer* u.a. (s.o.) genommen, so dass die Kenntnis dieser Fälle von Nutzen ist. Dies gilt um so mehr, als die Voraussetzungen, wie ausgeführt, keinem geschriebenen Tatbestand entnommen werden können.

### c) Anmerkung zur Rechtsprechung des BGH

Zwar folgt die Falllösung hier in Bezug auf den unmittelbaren Kausalzusammenhang unter B. I. 2. b. cc. der BGH-Entscheidung. Die Argumentation des BGH begegnet jedoch durchaus Zweifeln. Auch wenn der BGH den gemeinschaftsrechtlichen Staatshaftungsanspruch als eigenständiges Haftungsinstitut anerkennt, scheint es manchmal dennoch oder vielleicht gerade deswegen so, als ob das Gericht geradezu nach einem Grund sucht, um einen Schadensersatzanspruch im Ergebnis ablehnen zu können. Soweit ein Scheitern an den Tatbestandsmerkmalen des hinreichend qualifizierten Gemeinschaftsrechtsverstoßes und des Schutzzwecks der verletzten Norm in dieser Fallkonstellation schwerlich möglich war, musste dafür eben der Unmittelbarkeitszusammenhang herhalten. Dass diese Entscheidung keine „Eintagsfliege" ist, verdeutlicht ein weiteres BGH-Urteil in diesem Kontext, in dem der entscheidende Senat – wiederum zweifelhaft – einen möglichen Schadensersatzanspruch mit der Begründung abgelehnt hat, die fragliche Gemeinschaftsrechtsnorm bezwecke nicht die Verleihung hinreichend bestimmbarer Rechte an den Einzelnen[34].

## 2. Zur unmittelbaren Wirkung von Richtlinien

Grundsätzlich entfalten Richtlinien unmittelbare Wirkung nur für die Legislativen der Mitgliedstaaten, an die sie gerichtet sind; der einzelne Bürger wird erst durch den nationalen Umsetzungsakt berechtigt. Der EuGH hat aber eine unmittelbare Wirkung von Richtlinien für die Bürger in den Mitgliedstaaten im Ausnahmefall unter engen Voraussetzungen anerkannt[35]. Ausgangspunkt für eine derartige Richtlinienwirkung ist die Überlegung, dass der „effet utile"-Gedanke erheblich beeinträchtigt würde, wenn jeder Mitgliedstaat durch bloßes Warten mit der Richtlinienumsetzung den Zeitpunkt für den Eintritt der in der Richtlinie beabsichtigten Rechtswirkungen letztlich hinauszögern oder ganz verhindern könnte[36].

---

[34] BGH, Urt. v. 14.12.2000, JR 2001, 409, mit Anmerkung Lorz R A, 413-415.
[35] EuGH, Urt. v. 04.12.1974, Rs. 41/74, Slg. 1974, 1337 (Ziff. 12) [*Van Duyn/Home Office*]; EuGH, Urt. v. 05.04.1979, Rs. 148/78, Slg. 1979, 1629 (Ziff. 19 f.) [*Ratti*]; EuGH, Urt. v. 19.01.1982, Rs. 8/81, Slg. 1982, 53 (Ziff. 21 f.) [*Becker/FA Münster*]; Streinz R, Europarecht, 7. Aufl. 2005, Rn. 451.
[36] Streinz R, Europarecht, 7. Aufl. 2005, Rn. 444.

Liegen die entsprechenden Voraussetzungen vor, so besteht Einigkeit darüber, dass sich der einzelne Bürger im Verhältnis gegenüber dem Mitgliedstaat zu seinen Gunsten auf die Richtlinie berufen kann (sog. vertikale Wirkung). Umgekehrt ist ebenso unstreitig, dass sich ein Mitgliedstaat dem Einzelnen gegenüber nicht unmittelbar auf Richtlinienbestimmungen berufen kann[37].

Eine „horizontale" unmittelbare Wirkung von Richtlinien, die eine Anwendung zwischen Bürgern untereinander zur Folge hätte, lehnt der EuGH grundsätzlich ab[38]. Unabhängig davon kann aber nach Ansicht des EuGH im Einzelfall auch in Streitigkeiten zwischen Privaten eine Berufung auf Richtlinienbestimmungen zulässig sein. So hat der EuGH eine unmittelbare Wirkung der zur Verhütung von Handelshemmnissen eingeführten Informationsrichtlinie mit der Folge angenommen, dass nationale Vorschriften dem Einzelnen auch nicht in Streitigkeiten zwischen Privaten entgegengehalten werden können, wenn sie der Kommission – entgegen der Richtlinie – nicht gemeldet wurden[39]. Zuletzt ließ der EuGH sogar die Berufung auf eine Richtlinie zu, obwohl es sich um ein streitiges Bürger-Bürger-Verhältnis handelte, und entschied, dass die Nichtbeachtung von Richtlinienvorschriften die Unanwendbarkeit einer unter Verstoß gegen eine dieser Vorschriften erlassenen technischen Vorschrift nach sich ziehe; denn dann lege die Richtlinie selbst nicht den materiellen Inhalt der für das nationale Gericht entscheidungserheblichen Rechtsnorm fest[40]. Auch wenn diese Entscheidungen einige Überraschung verursacht haben, bleiben sie doch durchaus in einer Linie mit der bisherigen Rechtsprechung des EuGH[41]. Eine horizontale Direktwirkung soll danach nur dann ausgeschlossen sein, wenn sich gegenläufige Rechte von Privaten gegenüberstehen, d. h. wenn es infolge der Anwendung der Richtlinie zwischen Privaten zu einem Verlust eines einer Partei des Rechtsstreits von der nationalen Rechtsordnung ursprünglich gewährten Rechts kommen würde[42].

## II. Literatur

EuGH NJW 1992, 165 [*Francovich*]; Jarass, Hans D., Haftung für die Verletzung von EU-Recht durch nationale Organe und Amtsträger, NJW 1994, 881-886; EuGH EuZW 1996, 274 [*British Telecommunications*]; EuGH EuZW 1996, 695 [*Denkavit*]; EuGH EuZW 1996, 435 [*Lomas*]; Ehlers, Dirk, Die Weiterentwick-

---

[37] EuGH, Urt. v. 12.05.1987, verb. Rs. 372/85, 373/85 u. 374/85, Slg. 1987, 2141 (Ziff. 24) [*Oscar Traen u. a.*].
[38] EuGH, Urt. v. 26.02.1986, Rs. 152/84, Slg. 1986, 723 (Ziff. 48) [*Marshall*]; EuGH, Urt. v. 14.07.1994, Rs. C-91/92, Slg. 1994, I-3325 (Ziff. 20 ff.) [*Faccini Dori*].
[39] EuGH, Urt. v. 30.04.1996, Rs. C-194/94, Slg. 1996, I-2201 (Ziff. 54) [*CIA Security/Signalson u. a.*].
[40] EuGH, Urt. v. 26.09.2000, Rs. C-443/98, Slg. 2000, I-7535 (Ziff. 50 f.) [*Unilever/Central Food*].
[41] Vgl. dazu auch schon die entsprechende Anmerkung zu Fall 3.
[42] Gundel J, Neue Grenzlinien für die Direktwirkung nicht umgesetzter EG-Richtlinien unter Privaten, in: EuZW 2001, 143-149, 143 ff.

lung des Staatshaftungsrechts durch das europäische Gemeinschaftsrecht und seine Folgen, JZ 1996, 776-783; Bröhmer, Jürgen, Die Weiterentwicklung des europäischen Staatshaftungsrechts, JuS 1997, 117-124; EuGH EuZW 1998, 658 [*Brinkmann Tabakfabriken GmbH*]; EuGH EuZW 1999, 468 [*Rechberger u.a. - „Pauschalreisen"*]; BGHZ 146, 153; Calliess, Christian, Grundlagen, Grenzen und Perspektiven europäischen Richterrechts, NJW 2005, 929-933.

In besonderem Maße zur Vertiefung geeignet:
Tomuschat, Christian, Das Francovich-Urteil des EuGH - Ein Lehrstück zum Europarecht, in: Due, Ole/Lutter, Marcus/Schwarze, Jürgen (Hrsg.), Festschrift für Ulrich Everling, Band II, Baden-Baden 1995, 1585-1609; Cornils, Matthias, Der gemeinschaftsrechtliche Staatshaftungsanspruch, Baden-Baden 1995, zugl.: Bonn, Univ., Diss., 1995; Maurer, Hartmut, Staatshaftung im europäischen Kontext - Zur Umsetzung der Francovich-Rechtsprechung des Europäischen Gerichtshofs im deutschen Recht, in: Ebenroth, Carsten/Hesselberger, Thomas/Rinne, Dieter/Eberhard, Manfred (Hrsg.), Verantwortung und Gestaltung, Festschrift für Karlheinz Boujong zum 65. Geburtstag, München 1996, 591-612; Herdegen, Matthias/Rensmann, Thilo, Die neuen Konturen der gemeinschaftsrechtlichen Staatshaftung, ZHR 161 (1997), 522-555; Detterbeck, Steffen, Haftung der Europäischen Gemeinschaft und gemeinschaftsrechtlicher Staatshaftungsanspruch, AöR 125 (2000), 202-256; Haltern, Ulrich, Europarecht, Tübingen 2005, 314 ff.

# Fall 5: Europas berühmtester Fußballspieler

## A. Sachverhalt

Der belgische Fußballprofi Jean-Marc Bosman (B) stand seit 1988 bei einem belgischen Erstligaverein unter Vertrag. Als dieser Vertrag zum 30.06.1990 ablief, bot ihm sein Klub für die neue Spielzeit einen neuen Vertrag an, der jedoch eine deutliche Verringerung der bisherigen Bezüge vorsah. Da B sich weigerte, diesen Vertrag zu unterschreiben, wurde er auf die Transferliste gesetzt. Nach dem Reglement des Europäischen Fußballverbandes (UEFA) waren für einen Transfer des B in jedem Falle die Regeln des belgischen Fußballverbandes maßgeblich, unabhängig davon, ob B innerhalb Belgiens den Verein wechseln oder ins Ausland gehen wollte. Die Satzung des belgischen Fußballverbandes bestimmte wiederum – in Einklang mit entsprechenden Empfehlungen der UEFA und den Regeln ihrer übrigen Mitgliedsverbände –, dass bei dem Transfer eines Spielers ins Ausland nach Vertragsablauf eine Freigabeerklärung des belgischen Fußballverbandes erforderlich sei, um dem Spieler den Erwerb einer neuen Spiellizenz zu ermöglichen. Diese Freigabeerklärung war an die Zahlung einer nach festgelegten Kriterien zu ermittelnden „Ausbildungsentschädigung" als Ablösesumme geknüpft.

B schloss einen Vertrag mit einem französischen Zweitligaverein, der jedoch unter die aufschiebende Bedingung seiner Freigabe durch den belgischen Fußballverband gestellt war. Da der französische Klub nur zur Zahlung einer wesentlich geringeren Summe als der nach den einschlägigen Regeln berechneten „Ausbildungsentschädigung" bereit war, verweigerte B's Heimatverein die Zustimmung zu dessen Freigabe, die daher seitens des belgischen Fußballverbandes auch nicht erteilt wurde.

Weitere Vertragsschlüsse des B scheiterten zum Teil an dieser Hürde, zum Teil auch daran, dass nach einer anderen, von der UEFA vorgegebenen und in die Satzungen aller europäischen Fußballverbände aufgenommenen Regel die Zahl der ausländischen Spieler, die ein Verein bei einem nationalen Meisterschaftsspiel in den Profiligen einsetzen durfte, auf drei begrenzt war. Als ausländische Spieler im Sinne dieser Vorschrift galten auch Staatsangehörige anderer EG-Mitgliedstaaten.

Sind die fraglichen Transferregeln, die in B's Fall die Zahlung einer Ablösesumme vorschrieben, sowie die Ausländerregel, die den Einsatz von mehr als drei ausländischen Spielern pro Seite in einem nationalen Meisterschaftsspiel verhinderte, mit dem EG-Vertrag vereinbar?

<u>Abwandlung:</u>
Nachdem der UEFA im Hinblick auf die gemeinschaftsrechtliche Zulässigkeit der Ausländerregel Bedenken gekommen sind, empfiehlt sie ihren Mitgliedsverbänden, die entsprechende Regelung aus den jeweiligen Satzungen zu entfernen, was auch geschieht. Daraufhin treffen die Vereine der Ersten und Zweiten Bundesliga auf Veranlassung des DFB eine Absprache, nach der sie auch weiterhin auf einen Einsatz von mehr als drei Ausländern pro Spiel verzichten wollen.

Ist diese Absprache mit dem Gemeinschaftsrecht vereinbar?

# B. Lösung

## Ausgangsfall:

### I. Vereinbarkeit der Transferregeln mit Art. 39 EG

### 1. Anwendbarkeit des Art. 39 EG

#### a) Grundsatz

Art. 39 EG gilt für alle Arbeitstätigkeiten, die dem Wirtschaftsleben innerhalb der Gemeinschaft i.S.v. Art. 2 EG zuzuordnen sind. Dabei erfasst das Merkmal „Wirtschaftsleben" alle Tätigkeiten, die entgeltlich ausgeübt werden.[1] Im Profifußball werden erhebliche Geldsummen für die spielerische Tätigkeit gezahlt, so dass er bedenkenlos dem Wirtschaftsleben gem. Art. 2 EG zugeordnet werden kann. Daher ist der Anwendungsbereich der Grundfreiheiten des EG-Vertrags grundsätzlich eröffnet.

#### b) Ausschluss der Anwendbarkeit

*aa) Sport als „rechtsfreier Raum"?*

Fraglich ist, ob die Grundfreiheiten sportliche Aktivitäten erfassen. Nach dem EuGH unterfällt auch die Ausübung eines Sports insoweit dem Gemeinschaftsrecht, als sie zum Wirtschaftsleben i.S.v. Art. 2 EG gehört.[2] Beim Zusammentreffen wirtschaftlicher und nichtwirtschaftlicher Aspekte kann dabei der Geltungsbereich des Gemeinschaftsrechts beschränkt sein, soweit die nicht-wirtschaftlichen Aspekte reichen. Allerdings muss sich jede dieser Beschränkungen im Rahmen des unbedingt Nötigen halten und darf nicht dazu führen, die Anwendbarkeit des EG-Rechts auf eine (auch) wirtschaftliche Tätigkeit auszuschließen.[3] Im Profifußball herrschen jedenfalls wirtschaftliche Aspekte vor, so dass Art. 39 EG hier grundsätzlich anwendbar ist.

*bb) Anwendungsausschluss durch Vereinigungsfreiheit?*

Die Fußballvereine und -verbände können sich auf die auch gemeinschaftsrechtlich (vgl. Art. 6 II EU i.V.m. Art. 11 EMRK, jetzt auch Art. 12 der EU-Grundrechtecharta) anerkannte Vereinigungsfreiheit berufen. Art. 39 EG würde dadurch freilich nur ausgeschlossen, wenn die Transferregeln zwingende Voraus-

---

[1] Bogdandy A von, in: Grabitz E/Hilf M, Das Recht der Europäischen Union, Band I, Stand: 06/2005, Art. 2 EGV Rn. 21.
[2] EuGH, Urt. v. 14.07.1976, Rs. 13/76, Slg. 1976, 1333 (Ziff. 12 u. 13) [*Donà*]; EuGH, Urt. v. 12.12.1974, Rs. 36/74, Slg. 1974, 1405 (Ziff. 4 u. 10) [*Walrave*]; siehe auch Geiger R, EUV/EGV-Kommentar, 4. Aufl. 2004, Art. 39 EGV Rn. 7.
[3] EuGH, Urt. v. 14.07.1976, Rs. 13/76, Slg. 1976, 1333 (Ziff. 14 u.16) [*Donà*].

setzung oder Konsequenz der Vereinigungsfreiheit wären[4]; dies ist jedoch nicht der Fall, so dass es bei dem Grundsatz der Anwendbarkeit der Grundfreiheiten auf den vorliegenden Fall bleibt.

## 2. Tatbestand des Art. 39 EG

### a) Berechtigte der Arbeitnehmerfreizügigkeit

Der Arbeitnehmerbegriff der Art. 39 ff. EG ist nach ständiger Rechtsprechung des EuGH weit auszulegen. Danach ist *Arbeitnehmer* jede Person, die während einer *bestimmten Zeit* für einen anderen *nach dessen Weisung* Leistungen gegen *Entgelt* erbringt.[5] Erfaßt werden nur *tatsächliche und echte Tätigkeiten*, wobei vom Umfang her völlig untergeordnete und unwesentliche Tätigkeiten außer Betracht bleiben.[6]

Bei einem Profifußballer handelt es sich um eine Person, die für ihren Verein gegen Bezahlung weisungsabhängig tätig wird. Hinsichtlich der Erfüllung der Arbeitnehmermerkmale bestehen daher keine Bedenken, so dass auch ein Profifußballspieler dem in Art. 39 EG zu Grunde gelegten Arbeitnehmerbegriff unterfällt.

Von Art. 39 EG werden nur Personen begünstigt, die Staatsangehörige eines Mitgliedstaates sind. B ist belgischer Staatsangehöriger, so dass die Voraussetzung der Staatsangehörigkeit unproblematisch erfüllt ist.

> Der Arbeitnehmerbegriff des EG-Vertrags ist unabhängig von den Arbeitnehmerbegriffen der Rechtsordnungen der Mitgliedstaaten auszulegen.[7] Dabei schenkt der EuGH insbesondere der überragenden Bedeutung der Grundfreiheiten für den Gemeinsamen Markt und dem Grundsatz des *effet utile* Beachtung. Insofern ist die weite Auslegung des gemeinschaftsrechtlichen Arbeitnehmerbegriffs mit der daraus folgenden Weite des Tatbestandes der Art. 39 ff. EG nur konsequent.

### b) Grenzüberschreitender Bezug

Wie alle Grundfreiheiten des EG-Vertrags gilt Art. 39 EG nur für Fälle mit grenzüberschreitendem Bezug. Bei rein mitgliedstaatsinternen Vorgängen können sich eigene Staatsangehörige gegenüber ihrem Heimatstaat nicht auf die Arbeitnehmerfreizügigkeit der Art. 39 ff. EG berufen, so dass eine sog. Inländerdiskriminierung,

---

[4] EuGH, Urt. v. 15.12.1995, Rs. C-415/93, Slg. 1995, I-4921 (Ziff. 80) [*Bosman*].
[5] EuGH, Urt. v. 06.11.2003, Rs. C-413/01, Slg. 2003, I-13187 (Ziff. 24) [*Ninni-Orasche*].
[6] EuGH, Urt. v. 06.11.2003, Rs. C-413/01, Slg. 2003, I-13187 (Ziff. 26) [*Ninni-Orasche*].
[7] Borchardt K-D, Die rechtlichen Grundlagen der Europäischen Union, 2. Aufl. 2002, Rn. 690.

also die Schlechterstellung eigener Staatsangehöriger gegenüber ausländischen Arbeitnehmern, nicht ausgeschlossen ist.

Im vorliegenden Fall streitet Herr Bosman als belgischer Spieler mit einem belgischen Verein und Verband. Hier wollte B allerdings zu einem französischen Verein wechseln, was an den Transferregeln des belgischen Verbandes scheiterte. Folglich ist ein innergemeinschaftlicher grenzüberschreitender Bezug hergestellt.

### c) Bereichsausnahme, Art. 39 Abs. 4 EG

Nach Art. 39 Abs. 4 EG, der eine sog. Bereichsausnahme normiert, gilt die Freizügigkeit der Arbeitnehmer nicht für die Beschäftigung in der öffentlichen Verwaltung. Im Fall des Profifußballers Bosman greift diese Bereichsausnahme offensichtlich nicht ein.[8]

### d) Beschränkung der Freizügigkeit

*aa) Drittwirkung*

Weiterhin müsste eine Beschränkung der Freizügigkeit der Arbeitnehmer gegeben sein. Hier kommt eine Beschränkung der Arbeitnehmerfreizügigkeit durch die Transferregeln in Betracht. Die maßgeblichen Transferregeln werden aber nicht von staatlichen Stellen erlassen, sondern zwischen privaten Vereinen und Verbänden vereinbart. Fraglich ist insofern, ob eine Beschränkung der Freizügigkeit zwingend auf einer staatlichen Maßnahme beruhen muss. Dazu hat der EuGH bereits 1974 ausgeführt, dass die Arbeitnehmerfreizügigkeit nicht nur für Akte der staatlichen Behörden gilt, sondern sich auch auf sonstige Maßnahmen erstreckt, die *eine kollektive Regelung im (Dienstleistungs-) und Arbeitsbereich enthalten.*[9] Begründet wird dies damit, dass die wesentlichen Ziele der Gemeinschaft gefährdet wären, wenn zwar die staatlichen Beschränkungen aufgehoben würden, aber privatrechtliche Vereinigungen kraft ihrer rechtlichen Autonomie derartige Hindernisse wieder errichten könnten. Durch diese Drittwirkung des Art. 39 EG und die daraus folgende Erstreckung auf Reglements privatrechtlich organisierter Gruppen soll eine Umgehung des Freizügigkeitsgebots verhindert werden.

Die hier in Rede stehenden Transfervorschriften des Verbandes gelten insgesamt für den Bereich des (belgischen) Profifußballs. Daher handelt es sich um eine kollektive Regelung unselbständiger Arbeit. Somit sind die Voraussetzungen der Drittwirkung der Arbeitnehmerfreizügigkeit jedenfalls erfüllt – auch wenn man für die Drittwirkung die Existenz einer sog. *intermediären Gewalt*[10] fordern wollte. Zudem ist die Anwendbarkeit der Arbeitnehmerfreizügigkeit auf von Sportver-

---

[8] Einzelheiten zu Art. 39 Abs. 4 EG werden in Fall 4 behandelt.
[9] EuGH, Urt. v. 12.12.1974, Rs. 36/74, Slg. 1974, 1405 (Ziff. 16 u.19) [*Walrave*].
[10] EuGH, Urt. v. 12.12.1974, Rs. 36/74, Slg. 1974, 1405 (Ziff. 16 u. 19) [*Walrave*]; Roth W-H, Drittwirkung der Grundfreiheiten, in: FS Everling, 1995, 1231-1247, 1246; Streinz R/ Leible S, Die unmittelbare Drittwirkung der Grundfreiheiten – Überlegungen aus Anlaß von EuGH EuZW 2000, 468 – Angonese, in: EuZW 2000, 459-467, 459.

bänden getroffene Regeln mittlerweile weithin anerkannt[11] – freilich nur, soweit eine Tätigkeit des Wirtschaftslebens geregelt wird. Die Transferregeln des belgischen Fußballverbandes sind also am Maßstab der Art. 39 ff. EG zu messen.

*bb) Inhalt der Freizügigkeitsgarantie*

(1) Diskriminierungsverbot

Art. 39 EG verbietet zunächst direkte und indirekte Diskriminierungen aufgrund der Staatsangehörigkeit.[12] Die zu überprüfenden Transferregeln gelten jedoch gleichermaßen für In- und Ausländer, sie differenzieren also nicht nach der Staatsangehörigkeit. Daher begründen sie weder eine direkte noch eine indirekte Diskriminierung i.S.v. Art. 39 Abs. 2 EG.

(2) Beschränkungsverbot

Der Gerichtshof entnimmt jedoch mittlerweile auch der Arbeitnehmerfreizügigkeit ein umfassendes Beschränkungsverbot.[13] Das bedeutet, dass alle Regelungen oder Maßnahmen, die einen Staatsangehörigen eines Mitgliedstaates tatsächlich oder potentiell, unmittelbar oder mittelbar *(Dassonville*[14]*)* in seiner Arbeitnehmerfreizügigkeit beschränken, den Tatbestand des Art. 39 EG erfüllen. Danach stellen auch unterschiedslos geltende Regelungen, die den Staatsangehörigen eines Mitgliedstaates daran hindern oder davon abhalten, sein Herkunftsland zu verlassen, um von seinem Recht auf Freizügigkeit Gebrauch zu machen, eine Beeinträchtigung des Art. 39 EG dar.[15] Im Fall des Fußballers Bosman scheiterte die Freigabe durch den belgischen Verband und damit letztlich der Wechsel des Spielers zu einem anderen (ausländischen) Verein an den Transferregeln, die die Zahlung einer Ausbildungsentschädigung vorsahen. Im Ergebnis wurde der Fußballer durch diese Regeln daran gehindert, seiner unselbständigen Erwerbstätigkeit in einem anderen Mitgliedstaat nachzugehen. Damit ist der Tatbestand des Art. 39 EG erfüllt, es liegt also eine Beschränkung der Arbeitnehmerfreizügigkeit vor.

---

[11] Randelzhofer A/Forsthoff U, in: Grabitz E/Hilf M, Das Recht der Europäischen Union, Band I, Stand: 06/2005, Art. 39 EG, Rn. 142; Koenig C/Haratsch A, Europarecht, 4. Aufl. 2003, Rn. 603; vgl. auch Borchardt K-D, Die rechtlichen Grundlagen der Europäischen Union, 2. Aufl. 2002, Rn. 692 u. 704.

[12] Randelzhofer A/Forsthoff U, in: Grabitz E/Hilf M, Das Recht der Europäischen Union, Band I, Stand: 06/2005, Art. 39 EGV Rn. 121.

[13] EuGH, Urt. v. 15.12.1995, Rs. C-415/93, Slg. 1995, I-4921, (Ziff. 96) [*Bosman*]; Koenig C/Haratsch A, Europarecht,4. Aufl. 2003, Rn. 607.

[14] EuGH, Urt. v. 11.07.1974, Rs. 8/74, Slg. 1974, 837 [*Dassonville*].

[15] EuGH, Urt. v. 27.01.2000, Rs. C-190/98, Slg. 2000, I-493 (Ziff. 23) [*Graf*]; EuGH, Urt. v. 15.12.1995, Rs. C-415/93, Slg. 1995, I-4921 (Ziff. 96) [*Bosman*].

## 3. Rechtfertigung

Fraglich ist, ob diese Beschränkung gerechtfertigt ist.

**a) Geschriebene Rechtfertigungsgründe**

Zunächst sind die geschriebenen Rechtfertigungsgründe des Art. 39 Abs. 3 EG zu beachten. Diese Vorschrift rechtfertigt Beschränkungen aus Gründen der öffentlichen Ordnung, Sicherheit und Gesundheit. Sie normiert damit einen sog. *ordre public - Vorbehalt*.[16] Im vorliegenden Fall ist eine Rechtfertigung der Beschränkung durch die genannten Gründe aber nicht ersichtlich.

> Da es sich bei den Gründen der öffentlichen Ordnung, Sicherheit und Gesundheit um die Rechtfertigungsebene handelt – also Beschränkungen der Arbeitnehmerfreizügigkeit aus diesen Gründen ausnahmsweise erlaubt werden –, sind diese Begriffe angesichts des Ziels, dem Gemeinschaftsrecht größtmögliche Geltung zu verschaffen, *eng*[17] auszulegen. Zudem ist die Aufzählung in Art. 39 Abs. 3 EG *abschließend*.[18]

**b) Ungeschriebene Rechtfertigungsmöglichkeiten**

Neben den geschriebenen Rechtfertigungsgründen des Art. 39 Abs. 3 EG[19] besteht (jedenfalls) für unterschiedslos anwendbare Maßnahmen[20] auch im Rahmen der Arbeitnehmerfreizügigkeit eine ungeschriebene Rechtfertigungsmöglichkeit.[21] Der Gerichtshof spricht hier von *objektiven Erwägungen, die in einem angemessenen Verhältnis zu dem Zweck stehen, der mit der nationalen Vorschrift zulässigerweise verfolgt wird*[22]. Im Ergebnis überträgt der EuGH damit die im Bereich der Warenverkehrsfreiheit *(Cassis de Dijon*[23]*)* entwickelte Rechtfertigung aus *zwingenden*

---

[16] Geiger R, EUV/EGV-Kommentar, 4. Aufl. 2004, Art. 39 EGV Rn. 43; Frenz W, Europarecht, 2004, Rn. 1523..
[17] Geiger R, EUV/EGV-Kommentar, 4. Aufl. 2004, Art. 39 EGV Rn. 44.
[18] Randelzhofer A/Forsthoff U, in: Grabitz E/Hilf M, Das Recht der Europäischen Union, Band I, Stand: 06/2005, Art. 39 EGV Rn. 209.
[19] Nach richtiger, aber nicht unumstrittener Meinung sind diese allgemein auf die Gewährleistungen des Art. 39 EG und nicht nur auf die Rechte des Art. 39 Abs. 3 EG anzuwenden – vgl. auch Randelzhofer A/Forsthoff U, in: Grabitz E/Hilf M, Das Recht der Europäischen Union, Band I, Stand: 06/2005, Art. 39 EGV Rn. 209.
[20] Borchardt K-D, Die rechtlichen Grundlagen der Europäischen Union, 2. Aufl. 2002, Rn. 683.
[21] Randelzhofer A/Forsthoff U, in: Grabitz E/Hilf M, Das Recht der Europäischen Union, Band I, Stand: 06/2005, Art. 39 EGV Rn. 210.
[22] EuGH, Urt. v. 21.03.1996, Rs. C-237/94, Slg. 1996, I-2617 (Ziff. 19) [*O'Flynn*].
[23] EuGH, Urt. v. 20.02.1979, Rs. 120/78, Slg. 1979, 649 (Ziff. 8) [*Cassis de Dijon*].

*Gründen des Allgemeininteresses* auf den Bereich der Arbeitnehmerfreizügigkeit[24].

> Während Einigkeit darüber besteht, dass die ungeschriebene Rechtfertigung durch *zwingende Gründe* jedenfalls für lediglich *beschränkende* Maßnahmen greift, ist umstritten, ob diese Gründe auch zur Rechtfertigung indirekter und/oder direkter Diskriminierungen herangezogen werden können.[25]

*aa) Zwingende Gründe des Allgemeinwohls*

Zweck der Transferregeln mag hier sein, das finanzielle und sportliche Gleichgewicht zwischen den Vereinen aufrechtzuerhalten und die Suche nach Talenten sowie die Ausbildung der jungen Spieler zu unterstützen. Diese Zwecke verstoßen nicht schon per se gegen das Gemeinschaftsrecht und können grundsätzlich zwingende Gründe des Allgemeinwohls darstellen, die zur Rechtfertigung von Eingriffen in die Freizügigkeit geeignet sind.[26]

*bb) Verhältnismäßigkeit*

Im Rahmen der Rechtfertigung ist insbesondere die Verhältnismäßigkeit der Beschränkung zu prüfen. Um eine Rechtfertigung der Beschränkung aus zwingenden Gründen des Allgemeinwohls bejahen zu können, müsste die Anwendung der Transferregeln geeignet sein, die Verwirklichung der verfolgten Zwecke zu gewährleisten, und dürfte nicht über das hinausgehen, was zur Erreichung dieser Zwecke erforderlich ist.[27]

Die Transferregeln verhindern aber weder, dass sich die reichsten Vereine die Dienste der besten Spieler sichern, noch, dass die verfügbaren finanziellen Mittel ein entscheidender Faktor beim sportlichen Wettkampf sind und dass das Gleichgewicht zwischen den Vereinen dadurch erheblich gestört wird. Daher stellen Transferregeln kein geeignetes Mittel dar, um die Aufrechterhaltung des finanziellen und sportlichen Gleichgewichts in der Welt des Profifußballs zu gewährleisten.

---

[24] Koenig C/Haratsch A, Europarecht, 4. Aufl. 2003, Rn. 612; Frenz W, Europarecht, 2004, Rn. 1673..

[25] Vgl. hierzu Randelzhofer A/Forsthoff U, in: Grabitz E/Hilf M, Das Recht der Europäischen Union, Band I, Stand: 06/2005, Art. 39 EGV Rn. 211 u. vor Art. 39–55 EGV Rn. 138-140 sowie im einzelnen oben Fall 2. Im vorliegenden Fall ist der Rechtfertigungsgrund jedenfalls anwendbar, weil eine unterschiedslos geltende Regel und damit eine *Beschränkung* Gegenstand der Untersuchung ist.

[26] Vgl. EuGH, Urt. v. 15.12.1995, Rs. C-415/93, Slg. 1995, I-4921 (Ziff. 106 u. 108) [*Bosman*].

[27] EuGH, Urt. v. 15.12.1995, Rs. C-415/93, Slg. 1995, I-4921 (Ziff. 104) [*Bosman*].

Bezüglich des Zwecks der Aufrechterhaltung und Förderung der Nachwuchsarbeit liegt es so, dass wegen mangelnder Orientierung der Ausbildungsentschädigungen an der Nachwuchsförderung diese Transferregeln zumindest nicht zur Zweckerreichung erforderlich sind.

Daher halten die Beschränkungen der Arbeitnehmerfreizügigkeit durch die Transferregeln des belgischen Fußballverbandes der Überprüfung anhand der Vorgaben der Verhältnismäßigkeit nicht stand.

### c) Ergebnis

Eine Rechtfertigung der Regelung über die Ausbildungsentschädigung liegt folglich nicht vor.

## 4. Ergebnis

Die Transferregeln verstoßen durch das Erfordernis einer Ausbildungsentschädigung gegen Art. 39 EG.

## II. Vereinbarkeit der Ausländerregel mit Art. 39 EG

### 1. Anwendbarkeit des Art. 39 EG

Auch bei der sog. Ausländerklausel handelt es sich um eine (von der UEFA vorgegebene) Regel von Fußballverbänden. Nach den oben unter A. I. genannten Grundsätzen sind auch diese Regeln privatrechtlich organisierter Gruppen an den Vorgaben des Art. 39 EG zu messen.[28]

### 2. Tatbestand des Art. 39 EG

#### a) Arbeitnehmer, grenzüberschreitender Bezug, Bereichsausnahme

Hinsichtlich der Einordnung des B als Arbeitnehmer, des grenzüberschreitenden Bezugs der vorliegenden Fallkonstellation und der Bereichsausnahme nach Art. 39 Abs. 4 EG ergeben sich bei der Überprüfung der Ausländerklausel keine Besonderheiten gegenüber den Ausführungen zur Ausbildungsentschädigung, so dass insoweit auf die Erwägungen unter A. II. 1., 2., 3. verwiesen wird.

---

[28] Vgl. z.B. Koenig C/Haratsch A, Europarecht, 4. Aufl. 2003, Rn. 603.

## b) Beschränkung der Freizügigkeit

*aa) Drittwirkung*

Auch bezüglich der Drittwirkung der Freiheit des Art. 39 EG kann auf die obigen Ausführungen (A. II. 4.) verwiesen werden. Die Arbeitnehmerfreizügigkeit entfaltet danach Drittwirkung gegenüber den die Ausländerklauseln erlassenden Verbänden.[29]

*bb) Inhalt der Freizügigkeitsgarantie*

Neu ist daher zunächst ist zu überprüfen, ob die Ausländerklausel, die nur den Einsatz einer begrenzten Zahl von EG-Ausländern in einem Spiel zulässt, einen Verstoß gegen die Arbeitnehmerfreizügigkeit in Form einer direkten oder indirekten Diskriminierung darstellt.

Eine *direkte Diskriminierung* liegt vor, wenn als *Differenzierungskriterium* die *Staatsangehörigkeit* herangezogen wird, die unterschiedliche Behandlung also durch Normen begründet wird, bei denen die Staatsangehörigkeit ein Tatbestandsmerkmal bildet.[30] Im vorliegenden Fall richtet sich die Einsatzmöglichkeit von Fußballspielern in Meisterschaftsspielen letztlich ausschließlich nach deren Staatsangehörigkeit. Auch wenn jeweils drei EG-Ausländer pro Begegnung eingesetzt werden dürfen und die in Rede stehende Klausel nicht direkt die Beschäftigung der einzelnen Spieler regelt, so liegt es doch auf der Hand, dass sich die Ausländerklausel im Ergebnis unmittelbar negativ auf die Beschäftigungsmöglichkeiten von Fußballprofis in anderen EG-Mitgliedstaaten auswirken muss.[31] Daher begründen Ausländerklauseln eine von Art. 39 Abs. 2 EG ausdrücklich verbotene direkte Diskriminierung aufgrund der Staatsangehörigkeit.[32]

## 3. Rechtfertigungsgründe

Fraglich ist, ob diese Diskriminierung gerechtfertigt ist.

---

[29] Siehe auch Randelzhofer A/Forsthoff U, in: Grabitz E/Hilf M, Das Recht der Europäischen Union, Band I, Stand: 06/2005, Art. 39 EGV Rn. 142; Koenig C/Haratsch A, Europarecht,4. Aufl. 2003, Rn. 603; Borchardt K-D, Die rechtlichen Grundlagen der Europäischen Union, 2. Aufl. 2002, Rn. 692, 704.

[30] Randelzhofer A/Forsthoff U, in: Grabitz E/Hilf M, Das Recht der Europäischen Union, Band I, Stand: 06/2005, Art. 39 EGV Rn. 139.

[31] So auch EuGH, Urt. v. 15.12.1995, Rs. C-415/93, Slg. 1995, I-4921 (Ziff. 120) [*Bosman*].

[32] Randelzhofer A/Forsthoff U, in: Grabitz E/Hilf M, Das Recht der Europäischen Union, Band I, Stand: 06/2005, Art. 39 EGV Rn. 142.

**a) Geschriebene Rechtfertigungstatbestände**

Eine Rechtfertigung aufgrund der in Art. 39 Abs. 3 EG aufgeführten Gründe kommt hier nicht in Betracht.

**b) Ungeschriebene Rechtfertigungsgründe**

*aa) Anwendbarkeit*

Problematisch ist, ob die ungeschriebenen Rechtfertigungsgründe der *Cassis*-Rechtsprechung in der vorliegenden Fallkonstellation anwendbar sind. Ursprünglich legte der EuGH Wert darauf, dass zwingende Erfordernisse des Allgemeinwohls als Rechtfertigung nur für unterschiedslos anwendbare Maßnahmen in Betracht kommen.[33] Insoweit wurde die *Cassis*-Formel als Entsprechung zur Tatbestandserweiterung vom Diskriminierungsverbot zum Beschränkungsverbot verstanden, so dass für formal diskriminierende Maßnahmen nur die geschriebenen Rechtfertigungstatbestände für anwendbar gehalten wurden. In der neueren Rechtsprechung[34] finden sich jedoch Andeutungen dahingehend, die Differenzierung zwischen unterschiedslos und unterschiedlich geltenden Maßnahmen aufzugeben,[35] so dass auch diskriminierende Maßnahmen durch zwingende Gründe des Allgemeinwohls gerechtfertigt werden könnten. Dabei soll u.U. das Vorliegen einer formalen Diskriminierung im Rahmen der Verhältnismäßigkeitsprüfung durch eine strengere Handhabung der einzelnen Kriterien berücksichtigt werden. Diese neuere Tendenz im Schrifttum ist eine Reaktion auf einzelne Urteile, die sich nicht bruchlos in die bisher aus der Rechtsprechung abgeleitete Dogmatik einordnen lassen. Demgegenüber wollen viele an der alten Differenzierung festhalten, da die einzelnen Urteile sich entweder aus den jeweiligen Besonderheiten des Falles erklären ließen oder sich bei genauerer Differenzierung ergebe, dass oft gar keine formale, sondern nur eine materielle Diskriminierung gegeben sei.[36]

---

[33] EuGH, Urt. v. 09.07.1992, Rs. C-2/90, Slg. 1992, I-4431 (Ziff. 34) [*Kommission/Belgien*].

[34] EuGH, Urt. v. 28.04.1998, Rs. C-120/95, Slg. 1998, I-1831 (Ziff. 39) [*Decker*]; EuGH, Urt. v. 09.07.1997, verb. Rs. C-34/95, C-35/95 u. C-36/95, Slg. 1997, I-3843 (Ziff. 44, 45) [*Konsumentombudsmannen/De Agostini u. TV-Shop*].

[35] Leible S, in: Grabitz E/Hilf M, Das Recht der Europäischen Union, Band I, Stand: 06/2005, Art. 28 EGV Rn. 20; Weiß W, Nationales Steuerrecht und Niederlassungsfreiheit, in: EuZW 1999, 493-498, 497.

[36] Zu dieser hier nicht umfassend zu behandelnden Problematik siehe Gundel J, Die Rechtfertigung von faktisch diskriminierenden Eingriffen in die Grundfreiheiten des EG, in: Jura 2001, 79-85; Nowak C/Schnitzler J, Erweiterte Rechtfertigungsmöglichkeiten für mitgliedstaatliche Beschränkungen der EG-Grundfreiheiten – Genereller Rechtsprechungswandel oder Sonderweg im Bereich der sozialen Sicherheit?, in: EuZW 2000, 627-631; Leible S, in: Grabitz E/Hilf M, Das Recht der Europäischen Union, Band I, Stand: 06/2005, Art. 28 EGV Rn. 20 m.w.N.

An dieser Stelle ist eine Entscheidung für jede der beiden Seiten denkbar.[37] Folgt man der Ansicht, dass zwingende Gründe des Allgemeinwohls als Rechtfertigung für diskriminierende Maßnahmen nicht in Betracht kommen, gelangt man mangels Anwendbarkeit der ungeschriebenen Rechtfertigungsgründe zu dem Ergebnis der Gemeinschaftsrechtswidrigkeit der (diskriminierenden) Ausländerklausel. Vertritt man hingegen die Auffassung, dass die *Cassis*-Rechtsprechung auch auf diskriminierende Maßnahmen Anwendung findet, so ist weiter zu untersuchen, ob zwingende Gründe des Allgemeinwohls vorliegen, die die Ausländerklausel zu rechtfertigen vermögen. Hier soll die Prüfung mit der letztgenannten Auffassung fortgeführt werden.

*bb) Zwingende Gründe des Allgemeinwohls*

Als rechtfertigende Gründe des Allgemeinwohls kommen im vorliegenden Fall die Erhaltung des sportlichen Gleichgewichts zwischen den Vereinen, die Bindung der Vereine an ihre Heimatländer sowie die Schaffung einer ausreichenden Spielerreserve für die Nationalmannschaft in Betracht.

*cc) Verhältnismäßigkeit*

Weiterhin müsste die Ausländerklausel dem Grundsatz der Verhältnismäßigkeit genügen.
  Bezüglich der Aufrechterhaltung des sportlichen Gleichgewichts ist anzumerken, dass Ausländerklauseln die reichsten Vereine zwar daran hindern mögen, die besten ausländischen Spieler zu verpflichten. Die Möglichkeit dieser Vereine, die besten einheimischen Spieler einzustellen, bleibt jedoch unbeschnitten. Daher wird ein sportliches Ungleichgewicht durch Ausländerklauseln letztlich nicht verhindert. Folglich ist die Ausländerklausel zur Herstellung bzw. Erhaltung des sportlichen Gleichgewichts schon nicht geeignet.[38]
  Hinsichtlich des zweiten Grundes ist festzustellen, dass die Bindung eines Fußballvereins an den Mitgliedstaat, in dem er ansässig ist, nicht notwendigerweise mit der sportlichen Tätigkeit dieses Vereins und der Zusammensetzung der für ihn spielenden Mannschaft verbunden ist. Daher ist schon die Eignung der Ausländerklausel zur Zweckerreichung zweifelhaft. Faktisch führt die Ausländerklausel dazu, dass einer Vielzahl von (potentiellen) Profifußballern der Zugang zum europäischen Arbeitsmarkt verwehrt wird. Dies begründet jedenfalls einen so schwerwiegenden Eingriff in die Freizügigkeit der Arbeitnehmer, dass kein angemessenes Verhältnis zum angestrebten Ziel mehr besteht.[39]

---

[37] Das Problem der Anwendbarkeit der *Cassis*-Rechtfertigung auf diskriminierende Regelungen wurde in Fall 2 ausführlich besprochen.
[38] So auch EuGH, Urt. v. 15.12.1995, Rs. C-415/93, Slg. 1995, I-4921 (Ziff. 135) [*Bosman*].
[39] So i.E. auch EuGH, Urt. v. 15.12.1995, Rs. C-415/93, Slg. 1995, I-4921 (Ziff. 129 u. 131) [*Bosman*].

Zum Punkt der Schaffung einer ausreichenden Spielerreserve für die Nationalmannschaft ist zu beachten, dass die Nationalmannschaften zwar aus Spielern bestehen müssen, die die Staatsangehörigkeit des betreffenden Landes besitzen; in welchem Land diese Spieler beruflich tätig sind, ist aber für ihre Einsatzmöglichkeit in der Nationalmannschaft nicht relevant. Hinzu kommt, dass nach den Regelungen der Sportverbände die Vereine, die ausländische Spieler beschäftigen, verpflichtet sind, diesen die Teilnahme an bestimmten Begegnungen der Nationalmannschaft ihres Herkunftslandes zu gestatten, so dass die Ausländerklausel zumindest nicht erforderlich ist, um eine ausreichende Spielerreserve für die Nationalmannschaft bereitzuhalten.[40]

> Der EuGH hat klargestellt, dass die o.g. Gründe des Allgemeinwohls eine Ausländerklausel nicht rechtfertigen, die für alle herkömmlichen Begegnungen von europäischen Profifußballvereinen eingreift.[41] Ausnahmen sind dagegen ausdrücklich möglich für Regelungen, die aus nicht wirtschaftlichen Gründen ausländische Spieler von bestimmten Begegnungen ausschließen.[42] So liegt es z.B. bei der Aufstellung von Nationalmannschaften bzw. der Durchführung von Länderspielen zwischen ihnen.

### c) Ergebnis

Eine Rechtfertigung der Ausländerklausel ist auch bei Anwendung der *Cassis*-Rechtsprechung auf diskriminierende Maßnahmen nicht gegeben. Da in diesem Fall beide Auffassungen zum gleichen Ergebnis kommen, ist es möglich, den Streit über die Anwendbarkeit der ungeschriebenen Rechtfertigungsgründe auf diskriminierende Regelungen dahinstehen zu lassen. Die Ausländerklausel verstößt in der vorliegenden Form jedenfalls gegen die Arbeitnehmerfreizügigkeit nach Art. 39 EG.

### 4. Ergebnis

Auch die Ausländerregel verstößt gegen Art. 39 EG.

---

[40] So auch EuGH, Urt. v. 15.12.1995, Rs. C-415/93, Slg. 1995, I-4921 (Ziff. 133) [*Bosman*].
[41] So auch EuGH, Urt. v. 15.12.1995, Rs. C-415/93, Slg. 1995, I-4921 (Ziff. 129, 130) [*Bosman*].
[42] EuGH, Urt. v. 12.12.1974, Rs. 36/74, Slg. 1974, 1405 (Ziff. 4 u. 10) [*Walrave*]; Randelzhofer A/Forsthoff U, in: Grabitz E/Hilf M, Das Recht der Europäischen Union, Band I, Stand: 06/2005, Art. 39 EGV Rn. 142.

## Abwandlung:

In Betracht kommt ein Verstoß gegen Art. 81 EG.
Dazu müssten die Bundesligavereine zunächst Unternehmen im Sinne dieser Vorschrift sein. Dies ist der Fall, da sie, wie oben unter A. I. 2. festgestellt, eine wirtschaftliche Tätigkeit ausüben.
Der Begriff der Vereinbarung des Art. 81 Abs. 1 EG ist weit auszulegen, so dass jede Willenseinigung den Anforderungen genügt.[43] Daher stellt die zwischen den Vereinen getroffene Absprache auch ohne Einhaltung einer bestimmten Rechtsform eine Vereinbarung i.S.v. Art. 81 Abs. 1 EG dar.
Weiterhin müsste die Absprache zur Beeinträchtigung des innergemeinschaftlichen Handels geeignet sein. Hier wird jedenfalls der freie grenzüberschreitende Arbeitsplatzwechsel behindert. Damit liegt eine Beeinträchtigung des innergemeinschaftlichen Handels vor.

> „Handel" im Sinne des Art. 81 EG betrifft nicht nur den klassischen innergemeinschaftlichen Warenverkehr, sondern allgemein den Wirtschaftsverkehr zwischen den EG-Mitgliedstaaten, so dass z.B. auch der Dienstleistungsverkehr von dieser Vorschrift erfasst wird.[44]

Schließlich müsste die Absprache eine Beschränkung des Wettbewerbs innerhalb des Gemeinsamen Marktes bezwecken oder bewirken. Hier wird durch die zwischen den Vereinen getroffene Absprache, auch weiterhin nicht mehr als drei Ausländer pro Spiel einzusetzen, die Konkurrenz der Vereine um die besten (ausländischen) Spieler zumindest reduziert. Diese Reduktion stellt eine Beschränkung des Wettbewerbs dar. Daher wirkt die Absprache wettbewerbsbeschränkend.
Der Tatbestand des Art. 81 Abs. 1 EG ist damit erfüllt. Ohne eine Freistellung der Kommission nach Art. 81 Abs. 3 EG verstößt die Absprache der Bundesligavereine also gegen das Kartellverbot des Art. 81 Abs. 1 EG.

---

[43] Geiger R, EUV/EGV-Kommentar, 4. Aufl. 2004, Art. 81 EGV Rn. 18.
[44] Streinz R, Europarecht, 7. Aufl. 2005, Rn. 988.

## C. Anmerkungen

### I. Rechtsprechung

Der Fall geht zurück auf folgende Urteile des Gerichtshofs:

EuGH, Urt. v. 15.12.1995, Rs. C- 415/93, Slg. 1995, I-4921 [*Bosman*]

EuGH, Urt. v. 12.12.1974, Rs. 36/74, Slg. 1974, 1405 [*Walrave*]

EuGH, Urt. v. 06.06.2000, Rs. C-281/91, Slg. 2000, I-4139 [*Angonese*]

### II. Vertiefungshinweise

Die unmittelbare Drittwirkung der europäischen Grundfreiheiten ist ein problematisches Gebiet. Der EuGH hat bislang die unmittelbare Bindung Dritter an die Arbeitnehmerfreizügigkeit[45], die Dienstleistungsfreiheit[46] und das allgemeine Diskriminierungsverbot[47] bejaht.[48] Während der Gerichtshof bezüglich der Arbeitnehmerfreizügigkeit anfangs eine Verpflichtung privater Verbände auf deren Rechtsetzungsmacht in einem bestimmten Bereich zurückführte und damit ihre Stellung als „intermediäre Gewalten" betonte[49], hat er in der Sache *Angonese* die unmittelbare Drittwirkung der Arbeitnehmerfreizügigkeit auch zwischen Privaten bejaht (*„für alle die abhängige Erwerbstätigkeit kollektiv regelnden Tarifverträge und alle Verträge zwischen Privatpersonen")*[50] und geht damit zumindest bezüglich der Arbeitnehmerfreizügigkeit von einer umfassenden Drittwirkung aus.[51] Der Gerichtshof begründet diese Drittwirkung mit dem Wortlaut des Art. 39 EG, dem keine Beschränkung auf staatliche Maßnahmen zu entnehmen sei, dem Gleichlauf mit den ebenfalls Drittwirkung entfaltenden Bestimmungen der Art. 12 und 141 EG sowie mit den Geboten der praktischen Wirksamkeit („*effet utile*") und der einheitlichen Anwendung des Gemeinschaftsrechts.[52]

---

[45] EuGH, Urt. v. 12.12.1974, Rs. 36/74, Slg. 1974, 1405 (Ziff. 16 u. 19) [*Walrave*].
[46] EuGH, Urt. v. 11.04.2000, verb. Rs. C-51/96 u. C-191/97, Slg. 2000, I-2549 (Ziff. 47) [*Deliège*].
[47] Geiger R, EUV/EGV-Kommentar, 4. Aufl. 2004, Art. 12 EGV Rn. 4.
[48] Streinz R/Leible S, Die unmittelbare Drittwirkung der Grundfreiheiten – Überlegungen aus Anlaß von EuGH EuZW 2000, 468 – Angonese, in: EuZW 2000, 459-467, 459.
[49] EuGH, Urt. v. 15.12.1995, Rs. C-415/93, Slg. 1995, I-4921 (Ziff. 82) [*Bosman*]; EuGH, Urt. v. 12.12.1974, Rs. 36/74, Slg. 1974, 1405 (Ziff. 16/19) [*Walrave*].
[50] EuGH, Urt. v. 06.06.2000, Rs. C-281/91, Slg. 2000, I-4139 (Ziff. 34) [*Angonese*].
[51] Koenig C/Haratsch A, Europarecht, 4. Aufl. 2003, Rn. 602; Frenz W, Europarecht, 2004, Rn. 1157 ff.
[52] Streinz R/Leible S, Die unmittelbare Drittwirkung der Grundfreiheiten – Überlegungen aus Anlaß von EuGH EuZW 2000, 468 – Angonese, in: EuZW 2000, 459-467, 460.

Mittlerweile kommt der EuGH in Ausnahmekonstellationen sogar zur sog. horizontalen Drittwirkung von Richtlinien, also zur Drittwirkung von einem Teil des Sekundärrechts im Verhältnis Bürger – Bürger.[53] Diese Drittwirkung bejaht der Gerichtshof allerdings nur unter den Voraussetzungen folgender Ausnahmekonstellation:

> 1. Einer Partei obliegen Pflichten, denen kein eigenes Recht der anderen Partei gegenübersteht, z.B. Kennzeichnungspflicht von Lebensmitteln aus Verbraucherschutzgründen.
> 2. Die andere Partei hat ein eigenständiges Interesse an der Einhaltung dieser Pflichten.
> 3. Die Pflichten bestehen aufgrund einer nationalen Vorschrift, die gegen eine Richtlinie verstößt.
>
> Rechtsfolge: Keine Anwendbarkeit der nationalen Vorschrift.

Diesen Fall der horizontalen Drittwirkung begründet der Gerichtshof damit, dass das Argument, einem Privaten dürfe durch einen Fehler des Staates kein Recht aberkannt werden, hier gerade nicht greift. Die andere Partei hat zwar ein Interesse an der Einhaltung einer Pflicht durch die ursprüngliche Partei, ein dahingehendes Recht bestand aber nie. Deshalb kann ihr auch kein Recht aberkannt werden. Zudem fließt die Benachteiligung in dieser Konstellation nicht unmittelbar aus dem Gemeinschaftsrecht in Form der Richtlinie.

## III. Lesehinweise

Gundel, Jörg, Die Rechtfertigung von faktisch diskriminierenden Eingriffen in die Grundfreiheiten des EG, in: Jura 2001, 79-85

Nowak, Carsten/Schnitzler, Jörg, Erweiterte Rechtfertigungsmöglichkeiten für mitgliedstaatliche Beschränkungen der EG-Grundfreiheiten – Genereller Rechtsprechungswandel oder Sonderweg im Bereich der sozialen Sicherheit?, in: EuZW 2000, 627-631

Streinz, Rudolf/Leible, Stefan, Die unmittelbare Drittwirkung der Grundfreiheiten – Überlegungen aus Anlaß von EuGH EuZW 2000, 468 – Angonese, in: EuZW 2000, 459-467

---

[53] EuGH, Urt. v. 26.09.2000, Rs. C-443/98, Slg. 2000, I-7535 (Ziff. 49) [*Unilever/Central Food*].

# Fall 6: Luxemburger unter sich?

## A. Sachverhalt

Nach luxemburgischem Recht war der öffentliche Dienst des Großherzogtums Luxemburg ausschließlich luxemburgischen Staatsangehörigen vorbehalten. Das galt auch für die Beschäftigung als Beamte oder Angestellte in den öffentlichen Bereichen des Forschungs- und Bildungswesens, wozu insbesondere die Lehrer zählten.

Die Europäische Kommission führte 1988 eine „systematische Aktion" mit dem Ziel durch, den Staatsangehörigen der EG-Mitgliedstaaten einen europaweiten Zugang zur Beschäftigung in solchen öffentlichen Einrichtungen zu eröffnen, die keinen engen Zusammenhang mit der Ausübung hoheitlicher Befugnisse und der Wahrung der allgemeinen Belange des Staates aufwiesen. Im Rahmen dieser Aktion forderte die Kommission das Großherzogtum Luxemburg mit Schreiben vom 05.01.1988 auf, das Staatsangehörigkeitserfordernis für die Beschäftigung im öffentlichen Sektor des Forschungs- und Bildungswesens aufzuheben. Die luxemburgische Regierung verweigerte dies mit Schreiben vom 30.10.1990, woraufhin die Kommission am 12.03.1991 ein Mahnschreiben an Luxemburg richtete, das unter anderem die Aufforderung enthielt, innerhalb von sechs Monaten Stellung zu nehmen. Dieses Schreiben wurde am 04.05.1992 negativ beantwortet.

Daraufhin erließ die Kommission am 14.06.1992 eine mit Gründen versehene Stellungnahme, in der sie der luxemburgischen Regierung zur Aufhebung des Staatsangehörigkeitserfordernisses in den entsprechenden Bereichen eine Frist von vier Monaten setzte. Diese Stellungnahme wurde von Luxemburg nicht mehr beantwortet, das Staatsangehörigkeitserfordernis wurde nicht abgeschafft. Daher klagte die Kommission vor dem EuGH auf Feststellung eines Verstoßes des Großherzogtums Luxemburg gegen Art. 39 EG sowie Art. 1 der EWG-VO Nr. 1612/68 des Rates vom 15.10.1968.

Luxemburg bestritt eine Vertragsverletzung. Die Freizügigkeit der Arbeitnehmer gelte nicht für Stellen, die nach dem nationalen Recht der Mitgliedstaaten zur öffentlichen Verwaltung gehörten; nur eigene Staatsangehörige könnten für jene Treue garantieren, die der Staat von seinen Beschäftigten verlangen müsse. Darüber hinaus sei im Bildungswesen der Ausschluss fremder Staatsangehöriger beispielsweise vom Lehrerberuf zum Schutz der nationalen Identität geboten. Schließlich sei die von der Kommission gesetzte Frist in jedem Fall zu kurz bemessen gewesen, da ihr Ansinnen einen grundlegenden Umbau des luxemburgischen Verwaltungssystems voraussetze.

Hätte eine solche Klage auf der Basis der heutigen Rechtslage (Vertrag von Nizza) Aussicht auf Erfolg?

Hinweis: Art. 1 EWG-VO Nr. 1612/68 des Rates über die Freizügigkeit der Arbeitnehmer innerhalb der Gemeinschaft vom 15.10.1968 lautet:

„(1) Jeder Staatsangehörige eines Mitgliedstaates ist ungeachtet seines Wohnorts berechtigt, eine Tätigkeit im Lohn- oder Gehaltsverhältnis im Hoheitsgebiet eines anderen Mitgliedstaates nach den für die Arbeitnehmer dieses Staates geltenden Rechts- und Verwaltungsvorschriften aufzunehmen und auszuüben.

(2) Er hat insbesondere im Hoheitsgebiet eines anderen Mitgliedstaates mit dem gleichen Vorrang Anspruch auf Zugang zu den verfügbaren Stellen wie die Staatsangehörigen dieses Staates."

Abwandlung:
Luxemburg verlangt außerdem für ausländische Studenten an seinen staatlichen Hochschulen eine höhere Einschreibegebühr als von luxemburgischen Studenten und begründet dies damit, dass die entsprechenden Hochschulen schließlich von den Steuern der Luxemburger Bürger finanziert würden. Die Kommission hält dies ebenfalls für gemeinschaftsrechtswidrig. Zu Recht?

Zusatzfrage:
Falls Luxemburg einer negativen – das Votum der Kommission bestätigenden – Entscheidung des EuGH nicht Folge leistete, welche Möglichkeiten stünden Kommission bzw. Gerichtshof zur Verfügung, um die Befolgung eines solchen Urteils zu erzwingen?

# B. Lösung

### Ausgangsfall:

In Betracht kommt hier ein Vertragsverletzungsverfahren nach Art. 226 EG. Diese Klage hat Erfolg, wenn sie zulässig und begründet ist.

## I. Zulässigkeit des Vertragsverletzungsverfahrens gem. Art. 226 EG

Zunächst müsste ein Vorgehen im Wege des Vertragsverletzungsverfahrens zulässig sein.

### 1. Sachliche Zuständigkeit

Nach Art. 220 Abs. 1 EG sichern EuG und EuGH im Rahmen ihrer Zuständigkeit die Wahrung des Rechts bei der Auslegung und Anwendung des EG-Vertrages. Dabei ergeben sich die Zuständigkeiten des EuGH aus der Negativabgrenzung zu den Aufgaben des EuG,[1] die in Art. 225 EG aufgelistet sind. Vertragsverletzungsverfahren sind in Art. 225 EG nicht aufgeführt, so dass der Europäische Gerichtshof für diese sachlich zuständig ist.

> Vor der Zuständigkeit ist die Eröffnung der Gemeinschaftsgerichtsbarkeit nur zu untersuchen, wenn sich im Sachverhalt Anhaltspunkte für einen möglichen Ausschluss der Gemeinschaftsgerichtsbarkeit finden.[2] Solche Anhaltspunkte sind hier nicht ersichtlich.

### 2. Parteifähigkeit

Gem. Art. 226 Abs. 2 EG ist aktiv parteifähig nur die Kommission, während als Klagegegner, also passiv Beteiligte, ausschließlich die Mitgliedstaaten in Betracht kommen. Hier tritt gerade die Kommission als Klägerin auf, während der Mitgliedstaat Luxemburg auf der Beklagtenseite steht, so dass den Anforderungen an die aktive und passive Parteifähigkeit Genüge getan ist.

---

[1] Koenig C/Pechstein M/Sander C, EU-/EG-Prozessrecht, 2. Aufl. 2002, Rn. 255.
[2] Koenig C/Pechstein M/Sander C, EU-/EG-Prozessrecht, 2. Aufl. 2002, Rn. 254.

## 3. Ordnungsgemäße Durchführung des Vorverfahrens

> In Einzelfällen gibt es das Vorverfahren betreffende Sonderregelungen. So bestehen abweichende – vereinfachende[3] – Regeln für das Vorverfahren in Fällen des Art. 88 Abs. 2 EG (Beihilfenaufsicht). Im Rahmen von Art. 298 Abs. 2 EG und Art. 95 Abs. 9 EG ist das Vorverfahren entbehrlich.

Am Anfang des Vorverfahrens steht ein *Mahnschreiben* der Kommission. Dieses Mahnschreiben muss als *notwendigen Inhalt* enthalten: Die *Mitteilung der Tatsachen*, die nach Ansicht der Kommission den *Vertragsverstoß begründen*, sowie der *verletzten Bestimmungen* des Gemeinschaftsrechts, die *Ankündigung* über die *Einleitung des formalen Anhörungsverfahrens* und die *Aufforderung*, sich innerhalb einer von der Kommission bestimmten *Frist* zu den Vorwürfen zu *äußern*.[4]

Hier hat die Kommission am 12.03.1991 ein Mahnschreiben an das Großherzogtum Luxemburg gerichtet. Mangels gegenteiliger Sachverhaltsangaben ist davon auszugehen, dass das Mahnschreiben neben der genannten 6-monatigen Frist auch die notwendigen Mitteilungen und die Ankündigung über die Einleitung des formalen Anhörungsverfahrens enthielt.

Nächster Schritt im Vorverfahren ist üblicherweise die *Gegendarstellung* des betroffenen Mitgliedstaates. Hier hat Luxemburg das Mahnschreiben am 04.05.1992 negativ beantwortet. Zu diesem Zeitpunkt war die 6-monatige Frist, die die Kommission dem Staat zur Äußerung gesetzt hatte, schon abgelaufen. In der Natur des Mahnschreibens liegt es jedoch, dass die betroffenen Mitgliedstaaten nicht verpflichtet sind, sich zu den erhobenen Vorwürfen zu äußern.[5] Ihnen wird lediglich die Möglichkeit zur Äußerung eingeräumt. Nach erfolglosem Ablauf der Frist kann die Kommission grundsätzlich weitere Verfahrensschritte einleiten. Jedenfalls schadet eine verspätete Antwort des Mitgliedstaates auf das Mahnschreiben dem ordnungsgemäßen Vorverfahren nicht, zumal wenn die Kommission zuvor noch keine weiteren Schritte eingeleitet hat.

Nach Äußerung des Mitgliedstaates zu den erhobenen Vorwürfen folgt nach Art. 226 Abs. 2 EG die begründete Stellungnahme der Kommission. Die *begründete Stellungnahme* muss die *vorgeworfene Vertragsverletzung* in *tatsächlicher und rechtlicher Hinsicht* bezeichnen und dem Mitgliedstaat eine *Frist zur Abhilfe* setzen.[6] Die Kommission gab am 14.06.1992 eine begründete Stellungnahme ab, in der sie Luxemburg eine Frist von vier Monaten setzte, innerhalb derer das vertragsverletzende Verhalten abgestellt werden sollte. Damit sind die Anforderun-

---

[3] Wallenberg G von, in: Grabitz E/Hilf M, Das Recht der Europäischen Union, Band II, Stand: 06/2005, Art. 88 EGV Rn. 67.
[4] Karpenstein P/Karpenstein U, in: Grabitz E/Hilf M, Das Recht der Europäischen Union, Band II, Stand: 06/2005, Art. 226 EGV Rn. 48.
[5] Karpenstein P/Karpenstein U, in: Grabitz E/Hilf M, Das Recht der Europäischen Union, Band II, Stand: 06/2005, Art. 226 EGV Rn. 56.
[6] Geiger R, EUV/EGV-Kommentar, 4. Aufl. 2004, Art. 226 EGV Rn. 13.

gen an das ordnungsgemäße Vorverfahren grundsätzlich erfüllt. Fraglich ist allerdings, ob der von Luxemburg erhobene Einwand, die in der begründeten Stellungnahme gesetzte Frist sei zu kurz bemessen, berechtigt ist. Sollte dem so sein, wäre eventuell dem Fristsetzungserfordernis nicht genügt worden. Luxemburg bringt hier vor, eine 4-monatige Frist sei zu kurz, da ein Umbau des gesamten luxemburgischen Verwaltungssystems erforderlich sei, um dem Anliegen der Kommission nachzukommen. Hier liegt es jedoch so, dass seit der Einleitung des Vorverfahrens, das am 12.03.1991 begann, insgesamt eine erhebliche Zeitspanne vergangen ist. Außerdem war dem Großherzogtum Luxemburg die Position der Kommission schon viel länger, nämlich seit Januar 1988, bekannt, als die Kommission Luxemburg im Rahmen einer systematischen Aktion aufforderte, das Staatsangehörigkeitserfordernis für die Beschäftigung im öffentlichen Sektor des Forschungs- und Bildungswesens aufzuheben. Luxemburg hatte also über mehrere Jahre hinweg die Möglichkeit, den Forderungen der Kommission nachzukommen, ließ diese Möglichkeit jedoch ungenutzt verstreichen. Hinzu kommt, dass eine Fristdauer von vier Monaten dem Doppelten der üblicherweise gesetzten 2-Monats-Frist[7] entspricht. Diese Umstände führen dazu, dass die von der Kommission gesetzte Frist von vier Monaten nicht als unangemessen zu bezeichnen ist.[8]

> Das vor Einleitung eines Vertragsverletzungsverfahrens durchzuführende Vorverfahren dient einem doppelten Zweck. Zunächst soll dem Mitgliedstaat Gelegenheit gegeben werden, sein vertragsverletzendes Verhalten einzustellen, ohne dass es zu einem Gerichtsverfahren kommt.[9] Innerhalb des Vorverfahrens kann der Mitgliedstaat einen „diplomatischen Gesichtsverlust", der durch gerichtliche „Anprangerung" verursacht würde, unter größtmöglicher Wahrung seiner Souveränität vermeiden.[10] Die zweite Funktion des Vorverfahrens besteht darin, den Streitgegenstand festzulegen, falls es im weiteren Verlauf zu einem gerichtlichen Verfahren kommt.[11]

---

[7] Karpenstein P/Karpenstein U, in: Grabitz E/Hilf M, Das Recht der Europäischen Union, Band II, Stand: 06/2005, Art. 226 EGV Rn. 62.
[8] So i.E. auch EuGH, Urt. v. 02.07.1996, Rs. C-473/93, Slg. 1996, I-3207 (Ziff. 24) [*Kommission/Luxemburg*].
[9] Geiger R, EUV/EGV-Kommentar, 4. Aufl. 2004, Art. 226 EGV Rn. 5.
[10] Koenig C/Pechstein M/Sander C, EU-/EG-Prozessrecht, 2. Aufl. 2002, Rn. 258.
[11] Geiger R, EUV/EGV-Kommentar, 4. Aufl. 2004, Art. 226 EGV Rn. 5; Koenig C/Pechstein M/Sander C, EU-/EG-Prozessrecht, 2. Aufl. 2002, Rn. 258; Karpenstein P/Karpenstein U, in: Grabitz E/Hilf M, Das Recht der Europäischen Union, Band II, Stand: 06/2005, Art. 226 EGV Rn. 59.

## 4. Klagegegenstand

Gegenstand der Klage nach Art. 226 EG ist die Behauptung der Kommission, der Mitgliedstaat habe gegen eine Verpflichtung aus dem Vertrag verstoßen. Dabei darf die Kommission nicht über den Gegenstand des Vorverfahrens hinausgehen.[12] Hier werden von der Kommission keine neuen Vorwürfe erhoben, so dass diesbezüglich keine Bedenken bestehen. Abweichend vom Wortlaut des Art. 226 EG ist Prüfungsgegenstand des Vertragsverletzungsverfahrens das gesamte Gemeinschaftsrecht[13]. Das beinhaltet primäres Gemeinschaftsrecht einschließlich der allgemeinen Rechtsgrundsätze, sekundäres Gemeinschaftsrecht und das in die Gemeinschaft integrierte Völkerrecht.[14] Die Kommission rügt hier einen Verstoß gegen die Arbeitnehmerfreizügigkeit nach Art. 39 EG sowie gegen Art. 1 EWG-VO Nr. 1612/68 des Rates. Dies sind Normen des Primär- und Sekundärrechts der Gemeinschaft, so dass ein statthafter Klagegegenstand vorliegt.

## 5. Klageberechtigung

Die Klageberechtigung ist zu bejahen, wenn nach Auffassung der Klägerin eine Gemeinschaftsrechtsverletzung eines Mitgliedstaats gegeben ist, die Klägerin also vom Vorliegen einer solchen Verletzung in tatsächlicher und rechtlicher Hinsicht überzeugt ist;[15] eine subjektive Betroffenheit ist nicht erforderlich.[16] Hier ist die Kommission davon überzeugt, dass die luxemburgische Regel, die das Staatsangehörigkeitserfordernis für die Beschäftigung im öffentlichen Sektor des Forschungs- und Bildungswesens normiert, gegen die genannten gemeinschaftsrechtlichen Normen verstößt. Folglich ist die Kommission klageberechtigt.

## 6. Form und Frist, Rechtsschutzbedürfnis

Bezüglich Form und Frist der Klage sowie des Rechtsschutzbedürfnisses bestehen im vorliegenden Fall keine Bedenken.

---

[12] Koenig C/Pechstein M/Sander C, EU-/EG-Prozessrecht, 2. Aufl. 2002, Rn. 274.
[13] Karpenstein P/Karpenstein U, in: Grabitz E/Hilf M, Das Recht der Europäischen Union, Band II, Stand: 06/2005, Art. 226 EGV Rn. 14; Koenig C/Pechstein M/Sander C, EU-/EG-Prozessrecht, 2. Aufl. 2002, Rn. 277.
[14] Koenig C/Pechstein M/Sander C, EU-/EG-Prozessrecht, 2. Aufl. 2002, Rn. 277.
[15] Vgl. EuGH, Urt. v. 05.10.1989, Rs. C-290/87, Slg. 1989, 3083 (Ziff. 11) [*Kommission/Niederlande*].
[16] Koenig C/Pechstein M/Sander C, EU-/EG-Prozessrecht, 2. Aufl. 2002, Rn. 279.

## 7. Zwischenergebnis

Das von der Kommission nach Art. 226 EG eingeleitete Vertragsverletzungsverfahren ist zulässig.

## II. Begründetheit der Klage

Die Vertragsverletzungsklage ist begründet, wenn die vom Kläger behaupteten Tatsachen zutreffen, das angegriffene Verhalten dem beklagten Mitgliedstaat zuzurechnen ist und sich daraus ein Verstoß gegen das Gemeinschaftsrecht ergibt.[17]

### 1. Richtigkeit der Tatsachenbehauptungen des Klägers

Anhaltspunkte für eine Unrichtigkeit der von der Kommission behaupteten Tatsachen bestehen nicht, auch Luxemburg als beklagter Staat bestreitet die vorgebrachten Tatsachen nicht.

### 2. Zurechenbares Verhalten

Hier geht es um Rechtsvorschriften des Großherzogtums Luxemburg, die ein Staatsangehörigkeitserfordernis für die Beschäftigung im öffentlichen Sektor des Forschungs- und Bildungswesen normieren. Diese Vorschriften wurden von dem beklagten Mitgliedstaat selbst erlassen und stellen daher originär diesem zurechenbares Verhalten dar.

> Insgesamt ist der EuGH bei der Prüfung der Zurechnung von Vertragsverstößen recht großzügig. So haben die Mitgliedstaaten für Gemeinschaftsrechtsverstöße sämtlicher Gliedkörperschaften des öffentlichen Rechts (vor allem Länder und Kommunen), öffentlich-rechtlicher Anstalten und aller Organe der Legislative, Judikative und Exekutive einzustehen.[18] Ein Mitgliedstaat kann sich z.B. nicht dadurch exkulpieren, dass er wegen der Gewaltenteilung das Urteil eines Gerichts oder wegen seiner bundesstaatlichen Organisation den Verstoß eines Landes nicht verhindern konnte oder dass das Parlament gerade keine Sitzungsperiode hatte[19].

---

[17] Koenig C/Pechstein M/Sander C, EU-/EG-Prozessrecht, 2. Aufl. 2002, Rn. 287.
[18] EuGH, Urt. v. 12.06.1990, Rs. C-8/88, Slg. 1990, I-2355 (Ziff. 13) [*Deutschland/Kommission*]; Koenig C/Pechstein M/Sander C, EU-/EG-Prozessrecht, 2. Aufl. 2002, Rn. 288.
[19] EuGH, Urt. v. 18.11.1970, Rs. 8/70, Slg. 1970, 961 (Ziff. 8 f.) [*Kommission/Italien*].

## 3. Verstoß gegen Gemeinschaftsrecht

Im vorliegenden Fall kommt ein Verstoß Luxemburgs gegen seine Verpflichtungen aus Art. 39 EG i.V.m. Art. 1 EWG-VO Nr. 1612/68 in Betracht. Die EWG-VO Nr. 1612/68 des Rates konkretisiert Art. 39 EG, indem sie den Zugang zur Beschäftigung, die Ausübung der Beschäftigung, die Gleichbehandlung und Rechtsstellung der Familienangehörigen regelt.[20]

**a) Tatbestand des Art. 39 EG**

*aa) Begriff des Arbeitnehmers*

Der Arbeitnehmerbegriff der Art. 39 ff. EG ist nach ständiger Rechtsprechung des EuGH gemeinschaftsrechtlich zu definieren und weit auszulegen. Erfasst ist jede Tätigkeit im Lohn- oder Gehaltsverhältnis i.s.v. Art. 1 EWG-VO Nr. 1612/68. Mithin ist *Arbeitnehmer* jede Person, die während einer *bestimmten Zeit* für einen anderen *nach dessen Weisung* Leistungen gegen *Entgelt* erbringt.[21] Darunter fallen nur *tatsächliche und echte Tätigkeiten*, wobei vom Umfang her völlig untergeordnete und unwesentliche Tätigkeiten außer Betracht bleiben.[22] Die in Rede stehenden Vorschriften des luxemburgischen Rechts betreffen im öffentlichen Sektor des Forschungs- und Bildungswesens Beschäftigte. Diese erbringen während einer bestimmten Zeit Ausbildungs- und Forschungsleistungen gegen Entgelt. Diese Leistungen erbringen sie auch nicht für sich selbst, sondern für ihren jeweiligen Arbeitgeber, an dessen dienstliche Weisung sie gebunden sind. Somit sind die in Luxemburg im öffentlichen Sektor des Forschungs- und Bildungswesens Beschäftigten grundsätzlich Arbeitnehmer i.S.v. Art. 39 EG.

*bb) Grenzüberschreitender Bezug*

In der vorliegenden Konstellation wird Staatsangehörigen anderer Mitgliedstaaten der Zugang zu einem bestimmten Beschäftigungsbereich in Luxemburg verwehrt. Darin liegt ein grenzüberschreitender Bezug.

*cc) Bereichsausnahme des Art. 39 Abs. 4 EG*

Art. 39 Abs. 4 EG eröffnet eine sog. Bereichsausnahme für die öffentliche Verwaltung. Danach findet Art. 39 EG keine Anwendung auf in der öffentlichen Verwaltung Beschäftigte. Die Mitgliedstaaten haben dadurch die Möglichkeit für den empfindlichen Bereich der staatlichen Verwaltung Staatsangehörigkeitserfordernisse aufzustellen, die nicht mit der in Art. 39 EG normierten Arbeitnehmer-

---

[20] Streinz R, Europarecht, 7. Aufl. 2005, Rn. 878.
[21] EuGH, Urt. v. 06.11.2003, Rs. C-413/01, Slg. 2003, I-13187 (Ziff. 24) [*Ninni-Orasche*].
[22] EuGH, Urt. v. 06.11.2003, Rs. C-413/01, Slg. 2003, I-13187 (Ziff. 26) [*Ninni-Orasche*].

freizügigkeit in Einklang stehen.[23] Fraglich ist, ob im öffentlichen Sektor des Forschungs- und Bildungswesens Beschäftigte unter diese Ausnahmeregelung fallen.

Luxemburg wendet diesbezüglich ein, der Inhalt des Begriffs der öffentlichen Verwaltung in Art. 39 Abs. 4 EG sei nach dem jeweiligen mitgliedstaatlichen Recht zu bestimmen. Dies würde jedoch dazu führen, dass das Eingreifen der Ausnahmevorschrift des Art. 39 Abs. 4 EG in das Belieben der Mitgliedstaaten gestellt würde. Diese könnten dann faktisch bestimmte Tätigkeiten aus dem Bereich der Arbeitnehmerfreizügigkeit ausnehmen. Außerdem ist eine gemeinschaftsrechtliche Definition vor dem Hintergrund der Wahrung der Einheitlichkeit des Gemeinschaftsrechts und des Grundsatzes des *effet utile* geboten.[24] Daher ist der Begriff der öffentlichen Verwaltung in Art. 39 Abs. 4 EG in Einklang mit der ständigen Rechtsprechung des EuGH[25] gemeinschaftsrechtlich zu bestimmen.[26]

Als Ausnahme zu der für die Erreichung der Ziele der Gemeinschaft wichtigen Arbeitnehmerfreizügigkeit ist der Begriff der öffentlichen Verwaltung eng auszulegen und auf das zu beschränken, was zur Wahrung der Interessen, die Art. 39 Abs. 4 EG den Mitgliedstaaten zu schützen erlaubt, unbedingt erforderlich ist.[27] Danach ist für die Einordnung eine funktionale Betrachtung entscheidend.[28] Es kommt also darauf an, ob die Tätigkeit die Ausübung hoheitlicher Befugnisse beinhaltet oder auf Wahrung der allgemeinen Belange des Staates oder anderer öffentlicher Körperschaften gerichtet ist.[29] Im Forschungs- und Bildungswesen geht es regelmäßig darum, neue Erkenntnisse zu gewinnen und eine Vielzahl von Leuten mit möglichst vielfältigem Wissen auszustatten. Zumindest im Forschungsbereich wird keinerlei hoheitliche Tätigkeit ausgeübt. Im Bereich des Bildungswesens hingegen werden Lehrer (bei der Notengebung) hoheitlich tätig; dies genügt jedoch nicht, um eine *typusprägende* Ausübung hoheitlicher Befugnisse zu bejahen. In beiden Bereichen geht es auch nicht um die Wahrung staatlicher Belange. Daher sind die – auch im öffentlichen Sektor – im Forschungs- und Bildungswe-

---

[23] Randelzhofer A/Forsthoff U, in: Grabitz E/Hilf M, Das Recht der Europäischen Union, Band I, Stand: 06/2005, Art. 39 EGV Rn. 213.

[24] Borchardt K-D, Die rechtlichen Grundlagen der Europäischen Union, 2. Aufl. 2002, Rn. 727; Koenig C/Haratsch A, Europarecht, 4. Aufl. 2003, Rn. 599.

[25] EuGH, Urt. v. 12.02.1974, Rs. 152/73, Slg. 1974, 153 (Ziff. 5) [*Sotgiu*]; EuGH, Urt. v. 02.07.1996, Rs. C-473/93, Slg. 1996, I-3207 (Ziff. 26) [*Kommission/Luxemburg*].

[26] Geiger R, EUV/EGV-Kommentar, 4. Aufl. 2004, Art. 39 EGV Rn. 47; Borchardt K-D, Die rechtlichen Grundlagen der Europäischen Union, 2. Aufl. 2002, Rn. 727; Randelzhofer A/Forsthoff U, in: Grabitz E/Hilf M, Das Recht der Europäischen Union, Band I, Stand: 06/2005, Art. 39 EGV Rn. 216.

[27] EuGH, Urt. v. 03.07.1986, Rs. 66/85, Slg. 1986, 2121 (Ziff. 23) [*Lawrie-Blum*]; Randelzhofer A/Forsthoff U, in: Grabitz E/Hilf M, Das Recht der Europäischen Union, Band I, Stand: 06/2005, Art. 39 EGV Rn. 216.

[28] Randelzhofer A/Forsthoff U, in: Grabitz E/Hilf M, Das Recht der Europäischen Union, Band I, Stand: 06/2005, Art. 39 EGV Rn. 216; Borchardt K-D, Die rechtlichen Grundlagen der Europäischen Union, 2. Aufl. 2002, Rn. 728.

[29] EuGH, Urt. v. 02.07.1996, Rs. C-473/93, Slg. 1996, I-3207 (Ziff. 27) [*Kommission/Luxemburg*]; Geiger R, EUV/EGV-Kommentar, 4. Aufl. 2004, Art. 39 EGV Rn. 47; Koenig C/Haratsch A, Europarecht, 4. Aufl. 2003, Rn. 598.

sen Beschäftigten nicht der öffentlichen Verwaltung i.S.d. Art. 39 Abs. 4 EG zuzuordnen. Die Bereichsausnahme greift im vorliegenden Fall also nicht ein. Die in Frage stehenden Tätigkeiten werden von Arbeitnehmern i.S.v. Art. 39 EG ausgeübt, so dass dieses Merkmal des Tatbestandes erfüllt ist.

*dd) Beschränkung der Freizügigkeit*

Art. 39 Abs. 2 EG beinhaltet ein Diskriminierungs[30]- und ein Beschränkungsverbot[31]. Hier wird für den Zugang zu bestimmten Tätigkeiten die luxemburgische Staatsangehörigkeit gefordert. Dies stellt eine unterschiedliche Behandlung aufgrund der Staatsangehörigkeit i.S.v. Art. 39 Abs. 2 EG in Form einer offenen Diskriminierung dar.

**b) Rechtfertigung**

Fraglich ist, ob diese Diskriminierung gerechtfertigt ist.

*aa) Geschriebene Rechtfertigungstatbestände*

Art. 39 Abs. 3 EG[32] lässt ausdrücklich eine Beschränkung der Arbeitnehmerfreizügigkeit aus Gründen der öffentlichen Ordnung, Sicherheit und Gesundheit zu. Ein solcher Rechtfertigungsgrund greift hier jedoch offensichtlich nicht ein.

> *Anm.:* Der Wortlaut des Art. 39 Abs. 3 EG spricht allgemein von „Beschränkungen". Dabei erfasst „Beschränkung" hier als Oberbegriff sowohl *diskriminierende* als auch *nicht diskriminierende* Maßnahmen, so dass in beiden Fällen eine Rechtfertigung aus den aufgezählten Gründen in Betracht kommt.[33]

---

[30] Randelzhofer A/Forsthoff U, in: Grabitz E/Hilf M, Das Recht der Europäischen Union, Band I, Stand: 06/2005, Art. 39 EGV Rn. 121; Frenz W, Europarecht, 2004, Rn. 1445.
[31] EuGH, Urt. v. 15.12.1995, Rs. C-415/93, Slg. 1995, I-4921 (Ziff. 96) [*Bosman*]; Koenig C/Haratsch A, Europarecht, 4. Aufl. 2003, Rn. 607.
[32] Nach richtiger, aber nicht unumstrittener Meinung ist dieser Tatbestand allgemein auf die Gewährleistungen des Art. 39 EG und nicht nur auf die Rechte des Art. 39 Abs. 3 EG anzuwenden – vgl. auch Randelzhofer A/Forsthoff U, in: Grabitz E/Hilf M, Das Recht der Europäischen Union, Band I, Stand: 06/2005, Art. 39 EGV Rn. 209.
[33] Koenig C/Haratsch A, Europarecht, 4. Aufl. 2003, Rn. 614.

*bb) Ungeschriebene Rechtfertigungsgründe*

(1) Anwendbarkeit

Neben den geschriebenen Rechtfertigungsgründen des Art. 39 EG hat der EuGH in der Entscheidung *Cassis de Dijon*[34] auch ungeschriebene Rechtfertigungsgründe anerkannt. Diese ursprünglich für den Bereich der Warenverkehrsfreiheit entwickelte Rechtsprechung ist auf den Bereich der Arbeitnehmerfreizügigkeit übertragbar,[35] so dass grundsätzlich auch zwingende Gründe des Allgemeinwohls zur Rechtfertigung herangezogen werden können. Dabei ist umstritten, ob dieser Rechtfertigungsgrund ausschließlich für unterschiedslose oder auch für unterschiedlich geltende Maßnahmen eingreift.[36]

Eine Auffassung will die Anwendbarkeit der *Cassis*-Rechtfertigung auf diskriminierende – also unterschiedlich geltende Maßnahmen – ausschließen, während eine zweite Ansicht der Meinung ist, die ungeschriebenen Rechtfertigungsgründe könnten auch zur Rechtfertigung (offen) diskriminierender Maßnahmen herangezogen werden.[37] Hier handelt es sich um eine offene Diskriminierung und somit um eine unterschiedliche Maßnahme. Nach der ersten Ansicht ist also die *Cassis*-Rechtfertigung in der vorliegenden Konstellation nicht anwendbar. Danach läge hier ein Gemeinschaftsrechtsverstoß vor. Nach der zweiten Ansicht müsste hier zunächst weiter geprüft werden, ob zwingende Gründe des Allgemeinwohls vorliegen, die das von Luxemburg aufgestellte Staatsangehörigkeitserfordernis rechtfertigen. An dieser Stelle ist eine Entscheidung für jede der beiden Seiten denkbar.[38] Hier soll zunächst der letztgenannten Auffassung gefolgt werden, so dass zu untersuchen ist, ob zwingende Gründe des Allgemeinwohls vorlagen.

(2) Zwingende Gründe des Allgemeinwohls

Als zwingender Grund des Allgemeinwohls kommt hier der Schutz der nationalen Identität in Frage.

(3) Verhältnismäßigkeit

Ein Ausschluss fremder Staatsangehöriger von der Beschäftigung im öffentlichen Sektor des Forschungs- und Bildungswesens mag zum Schutz der nationalen Identität noch geeignet sein. Allerdings wären auch simple Verhaltenskodizes, die der Bewahrung der nationalen Identität dienen, für in den betreffenden Bereichen Beschäftigte denkbar. Zudem müssen die Staatsangehörigen aller Mitgliedstaaten ebenso wie luxemburgische Staatsangehörige alle Einstellungsvoraussetzungen er-

---

[34] EuGH, Urt. v. 20.02.1979, Rs. 120/78, Slg. 1979, 649 (Ziff. 8) [*Cassis de Dijon*].
[35] Koenig C/Haratsch A, Europarecht, 4. Aufl. 2003, Rn. 612.
[36] Siehe dazu schon oben Fall 3 unter B. 1. Aufgabe II. 3. b), näheres zu dieser Problematik in Fall 2.
[37] Im Einzelnen wurde dieser Meinungsstreit in Fall 2 behandelt.
[38] Für Einzelheiten dazu vgl. Fall 2.

füllen (z.B. Anforderungen an Ausbildung und Sprachkenntnisse). Darüber hinaus ist ein Staatsangehörigkeitserfordernis für Stellen, die tatsächlich eine Teilnahme an der Ausübung hoheitlicher Befugnisse oder an der Wahrnehmung solcher Aufgaben mit sich bringen, die auf die Wahrung der allgemeinen Belange des Staates oder anderer öffentlicher Körperschaften gerichtet sind, über die Bereichsausnahme des Art. 39 Abs. 4 EG zulässig. Zum Schutz der nationalen Identität ist daher ein pauschaler Ausschluss der Staatsangehörigen anderer Mitgliedstaaten von sämtlichen Stellen im öffentlichen Sektor des Forschungs- und Bildungswesens nicht erforderlich. Den Anforderungen an die Verhältnismäßigkeit wird folglich nicht genügt, so dass eine Rechtfertigung nach den Grundsätzen der *Cassis de Dijon*-Rechtsprechung ausscheidet. Aus diesem Grund ist es im vorliegenden Fall auch denkbar, den Streit über die Anwendbarkeit der ungeschriebenen Rechtfertigungsgründe dahinstehen zu lassen.

*cc) Ergebnis*

Die Diskriminierung ist nicht gerechtfertigt.

**c) Ergebnis**

Das Erfordernis der luxemburgischen Staatsangehörigkeit für den Zugang zur Beschäftigung in den öffentlichen Bereichen des luxemburgischen Forschungs- und Bildungswesens ist nicht mit der Freizügigkeit der Arbeitnehmer zu vereinbaren. Das Großherzogtum Luxemburg verstößt dadurch gegen seine Verpflichtungen aus Art. 39 EG und Art. 1 EWG-VO Nr. 1612/68.[39] Die Klage der Kommission ist begründet.

---

[39] So i.E. auch EuGH, Urt. v. 02.07.1996, Rs. C-473/93, Slg. 1996, I-3207 (Ziff. 50) [*Kommission/Luxemburg*].

**Abwandlung:**

> Art. 12 EG normiert ein allgemeines Diskriminierungsverbot, das nur durchgreift, wenn keine speziellen Regelungen bestehen.[40]

Da der Unterricht an staatlichen Hochschulen keine entgeltliche Dienstleistung i.S.v. Art. 49 ff. EG darstellt und auch nicht in den Bereich einer anderen Spezialregelung fällt, ist die höhere Einschreibegebühr am allgemeinen Diskriminierungsverbot nach Art. 12 EG zu messen.

### I. Anwendbarkeit des Art. 12 EG

Die Anwendbarkeit von Art. 12 EG setzt voraus, dass die Berufsausbildung durch eine Hochschule in den allgemeinen Tätigkeitsbereich der Gemeinschaft fällt. Dieser ist eröffnet, wenn der EG-Vertrag einen Sachbereich zumindest punktuell regelt.[41] Hier stellen Art. 149, 150 EG gemeinschaftsrechtliche Normen dar, die die allgemeine und berufliche Bildung betreffen. Daher ist der allgemeine Tätigkeitsbereich der Gemeinschaft im vorliegenden Fall eröffnet, so dass gegen die Anwendbarkeit von Art. 12 EG keine Bedenken bestehen.

### II. Tatbestand des Art. 12 EG

Art. 12 Abs. 1 EG untersagt eine Ungleichbehandlung aus Gründen der Staatsangehörigkeit im Geltungsbereich des Vertrages. Hier wird von ausländischen Studenten eine höhere Einschreibegebühr verlangt als von Luxemburgern. Dies stellt eine Ungleichbehandlung dar, die direkt an die Staatsgehörigkeit anknüpft. Daher handelt es sich um eine offene Diskriminierung. In der vorliegenden Fallkonstellation ist der Tatbestand des Art. 12 EG erfüllt.

### III. Rechtfertigung

Ob eine offene Diskriminierung aufgrund der Staatsangehörigkeit, wie sie hier vorliegt, überhaupt gerechtfertigt werden kann, hängt davon ab, ob man Art. 12 EG als *absolutes* oder *relatives* Verbot versteht[42]. Der EuGH geht in seiner Rechtsprechung davon aus, dass Art. 12 EG ein *relatives* Diskriminierungsverbot beinhaltet, so dass er eine mögliche Rechtfertigung auch offener Diskriminierun-

---

[40] Koenig C/Haratsch A, Europarecht, 4. Aufl. 2003, Rn. 720; Frenz W, Europarecht, 2004, Rn. 2902.
[41] Koenig C/Haratsch A, Europarecht, 4. Aufl. 2003, Rn. 719.
[42] Zu dieser Problematik ausführlich Streinz R, in: Streinz R (Hrsg.), EUV/EGV-Kommentar, 2003, Art. 12 EGV Rn. 53 ff.

gen prüft.[43] Eine Rechtfertigung setzt dann voraus, dass ein *sachlicher Grund* für die Ungleichbehandlung besteht.[44] Luxemburg argumentiert, die Hochschulen würden durch luxemburgische Steuergelder finanziert. Diese Argumentation verkennt jedoch, dass die Steuerpflichtigkeit nicht automatisch aus der Staatsangehörigkeit folgt. Auch Luxemburg kassiert nicht nur von eigenen Staatsangehörigen Steuern. Umgekehrt müssten auch solche Luxemburger, die z.B. im Ausland leben und in Luxemburg keine Steuern bezahlen, keine erhöhten Einschreibegebühren entrichten. Folglich basiert die Diskriminierung nicht auf einem sachlichen Grund, eine Rechtfertigung greift nicht ein.

## IV. Ergebnis

Daher ist die betreffende Vorschrift gemeinschaftsrechtswidrig.

## Zusatzfrage:

Der EuGH kann nach Art. 228 EG im Rahmen des Verfahrens nach Art. 226 EG nur feststellende Urteile erlassen. Dies bedeutet, dass der Gerichtshof den vertragsbrüchigen Mitgliedstaat nicht zu einer Leistung verurteilen oder rechtsgestaltend tätig werden kann.[45] Im Fall der Nichtbefolgung des feststellenden Urteils besteht jedoch die Möglichkeit der Kommission, eine erneute Vertragsverletzungsklage zu erheben und beim EuGH die Festsetzung eines Zwangsgelds gem. Art. 228 Abs. 2 EG zu beantragen.

---

[43] EuGH, Urt. v. 20.03.1997, Rs. C-323/95, Slg. 1997, I-1711 (Ziff. 24 f.) [*Hayes/Kronenberg*]; EuGH, Urt. v. 02.10.1997, Rs. C-122/96, Slg. 1997, I-5325 (Ziff. 26 ff.) [*Saldanha*].
[44] Streinz R, in: Streinz R (Hrsg.), EUV/EGV-Kommentar, 2003, Art. 12 EGV Rn. 54.
[45] Geiger R, EUV/EGV-Kommentar, 4. Aufl. 2004, Art. 228 EGV Rn. 3.

## C. Anmerkungen

### I. Rechtsprechung

Der Fall geht zurück auf folgende Urteile des EuGH:

EuGH, Urt. v. 02.07.1996, Rs. C-473/93, Slg. 1996, I-3207 [*Kommission/Luxemburg*]

EuGH, Urt. v. 03.07.1986, Rs. 66/85, Slg. 1986, 2121 (Ziff. 23) [*Lawrie-Blum*]

### II. Literatur

Burgi, Martin, Freier Personenverkehr in Europa und nationale Verwaltung, in: JuS 1996, 958-962

# Fall 7: Der deutsche Avvocato

## A. Sachverhalt

Der deutsche Staatsangehörige G ist seit 1999 in Stuttgart als Rechtsanwalt zugelassen, betreibt dort allerdings keine Kanzlei, sondern ist lediglich als freier Mitarbeiter in einer Bürogemeinschaft tätig. Seit 2000 lebt er mit seiner Familie in Mailand, wo er bis 2002 in einer italienischen Anwaltssozietät gearbeitet hat. Seit 2002 betreibt er in Mailand seine eigene Kanzlei in Zusammenarbeit mit italienischen *„avvocati"* und *„procuratori"*. Seine Tätigkeit besteht im wesentlichen aus der außergerichtlichen Beratung und Vertretung deutsch-sprachiger Personen in Italien sowie aus der Vertretung italienischsprachiger Personen in Deutschland oder Österreich; die gerichtliche Vertretung italienischer Mandanten in Italien überlässt er seinen in Italien zugelassenen Anwaltskollegen. Nichtsdestotrotz firmiert er auf seinem Briefbogen sowie im Verkehr mit italienischen Behörden und Gerichten als *„avvocato"*.

Auf eine Beschwerde mehrerer anderer Mailänder Anwälte hin erlässt die Mailänder Rechtsanwaltskammer 2004 gegen G ein sechsmonatiges Berufsausübungsverbot, da G unter Verwendung der Bezeichnung *„avvocato"* eine dauernde Berufstätigkeit von seiner eigenen Kanzlei aus ausgeübt habe, ohne die hierfür erforderlichen italienischen Befähigungsnachweise zur Ausübung des Anwaltsberufs zu besitzen. Gegen diese Disziplinarmaßnahme legt G bei der nationalen Rechtsanwaltskammer Italiens (*Consiglio Nazionale Forense*) einen Rechtsbehelf ein, in dessen Rahmen er insbesondere geltend macht, die Richtlinie 98/5/EG verleihe ihm das Recht, seine anwaltliche Tätigkeit von seiner eigenen Kanzlei in Mailand aus auszuüben.

Die fragliche Richtlinie, die der Erleichterung der Niederlassung der Rechtsanwälte dienen soll, sieht unter anderem vor, dass der dienstleistende Rechtsanwalt die in der Sprache seines Herkunftsstaates gültige Berufsbezeichnung in dem Mitgliedstaat, in dem er sich niederlassen will, verwenden kann. Unter dieser ursprünglichen Berufsbezeichnung kann er sodann die gleichen beruflichen Tätigkeiten wie die Anwälte des Aufnahmestaates ausüben. Ansonsten hat der Rechtsanwalt die im Aufnahmestaat geltenden Regeln über die Ausübung des jeweils betroffenen Berufes und im Rahmen gerichtlicher Vertretung auch die Standesregeln des Aufnahmestaates einzuhalten.

Die Richtlinie ist in Italien durch Gesetz umgesetzt worden, das jedoch den im Herkunftsmitgliedstaat zugelassenen Staatsangehörigen der Mitgliedstaaten die Einrichtung einer Kanzlei im Hoheitsgebiet der Republik ausdrücklich verbietet.

Der *Consiglio Nazionale Forense* legt dem EuGH im Jahr 2005 im Wege der Vorabentscheidung die Frage vor, ob diese Vorschrift des italienischen Gesetzes mit der Richtlinie vereinbar ist und ob eine Tätigkeit wie die von G ausgeübte überhaupt in den Anwendungsbereich der Richtlinie fällt. Er ist der Meinung, G könne jedenfalls nicht unter die Vorschriften des EG-Vertrages über die Niederlassungsfreiheit fallen, da als „niedergelassen" nur angesehen werden könne, wer dem Berufsstand des jeweiligen Staates angehöre. Sollte G's Situation allerdings doch nach den Vorschriften über die Niederlassungsfreiheit zu beurteilen sein, bittet er um Auskunft über die rechtlichen Konsequenzen, die sich daraus für einen entsprechenden Kanzleibetrieb ergeben.

Wie wird der EuGH entscheiden?

# B. Lösung

## I. Zulässigkeit der Vorlage gem. Art. 234 EG

Das Vorabentscheidungsersuchen ist zulässig, wenn die Voraussetzungen des Art. 234 EG erfüllt sind.

### 1. Zuständigkeit des Gerichtshofs

Zunächst ist zu klären, welches Gericht zur Vorabentscheidung zuständig ist. Nach Art. 234 EG ist dies der Gerichtshof der Europäischen Gemeinschaften.

### 2. Vorlageberechtigung

Zur Vorlage an den Gerichtshof berechtigt ist nach Art. 234 Abs. 2 EG jedes mitgliedstaatliche Gericht. Ausgeschlossen sind demnach Vorlagen von Gerichten aus Drittstaaten, von Behörden und den am Ausgangsverfahren beteiligten Parteien[1].

Das Ersuchen stammt vorliegend von der italienischen Rechtsanwaltskammer, die nach herkömmlichem Verständnis kein Gericht darstellt. Allerdings ist der Begriff des „Gerichts" gemeinschaftsrechtlich zu definieren: hierunter fallen alle unabhängigen Organe, die in einem rechtsstaatlich geordneten Verfahren Rechtsstreitigkeiten unter Anwendung von Rechtsnormen – und nicht allein nach Billigkeit – mit rechtskräftiger Wirkung zu entscheiden haben[2].

Da das Verfahren vor der Anwaltskammer offensichtlich dem deutschen Anwalts"gerichts"verfahren entspricht, sind diese Voraussetzungen erfüllt. Folglich ist die italienische Rechtsanwaltskammer gemeinschaftsrechtlich als Gericht im Sinne des Art. 234 EG anzusehen.

### 3. Vorlagegegenstand

Nächste Voraussetzung für die Zulässigkeit des Vorabentscheidungsverfahrens ist die Statthaftigkeit des Vorlagegegenstands. Statthaft sind nach Art. 234 Abs. 1 EG Auslegungsfragen von primärem und sekundärem Gemeinschaftsrecht und Gültigkeitsfragen bezüglich der Handlungen der Gemeinschaftsorgane.

---

[1] Wegener B, in: Calliess C/Ruffert M (Hrsg.), EUV/EGV-Kommentar, 2. Aufl. 2002, Art. 234 EG Rn. 11.
[2] EuGH, Urt. v. 17.05.1994, Rs. C-18/93, Slg. 1994, I-1783 (Ziff. 12) [*Corsica Ferries*]; EuGH, Urt. v. 30.06.1966, Rs. 61/65, Slg. 1966, 584 (602) [*Vaassen-Göbbels*]; EuGH, Urt. v. 27.04.1994, Rs. C-393/92, Slg. 1994, I-1477 (Ziff. 21 f.) [*Almelo*].

> Kein zulässiger Vorlagegegenstand im Vorabentscheidungsverfahren sind Fragen zur Vereinbarkeit von *nationalem* Recht mit Gemeinschaftsrecht und zur Auslegung von *nationalem* Recht[3]. Gültigkeitsvorlagen betreffen insoweit *immer nur gemeinschaftsrechtliche* Vorschriften.

Hier geht es der Rechtsanwaltskammer zur Beurteilung der Rechtmäßigkeit des nationalen Gesetzes um die Interpretation der Art. 49 ff. EG bzw. der Art. 43 ff. EG in Verbindung mit der Richtlinie. Somit geht es um die „Auslegung dieses Vertrages" – also des EG-Vertrages –, so dass ein tauglicher Vorlagegegenstand gegeben ist.

## 4. Entscheidungserheblichkeit

Die dem EuGH zur Vorabentscheidung vorgelegte Frage muss entscheidungserheblich sein, d.h. die Entscheidung des nationalen Gerichts muss von der Antwort auf die Frage abhängen[4], Art. 234 Abs. 2 EG. Dies ist z.B. dann nicht mehr der Fall, wenn das Verfahren vor dem vorlegenden Gericht bereits abgeschlossen ist oder wenn es sich bloß um allgemeine oder hypothetische Fragen handelt[5].

Vorliegend ist die Entscheidungserheblichkeit aber gegeben, da der Rechtsstreit über die Disziplinarmaßnahme noch bei der italienischen Rechtsanwaltskammer anhängig ist und die Disziplinarmaßnahme je nach Auslegung des EG-Vertrages gegen Gemeinschaftsrecht verstößt oder nicht.

## 5. Fassung der Vorlagefrage

Die Frage muss korrekt als abstrakte Rechtsfrage formuliert sein.

> Weil Vorlagegegenstand nicht nationales Recht sein darf, darf nicht nach der Gemeinschaftsrechtswidrigkeit einer nationalen Vorschrift gefragt werden[6]. Die Vorlagefrage muss dann vielmehr so gestaltet sein, dass danach gefragt wird, ob das Gemeinschaftsrecht derart auszulegen ist, dass es eine nationale Vorschrift mit diesem Inhalt verbieten würde[7].

---

[3] EuGH, Urt. v. 30.11.1995, Rs. C-55/94, NJW 1996, 579 (Ziff. 19) [*Gebhard*]; Koenig C/ Haratsch A, Europarecht, 4. Aufl. 2003, Rn. 425.
[4] Koenig C/Haratsch A, Europarecht, 4. Aufl. 2003, Rn. 425.
[5] Streinz R, Europarecht, 7. Aufl. 2005, Rn. 635.
[6] Streinz R, Europarecht, 7. Aufl. 2005, Rn. 633; EuGH, Urt. v. 14.07.1994, Rs. C-438/92, Slg. 1994, I-3519 (Ziff. 10) [*Rustica Semences*].
[7] Vgl. EuGH, Urt. v. 14.07.1994, Rs. C-438/92, Slg. 1994, I-3519 (Ziff. 11) [*Rustica Semences*]; Wegener B, in: Calliess C/Ruffert M (Hrsg), EUV/EGV-Kommentar, 2. Aufl. 2002, Art. 234 EG Rn. 3.

Die korrekte Fragestellung kann hier unterstellt werden.

## 6. Ergebnis

Die Vorlage des *Consiglio Nazionale Forense* ist zulässig.

## II. Antwort auf die Vorlagefrage

Die Disziplinarmaßnahme, die dem G gegenüber verhängt wurde, könnte gegen die Niederlassungsfreiheit verstoßen.

## 1. Keine vorrangige gemeinschaftsrechtliche Regelung

> Verhältnis Sekundärrecht/Grundfreiheiten:
> Zu beachten ist, dass die primärrechtlichen Gewährleistungen der Grundfreiheiten alleine einen grenzenlosen Markt nicht zu gewährleisten vermögen; die fortbestehenden Hemmnisse können vielmehr nur durch eine aktive Politik von Seiten der Gemeinschaft beseitigt werden[8]. Folgerichtig sind gerade im Bereich der Niederlassungsfreiheit viele Bereiche sekundärrechtlich geregelt. Insbesondere Art. 47 Abs. 1 EG sieht etwa den Erlass von Richtlinien für die gegenseitige Anerkennung von Zertifikaten vor. Mitgliedstaatliche Maßnahmen sind daher, soweit Sekundärrecht existiert, an diesem und nicht (mehr) unmittelbar an der jeweiligen Grundfreiheit zu messen (Diese Rechtsfigur ist vergleichbar mit dem aus dem deutschen Recht bekannten „Anwendungsvorrang des einfachen Rechts"). Insofern ist hier nach den einzelnen Beanstandungen zu differenzieren.

An der Tätigkeit des G wird beanstandet, dass er überhaupt in Italien als Rechtsanwalt tätig ist, dass er dort eine eigene Kanzlei betreibt und dass er die Bezeichnung „*avvocato*" führt.

Aus Art. 4 der Richtlinie 98/5/EG, auf die sich G beruft, geht hervor, dass er die Berufsbezeichnung seines Heimatstaates führen darf; insofern durfte ihm die Führung des Titels „*avvocato*" versagt werden.

Was die Tatsache angeht, dass G überhaupt in Italien als Rechtsanwalt tätig ist, so ist zu beachten, dass die Ausübung der Rechtsberatung in den Mitgliedstaaten keine freie Tätigkeit darstellt, sondern unter der Bedingung einer erfolgreich absolvierten Ausbildung steht. Insofern kann die Berufsausübung des G in Italien von einer Befähigung abhängig gemacht werden. Allerdings dürfen nach der Rechtsprechung des Gerichtshofs die Mitgliedstaaten nicht die Kenntnisse und

---

[8] Streinz R, Europarecht, 7. Aufl. 2005, Rn. 905.

Qualifikationen außer Acht lassen, die bereits in einem anderen Mitgliedstaat erworben wurden[9]. Im einzelnen ist die Anerkennung von Diplomen und Abschlüssen sekundärrechtlich geregelt[10]. Wenn also G den entsprechenden Befähigungsnachweis erbringen kann, dann muss ihm die Berufsausübung auch in Italien gestattet werden.

> Unter dem Titel „*Anwalt*" darf G jedoch in Italien die gleichen beruflichen Tätigkeiten ausüben wie seine italienischen Anwaltskollegen, also insbesondere Rechtsberatung im Recht seines Herkunftsstaates, im Gemeinschaftsrecht, im internationalen Recht, aber auch im Recht des Aufnahmestaates erteilen. Diese Möglichkeit eröffnet ihm bereits Art. 5 der Richtlinie 98/5/EG.
> Will er darüber hinaus als Anwalt unter der Berufsbezeichnung des Aufnahmestaates agieren – sich „*avvocato*" nennen – dann muss er bestimmte, in Art. 10 der Richtlinie 98/5/EG näher beschriebene Voraussetzungen erfüllen und sich dann in die Anwaltschaft des Aufnahmestaates integrieren lassen.

Das Verbot der Eröffnung einer eigenen Kanzlei schließlich ist an der Niederlassungsfreiheit selbst zu messen.

## 2. Anwendbarkeit der Niederlassungsfreiheit

Ein möglicher Verstoß dieses Verbots eine eigene Kanzlei zu eröffnen gegen die Niederlassungsfreiheit setzt zunächst voraus, dass die Niederlassungsfreiheit überhaupt anwendbar ist. Zu denken ist daran, dass die vorliegende Situation auch in den Bereich der Dienstleistungsfreiheit fallen könnte.

### a) Verhältnis von Niederlassungs- und Dienstleistungsfreiheit im EG-Vertrag

Art. 49 Abs. 1 EG setzt voraus, dass der Dienstleistungserbringer und der Dienstleistungsempfänger in zwei verschiedenen Mitgliedstaaten ansässig sind. Art. 50 Abs. 1 EG schließt darüber hinaus entgeltliche Leistungen, die den Freizügigkeitsvorschriften unterliegen, aus dem Begriff der Dienstleistung aus. Folglich ist die Dienstleistungsfreiheit gegenüber der Niederlassungsfreiheit subsidiär[11].

---

[9] EuGH, Urt. v. 07.05.1991, Rs. C-340/89, NJW 1991, 2073 (Ziff. 19 ff.) [*Vlassopoulou*].
[10] Vgl. Richtlinie 89/48/EWG des Rates vom 21. Dezember 1988 über eine allgemeine Regelung zur Anerkennung der Hochschuldiplome, die eine mindestens dreijährige Berufsausbildung abschließen, veröffentlicht in: ABl. L 19 vom 24.01.1989, 16, zuletzt geändert durch die Richtlinie 2001/19/EG („SLIM"-Richtlinie).
[11] Lecheler H, Einführung in das Europarecht, 2. Aufl. 2003, 272; Müller-Graff P-C, in: Streinz R (Hrsg.), EUV/EGV-Kommentar, 2003, Art. 49 EGV Rn. 27.

Zur Abgrenzung beider Freiheiten gegeneinander ist also zunächst die Reichweite des Niederlassungsrechts bzw. der Dienstleistungsfreiheit zu analysieren.

*aa) Anwendungsbereich der Niederlassungsfreiheit*

Das Niederlassungsrecht gem. Art. 43 ff. EG umfasst die *Aufnahme und Ausübung selbständiger Erwerbstätigkeiten* jeder Art im Hoheitsgebiet jedes anderen Mitgliedstaates[12]. Neben der in Art. 52 Abs. 1 EG ausdrücklich geregelten sekundäre Niederlassungsfreiheit in Form der Errichtung von Agenturen, Zweigniederlassungen oder Tochtergesellschaften gehört zur Niederlassungsfreiheit auch die Einrichtung eines zweiten Berufsdomizils[13]. Voraussetzung ist *die stabile und kontinuierliche Teilnahme* am Wirtschaftsleben eines anderen Mitgliedstaates als dem der eigenen Herkunft[14].

*bb) Anwendungsbereich der Dienstleistungsfreiheit*

Im Gegensatz dazu bezieht sich die Dienstleistungsfreiheit nach Art. 49 ff. EG *auf die vorübergehende Ausübung entgeltlicher Tätigkeiten* in einem anderen Mitgliedstaat[15]. Allerdings schließt dies nicht die Möglichkeit für den Dienstleistungserbringer aus, sich im Aufnahmestaat mit der zur Leistungserbringung erforderlichen Infrastruktur auszustatten (einschließlich eines Büros, einer Praxis oder einer Kanzlei), vorausgesetzt, dies ist für die Erbringung der fraglichen Leistung erforderlich[16].

> Abgrenzungskriterien der Niederlassungsfreiheit (kontinuierliche Tätigkeit) gegenüber der Dienstleistungsfreiheit (vorübergehende Tätigkeit) sind daher neben der *Dauer der Leistung*, vor allem die *Häufigkeit der Tätigkeit*, die *regelmäßige Wiederkehr* oder ihre *Kontinuität*.[17]

*cc) Beurteilung der Situation des G*

G wendet sich von einem festen Berufsdomizil in Italien aus seit vielen Jahren dauerhaft und regelmäßig an einen dortigen Mandantenkreis. Aus der Anwendung

---

[12] Oppermann T, Europarecht, 3. Aufl. 2005, § 26 Rn. 17.
[13] EuGH, Urt. v. 12.07.1984, Rs. C-107/83, NJW 1985, 1275 (Ziff. 1, 19) [*Klopp*].
[14] Müller-Graff P-C, in: Streinz R (Hrsg.), EUV/EGV-Kommentar, 2003, Art. 43 EGV Rn. 16.
[15] Müller-Graff P-C, in: Streinz R (Hrsg.), EUV/EGV-Kommentar, 2003, Art. 49 EGV Rn. 27.
[16] EuGH, Urt. v. 21.03.2002, Rs. C-298/99, Slg. 2002, I-3129 (Ziff. 56) [*Kommission/Italien*]; EuGH, Urt. v. 30.11.1995, Rs. C-55/94, NJW 1996, 579 (Ziff. 19) [*Gebhard*].
[17] Hobe S, Europarecht, 2. Aufl. 2004, Rn. 295.

der Abgrenzungskriterien ergibt sich somit, dass es sich um eine kontinuierliche Tätigkeit handelt, die nach dem Recht der Niederlassungsfreiheit zu beurteilen ist.

**b) Zwischenstaatlicher Bezug, staatliche Maßnahme**

Die Disziplinarmaßnahme stellt eine mitgliedstaatliche Maßnahme dar. Der grenzüberschreitende Bezug ist ebenfalls gegeben, da G als Deutscher in Italien anwaltliche Tätigkeiten ausüben möchte.

**c) Zugehörigkeit zu einem bestimmten Berufsstand als Voraussetzung?**

Die Anwaltskammer macht allerdings geltend, G könne deshalb nicht als „niedergelassen" angesehen werden, weil er dem italienischen Anwaltsstand nicht angehöre; die Zugehörigkeit zu einem bestimmten Berufsstand sei also konstitutive Voraussetzung für die Ausübung des Niederlassungsrechts.

Dieses Vorbringen hat der Gerichtshof jedoch zu Recht zurückgewiesen: die Art. 43 ff. EG betreffen die tatsächliche Aufnahme und Ausübung von Tätigkeiten; die Zugehörigkeit zu einem Berufsstand kann vom nationalen Gesetzgeber allenfalls als Bedingung für diese Ausübung – aber nur unter Beachtung des Gemeinschaftsrechts verlangt werden[18].

Das Niederlassungsrecht ist also entgegen der Auffassung der Anwaltskammer tatbestandlich betroffen.

## 3. Verstoß gegen die Niederlassungsfreiheit

Art. 43 Abs. 2 EG legt fest, dass die Niederlassungsfreiheit nach den Bestimmungen des Niederlassungsstaates für seine eigenen Angehörigen ausgeübt werden kann. Das heißt:

– Unterliegt eine Erwerbstätigkeit im Aufnahmestaat keiner Regelung, so dass ein Angehöriger dieses Mitgliedstaates für ihre Ausübung keine besondere Qualifikation aufweisen muss, so haben auch alle anderen Unionsbürger das Recht, sich dort ohne weitere Voraussetzungen niederzulassen und die entsprechende Erwerbstätigkeit auszuüben[19].
– Der Aufnahmestaat kann jedoch die Ausübung bestimmter Tätigkeiten von der Beachtung spezifischer Vorschriften, z.B. über Organisation, Qualifikation, Standespflichten, Kontrolle und Haftung, abhängig machen[20]. In diesem Falle müssen auch die Angehörigen anderer Mitgliedstaaten, die diese Tätigkeiten ausüben wollen, die entsprechenden Bedingungen erfüllen[21].

---

[18] EuGH, Urt. v. 30.11.1995, Rs. C-55/94, NJW 1996, 579 (Ziff. 31) [*Gebhard*].
[19] EuGH, Urt. v. 30.11.1995, Rs. C-55/94, NJW 1996, 579 (Ziff. 34) [*Gebhard*].
[20] EuGH, Urt. v. 30.11.1995, Rs. C-55/94, NJW 1996, 579 (Ziff. 35) [*Gebhard*].
[21] EuGH, Urt. v. 30.11.1995, Rs. C-55/94, NJW 1996, 579 (Ziff. 36) [*Gebhard*].

Grundsätzlich verbietet Art. 43 EG jedoch jede Art von Diskriminierung aufgrund der Staatsangehörigkeit, egal ob sie offen oder verdeckt erfolgt.[22]

Das Verbot, eine eigene Kanzlei in Italien zu eröffnen, knüpft aber gerade unmittelbar an die Staatsangehörigkeit des G an und stellt somit eine offene Diskriminierung dar.

## 4. Rechtfertigung

Dieser Verstoß gegen die Niederlassungsfreiheit könnte aber möglicherweise gerechtfertigt sein.

### a) Geschriebene Rechtfertigungstatbestände

Die Niederlassungsfreiheit enthält in Art. 46 EG einen geschriebenen Schrankentatbestand. Allerdings sind die Schranken der öffentlichen Sicherheit, Ordnung oder Gesundheit vorliegend nicht einschlägig.

In Betracht kommt aber die Bereichsausnahme des Art. 45 Abs. 1 EG. Wegen der grundlegenden Bedeutung, die der Niederlassungsfreiheit im Rahmen des Vertrages zukommt, ist Art. 45 EG als Ausnahmebestimmung grundsätzlich eng auszulegen[23]. Art. 45 EG erfasst daher nicht *ganze* Berufe, sondern nur *bestimmte Tätigkeiten*, die eine unmittelbare und spezifische Teilnahme an der öffentlichen Gewalt beinhalten[24]. Die Tätigkeit eines Anwalts stellt hingegen keine unmittelbare und spezifische Teilnahme an der Ausübung öffentlicher Gewalt dar, wie der Gerichtshof ausdrücklich festgestellt hat.

> Der EuGH sagt dazu, dass "insbesondere die typischen Tätigkeiten des Anwaltsberufes wie Rechtsberatung und Rechtsbeistand nicht als eine derartige Teilnahme angesehen werden können, ebensowenig wie die Vertretung und die Verteidigung des Auftraggebers vor Gericht, selbst wenn die Einschaltung oder die Betreuung durch Gesetz zwingend vorgeschrieben oder ausschließlich einem Rechtsanwalt vorbehalten ist. Denn die Wahrnehmung dieser Aufgaben lässt die richterliche Beurteilung und die freie Ausübung der Rechtsprechungsbefugnis unberührt."[25]

---

[22] Müller-Graff P-C in: Streinz R (Hrsg.), EUV/EGV-Kommentar, 2003, Art. 43 EGV Rn. 43.
[23] EuGH, Urt. v. 21.06.1974, Rs. 2/74, Slg. 1974, 631 (Ziff. 42-43) [*Reyners*].
[24] Koenig C/Haratsch A, Europarecht, 4. Aufl. 2003, 233 Rn. 624.
[25] EuGH, Urt. v. 21.06.1974, Rs. 2/74, Slg. 1974, 631 (Ziff. 51 u. 53) [*Reyners*].

## b) Rechtfertigung nach *Cassis*-Grundsätzen

Die Frage, ob auch formale Diskriminierungen der Rechtfertigung nach *Cassis*-Grundsätzen zugänglich sind, ist im Schrifttum umstritten, da die Rechtsprechung des Gerichtshofs hier nicht sehr konsistent ist. Letztlich kann diese Frage hier jedoch dahinstehen[26], da keine zwingenden Gründe des Allgemeininteresses ersichtlich sind, auf die das Verbot der eigenen Kanzlei hier in verhältnismäßiger Weise gestützt werden könnte.

## c) Ergebnis

Das im italienischen Gesetz vorgesehene Verbot der eigenen Niederlassung kann nicht gerechtfertigt werden.

## 5. Ergebnis

Das Verbot der eigenen Niederlassung ist gemeinschaftsrechtswidrig.

Das Verbot der Führung des Titels „*avvocato*" sowie das Gebot des Nachweises eigener Befähigung als Voraussetzung der anwaltlichen Tätigkeit – diskriminierungsfrei gehandhabt und mit Blick auf die bereits erworbenen Kenntnisse – sind dagegen gemeinschaftsrechtlich nicht zu beanstanden.

---

[26] Siehe zu dem Problem ausführlich Fall 3.

# C. Anmerkungen

## I. Rechtsprechung

Der Fall geht zurück auf folgende Urteile des Gerichtshofs:

EuGH, Urt. v. 30.11.1995, Rs. C-55/94, Slg. 1995, I-4165 [*Gebhard*]

EuGH, Urt. v. 07.05.1991, Rs. C-340/89, Slg. 1991, I-2357 [*Vlassopoulou*].

## II. Vertiefungshinweise

### 1. Sekundärrecht im Bereich der anwaltlichen Tätigkeit

Dieser Fall ist dem 1995 vom Gerichtshof entschiedenen Fall „*Gebhard*" nachgebildet – mit dem Unterschied, dass das aktuell geltende Sekundärrecht einbezogen wurde.

**a. Die Richtlinien über die Ausübung des Rechtsanwaltsberufs**

In dem ursprünglich vom EuGH zu entscheidenden Fall lag dem Sachverhalt die Richtlinie 77/249/EWG des Rates vom 22. März 1977 zur Erleichterung der tatsächlichen Ausübung des freien Dienstleistungsverkehrs der Rechtsanwälte, die sog. Dienstleistungsrichtlinie, zugrunde.

Seit dieser Zeit ist die Harmonisierung durch die im Fall erwähnte Richtlinie 98/5/EG zur Freizügigkeit von Rechtsanwälten – auch Niederlassungsrichtlinie genannt – weiter vorangetrieben worden. Im Unterschied zur Richtlinie 77/249/EWG eröffnet die Niederlassungsrichtlinie den Anwälten zwei weitere Möglichkeiten einer Niederlassung im EG-Ausland: zum einen ist eine Tätigkeit als „registrierter Anwalt" unter der Berufsbezeichnung des Herkunftsstaates möglich (Art. 3 der Richtlinie), zum anderen kann man sich in die Anwaltschaft des Aufnahmestaates integrieren lassen, was dann zur Führung der dortigen Berufsbezeichnung berechtigt (Art. 10 der Richtlinie). Diese Vollintegration kann auf zwei unterschiedlichen Wegen geschehen: zum einen durch einen Anpassungslehrgang oder eine Eignungsprüfung nach der Hochschuldiplomrichtlinie 89/48/EWG (Art. 10 Abs. 2 der Richtlinie), zum anderen durch eine dreijährige Tätigkeit im Recht des Aufnahmestaates (Art. 10 Abs. 1 der Richtlinie).

**b. Die Richtlinien über die Anerkennung von Hochschuldiplomen**

Nicht auf die Anerkennung der Genehmigung zur Berufsausübung, sondern auf die Anerkennung der Berufsqualifikationen ausgerichtet ist die bereits 1988 erlassene Richtlinie 89/48/EWG – zuletzt geändert durch die Richtlinie 2001/19/EG („SLIM"-Richtlinie) – zur gegenseitigen Anerkennung von Hochschuldiplomen, nach der die in den Mitgliedstaaten ausgestellten Diplome grundsätzlich als gleichwertig anerkannt werden. Allerdings haben die Mitgliedstaaten die Möglichkeit, von den ausländischen Bewerbern einen Anpassungslehrgang oder eine Eignungsprüfung zu verlangen, wenn sich die Berufsausbildungen in den einzelnen Staaten stark voneinander unterscheiden – das ist im Fall der juristischen Ausbildung typischerweise gegeben, so dass insoweit die eben behandelten Richtlinien über die Ausübung des Rechtsanwaltsberufs als lex specialis anzusehen sind.

Um zu einer weiteren Vereinfachung der europäischen Regelungen für das Niederlassungsrecht und – in diesem Rahmen – die gegenseitige Anerkennung von beruflichen Qualifikationen für den Zugang zu und die Ausübung von reglementierten Berufen zu kommen, hat die Kommission der Europäischen Gemeinschaften am 07.03.2002 einen Vorschlag für eine Richtlinie über die Anerkennung von Berufsqualifikationen (KOM(2002)119 endgültig – 2002/0061 (COD)) vorgelegt, der nach einigen Änderungen vom Rat am 06.06.2005 gegen die Stimmen Deutschlands und Griechenlands angenommen worden ist. Mit dieser neuen Richtlinie sollen alle bisher verabschiedeten Richtlinien über die Anerkennung beruflicher Qualifikationen zusammengefasst werden, um das System klarer, einfacher, verständlicher und anwenderfreundlicher zu machen[27].

## 2. Anforderungen an nationale Beschränkungen der Niederlassungsfreiheit

Nationale Maßnahmen, die die Ausübung des Niederlassungsrechts behindern können, also insbesondere die vom nationalen Gesetzgeber festgesetzten Bedingungen für die Ausübung bestimmter Tätigkeiten, müssen nach ständiger Rechtsprechung des Gerichtshofs vier Voraussetzungen erfüllen:

– sie müssen in nichtdiskriminierender Weise angewandt werden;
– sie müssen aus zwingenden Gründen des Allgemeininteresses gerechtfertigt sein;
– sie müssen geeignet sein, die Verwirklichung des mit ihnen verfolgten Zieles zu gewährleisten;
– und sie dürfen nicht über das hinausgehen, was zur Erreichung dieses Zieles erforderlich ist.

Damit hat der Gerichtshof die *Cassis*-Formel auch auf die Niederlassungsfreiheit übertragen. Im Urteil *Gebhard* stellt der Gerichtshof sogar ausdrücklich fest, dass diese Voraussetzungen für alle Grundfreiheiten gleichermaßen gelten sollen. Diese Entwicklung wird häufig als „Konvergenz der Grundfreiheiten" bezeichnet: der

---

[27] Siehe hierzu Henssler M, Der Richtlinienvorschlag über die Anerkennung von Berufsqualifikationen, EuZW 2003, 229-233; Kluth W/Rieger F, Die neue EU-Berufsanerkennungsrichtlinie - Regelungsgehalt und Auswirkungen für Berufsangehörige und Berufsorganisationen, EuZW 2005, 486-492.

Gerichtshof sieht grundsätzlich alle Grundfreiheiten – wenn auch in unterschiedlichem Umfang – als Beschränkungsverbote an, wobei sich die *Keck*-Rechtsprechung dem Sinn nach auf die anderen Grundfreiheiten übertragen lässt, indem man die Grundfreiheiten nur für den besonders sensiblen Bereich des Wechsels von der einen Rechtsordnung in die andere als Beschränkungsverbote, im übrigen aber als Diskriminierungsverbote versteht. Im Zuge der tatbestandlichen Erweiterung musste auch die *Cassis*-Rechtsprechung auf die übrigen Grundfreiheiten übertragen werden.

## III. Lesehinweise

Ewig, Eugen, Verwirklichung der Niederlassungsfreiheit für Rechtsanwälte in der EU und im EWR, NJW 1999, 248-253

Görlitz, Niklas, Immer noch unterschätzt: Die gemeinschaftsrechtlichen Vlassopoulou-Grundsätze. Rechtsanwaltseignungsprüfung und primärrechtliche Diplomäquivalenzprüfpflichten, EWS 2002, 20-31

Hatje, Armin, Die Niederlassungsfreiheit im europäischen Binnenmarkt, Jura 2003, 160-167

Kilian, Matthias, Freizügigkeit der Anwälte in der EU, JA 2000, 429-436

Lach, Barbara, Die Möglichkeiten der Niederlassung europäischer Rechtsanwälte in Deutschland, NJW 2000, 1609-1614

# Fall 8: Die Briefkastengesellschaft

## A. Sachverhalt

Der Geschäftsmann B ist niederländischer Staatsangehöriger und seit 10 Jahren auch in Deutschland ansässig. Um seine Geschäfte voranzutreiben, kommt er auf die Idee eine „private limited company" (GmbH) nach britischem Recht, die *Inspire Art Ltd*, zu gründen und zahlt das nach den einschlägigen britischen Vorschriften erforderliche Grundkapital von 100 Pfund Sterling ein. In Deutschland und den Niederlanden hätte er dafür ein sehr viel höheres Grundkapital aufbringen müssen. Der einzige Gesellschafter der *Inspire Art Ltd* ist Herr B.

Unmittelbar nach Gründung der *Inspire Art Ltd* in Großbritannien beantragt er bei den zuständigen deutschen Behörden die Eintragung einer Zweigniederlassung der *Inspire Art Ltd* in Deutschland. Von dort aus will Herr B dann seine Geschäfte betreiben. Eine Geschäftätigkeit im Vereinigten Königreich hat er hingegen nicht vorgesehen.

Die zuständigen Behörden versagen ihm jedoch die Eintragung unter Hinweis auf die „Sitztheorie". Hiernach richtet sich die Rechtsfähigkeit einer Gesellschaft nach dem Recht an dem Ort, wo die Gesellschaft ihren tatsächlichen Verwaltungssitz hat. Da die *Inspire Art Ltd* aber in ihrem Gründungsstaat überhaupt keine Geschäftätigkeit entfaltet hat, argumentieren die deutschen Behörden, der Gründungsstaat sei nur zur Umgehung der nationalen Vorschriften gewählt worden. Die nach deutschem Recht erforderliche Stammeinlage von 25.000 € fehle jedoch, so dass keine Eintragung möglich sei. Die gesamte von B gewählte Konstruktion ziele lediglich auf eine Umgehung der nationalen Vorschriften über die Gründung von Gesellschaften ab, insbesondere jener Regelung, die für Gesellschaften mit beschränkter Haftung ein Mindestgrundkapital fordere. Diese Regelung sei jedoch erforderlich, um potentielle Gläubiger einer Gesellschaft vor Bankrotteuren zu schützen.

Herr B bringt dagegen vor, diese Ablehnung verletze seine Niederlassungsfreiheit nach dem EG-Vertrag. Nach seiner Ansicht kommt es nicht darauf an, ob eine Gesellschaft tatsächlich am Ort ihrer Registrierung tätig werde; der formale Akt einer rechtmäßigen Gründung in einem Mitgliedstaat der Gemeinschaft reiche aus, um die Eintragung von Zweigniederlassungen in anderen EG-Mitgliedstaaten zu ermöglichen, selbst wenn die fragliche Zweigniederlassung in der Tat den Löwenanteil des Geschäfts der Gesellschaft betreibe.

Verstößt das Vorgehen der deutschen Behörden gegen die Niederlassungsfreiheit?

Abwandlung:
Inzwischen ist Herrn B die Lust, eine Zweigniederlassung in Deutschland zu gründen, vergangen, und er entschließt sich in sein Heimatland – die Niederlande – zurückzukehren, um dort sein Glück zu versuchen. Also beantragt er auch hier die Eintragung einer Zweigniederlassung.

Die niederländische Regierung hat aber mittlerweile ein Gesetz erlassen, das eine allgemeine Registrierungspflicht für ausländische Gesellschaften vorsieht und von ausländischen Gesellschaften, die keinerlei Geschäftstätigkeit in ihrem Gründungsstaat entfalten, verlangt, dass sie den Zusatz „formal ausländische Gesellschaft" führen. Damit möchte sie die Gläubiger davor warnen und darauf aufmerksam machen, dass es sich um eine ausländische Gesellschaft handelt, die nicht alle nationalen Standards erfüllen könnte. Außerdem müssen die besagten Gesellschaften über eine bestimmte Mindestkapitalisierung verfügen; andernfalls haften ihre Gesellschafter für die Erfüllung rechtsgeschäftlicher Verbindlichkeiten persönlich.

Als nun die *Inspire Art Ltd* ihre Zweigniederlassung in den Niederlanden eingetragen hat, verlangt die niederländische Handelskammer, dass die *Inspire Art Ltd* die Bezeichnung „formal ausländische Gesellschaft", wie es das Gesetz verlangt, führt.

Die *Inspire Art Ltd* ist empört und fragt sich, wann sie wohl endlich ungehindert ihre Geschäfte ausüben kann. Sie beruft sich dazu diesmal auf die Elfte Richtlinie 89/666/EWG von 1989 über die Offenlegung von Zweigniederlassungen. Diese Richtlinie gilt für Zweigniederlassungen von Gesellschaften eines anderen Mitgliedstaates.

In Artikel 2 der Richtlinie steht:
(1) Die Pflicht zur Offenlegung nach Artikel 1 erstreckt sich lediglich auf folgende Urkunden und Angaben:
a) die Anschrift der Zweigniederlassung;
b) die Tätigkeit der Zweigniederlassung;
c) das Register, bei dem die ... Akte für die Gesellschaft angelegt worden ist, und die Nummer der Eintragung in dieses Register;
d) die Firma und die Rechtsform der Gesellschaft sowie die Firma der Zweigniederlassung, sofern diese nicht mit der Firma der Gesellschaft übereinstimmt;
e) die Bestellung, das Ausscheiden und die Personalien derjenigen, die befugt sind, die Gesellschaft gerichtlich und außergerichtlich zu vertreten, ...
f) die Auflösung der Gesellschaft, die Bestellung, die Personalien und die Befugnisse der Liquidatoren ...
g) die Unterlagen der Rechnungslegung...
h) die Aufhebung der Zweigniederlassung.

(2) Der Mitgliedstaat der Zweigniederlassung kann vorschreiben, dass folgendes gemäß Artikel 1 offenzulegen ist:
a) eine Unterschrift der in Absatz 1 Buchstaben e) und f) des vorliegenden Artikels bezeichneten Personen;
b) der Errichtungsakt ...

c) eine Bescheinigung aus dem in Absatz 1 Buchstabe c) des vorliegenden Artikels genannten Register in bezug auf das Bestehen der Gesellschaft;
d) Angaben über die Sicherheiten, ...

Darf die Behörde dennoch die *Inspire Art Ltd* verpflichten, den Zusatz „formal ausländische Gesellschaft" zu führen? Und muss sich die *Inspire Art Ltd* an die Mindestkapitalanforderungen des niederländischen Gesetzes halten?

## B. Lösung

**Ausgangsfall:**

Die Verweigerung der Eintragung aufgrund der Anwendung der Sitztheorie durch die deutschen Behörden könnte gegen die Niederlassungsfreiheit gem. Art. 43 ff EG verstoßen.

### I. Anwendungsbereich der Niederlassungsfreiheit

Dazu müsste zunächst der Anwendungsbereich der Art. 43 ff EG eröffnet sein. Art. 43 Abs. 1 EG erfasst nur Niederlassungen, d.h. die Aufnahme und Ausübung selbständiger Erwerbstätigkeiten mittels einer festen Einrichtung auf unbestimmte Zeit[1].

> Der Begriff der „*Selbständigkeit*" grenzt die Niederlassungsfreiheit von der Arbeitnehmerfreizügigkeit ab.
>
> Das Merkmal „*auf unbestimmte Zeit*" ermöglicht es, die Niederlassungsfreiheit von der Dienstleistungsfreiheit zu trennen.

Nicht nur die Gründung einer Hauptniederlassung wird durch die Niederlassungsfreiheit geschützt. Die Ausübung der Niederlassungsfreiheit kann nach Art. 43 Abs. 1 S. 2 EG auch durch die Gründung einer Zweigniederlassung erfolgen.
Aus Art. 43 Abs. 2 i.V.m. Art. 48 EG folgt weiterhin, dass die Niederlassungsfreiheit neben natürlichen Personen auch juristischen Personen zusteht[2]. Das heißt: Gesellschaften haben das Recht, ihre Tätigkeit in einem anderen Mitgliedstaat auszuüben, wobei ihr satzungsmäßiger Sitz, ihre Hauptverwaltung oder ihre Hauptniederlassung, ebenso wie die Staatsangehörigkeit bei natürlichen Personen, dazu dient, ihre Zugehörigkeit zur Rechtsordnung eines Mitgliedstaats zu bestimmen[3].
Die *Inspire Art Ltd* möchte als juristische Person auf Dauer in Deutschland eine neue Zweigniederlassung einrichten, um von dort aus auf eigene Rechnung und eigenes Risiko unternehmerisch tätig zu werden. Die Voraussetzungen einer Niederlassung sind demnach erfüllt.

---

[1] EuGH, Urt. v. 25.07.1991, Rs. C-221/89, Slg.1991, I-3905 (Ziff. 20) [*Factortame*].
[2] Bröhmer J, in: Calliess C/Ruffert M (Hrsg.), EUV/EGV-Kommentar, 2. Aufl. 2002, Art. 43 EG Rn. 8; Frenz W, Europarecht, Rn. 1886.
[3] EuGH, Urt. v. 05.11.2002, Rs. C-208/00, NJW 2002, 361 (Ziff. 57) [*Überseering*].

Schließlich handelt es sich bei der *Inspire Art Ltd* um ein in Großbritannien gegründetes Unternehmen, welches sich in Deutschland niederlassen will. Ein grenzüberschreitender Bezug ist demnach gegeben.
Der Anwendungsbereich der Niederlassungsfreiheit ist somit eröffnet.

## II. Verstoß gegen die Niederlassungsfreiheit

Ob die Versagung der Eintragung und die Nichtanerkennung der Rechtsfähigkeit aufgrund der Anwendung der Sitztheorie gegen die Niederlassungsfreiheit verstoßen, hängt davon ab, in welchem Umfang Art. 43 EG die Niederlassungsfreiheit verbürgt.

> Eine Kapitalgesellschaft wird in Deutschland erst rechtsfähig mit der Eintragung ins Handelsregister, vgl. §§ 11, 13 GmbHG. Die Eintragung hängt wiederum davon ab, dass die Gesellschaft ordnungsgemäß errichtet wird, insbesondere ein Stammkapital von 25.000 € hat, § 5 GmbHG.
> Diese Vorschriften des GmbHG gelten grundsätzlich für alle deutschen Gesellschaften, aber unter Umständen auch für ausländische Gesellschaften. Denn nach der ständigen Rechtsprechung des BGH, der die herrschende Lehre in Deutschland folgt, beurteilt sich die Frage, ob eine Gesellschaft rechtsfähig ist, nach demjenigen Recht, das am Ort ihres tatsächlichen Verwaltungssitzes gilt (Sitztheorie)[4]. Dies gilt auch dann, wenn eine Gesellschaft in einem anderen Staat wirksam gegründet worden ist und anschließend ihren tatsächlichen Verwaltungssitz in die Bundesrepublik Deutschland verlegt.
> Im Gegensatz dazu bestimmt sich, bei Anwendung der Gründungstheorie, die Rechtsfähigkeit nach dem Recht des Staates, in dem die Gesellschaft gegründet worden ist, unabhängig davon, ob sie dort oder anderswo ihren tatsächlichen Verwaltungssitz hat[5].

## 1. Diskriminierungsverbot

Art. 43 Abs. 2 EG normiert den Grundsatz der Inländergleichbehandlung[6]. Das bedeutet, dass Staatsangehörige anderer Mitgliedstaaten bei der Aufnahme und Ausübung selbstständiger Erwerbstätigkeiten nach den Bestimmungen des Auf-

---

[4] Weller M-P, „Inspire Art": Weitgehende Freiheiten beim Einsatz ausländischer Briefkastengesellschaften, in: DStR 2003, 1800-1804, 1800.
[5] Göttsche M, Das Centros-Urteil des EuGH und seine Auswirkungen – Eine Bestandsaufnahme aus gesellschafts-, handels- und steuerrechtlicher Sicht –, in: DStR 1999, 1403-1408, 1403.
[6] Bröhmer J, in: Calliess C/Ruffert M (Hrsg.), EUV/EGV-Kommentar, 2. Aufl. 2002, Art. 43 EG Rn. 21; Frenz W, Europarecht, 2004, Rn. 2104.

nahmestaats für seine eigenen Angehörigen, also wie Inländer zu behandeln sind. Jegliche Arten von Diskriminierung, ob offen oder verdeckt, werden vom Tatbestand der Niederlassungsfreiheit erfasst[7].

Die Weigerung der deutschen Behörden, die *Inspire Art Ltd* in Deutschland einzutragen, knüpft daran an, dass die *Inspire Art Ltd* eine ausländische Gesellschaft ist. Insofern könnte eine Diskriminierung vorliegen. Allerdings gelten die Sitztheorie und die sich daraus ergebenden Rechtsregeln unterschiedslos für ausländische Gesellschaften, die ihren tatsächlichen Verwaltungssitz nach Deutschland verlegen, und für inländische Gesellschaften, die ihren tatsächlichen Verwaltungssitz aus Deutschland heraus verlegen. Eine formale Diskriminierung scheidet daher aus.

Auch faktisch werden die ausländischen Gesellschaften nicht stärker durch die Regelung betroffen, so dass eine verdeckte Diskriminierung ebenfalls abzulehnen ist.

## 2. Allgemeines Beschränkungsverbot

Über das Diskriminierungsverbot hinaus hat der EuGH parallel zu den anderen Grundfreiheiten auch bei der Niederlassungsfreiheit ein allgemeines Beschränkungsverbot entwickelt[8]. Dies ergibt sich nun auch aus dem Wortlaut des Art. 43 Abs. 1 EG[9]. Daher sind auch formal diskriminierungsfreie Regelungen, welche zwar nicht an die Staatsangehörigkeit anknüpfen, aber die Ausübung der Niederlassungsfreiheit in irgendeiner Weise faktisch verhindern oder weniger attraktiv machen, verboten[10]. Das gilt insbesondere für Maßnahmen, die den Zuzug im Sinne einer freien Standortwahl betreffen und erschweren[11].

Daher kommt hier ein Verstoß gegen das allgemeine Beschränkungsverbot in Betracht. Die Anwendung der Sitztheorie führt dazu, dass es Gesellschaften, die zwar nach dem Recht des Gründungsstaates rechtmäßig errichtet wurden, im Gründungsstaat aber keine geschäftliche Tätigkeit ausüben, mangels Rechtspersönlichkeit nicht möglich ist, in Deutschland eine Zweigniederlassung zu errichten. Der Marktzugang wird ausländischen Gesellschaften dadurch versperrt. Eine Beschränkung liegt folglich vor.

---

[7] Müller-Graff P-C in: Streinz R (Hrsg.), EUV/EGV-Kommentar, 2003, Art. 43 EGV Rn. 43; Schleper N, Auf dem Weg zu einer einheitlichen Dogmatik der Grundfreiheiten, in: Institut für Völkerrecht der Universität Göttingen, Abteilung Europarecht - Göttinger Online-Beiträge zum Europarecht, Nr. 16, 2004, 1-46, 11 f.

[8] EuGH, Urt. v. 12.07.1984, Rs. 107/83, NJW 1985, 1275 (Ziff. 18) [*Klopp*]; EuGH, Urt. v. 07.05.1991, Rs. C-340/89, NJW 1991, 2071 (Ziff. 15 f.) [*Vlassopoulou*]; EuGH, Urt. v. 30.11.1995, Rs C-55/94, NJW 1996, 579 (Ziff 37 ff.) [*Gebhard*].

[9] Bröhmer J, in: Calliess C/Ruffert M (Hrsg.), EUV/EGV-Kommentar, 2. Aufl. 2002, Art. 43 EG Rn. 28.

[10] Müller-Graff P-C in: Streinz R (Hrsg.), EUV/EGV-Kommentar, 2003, Art. 43 EGV Rn. 39.

[11] Streinz R, Europarecht, 7. Aufl. 2005, Rn. 805.

Durch die Anwendung der Sitztheorie und die damit verbundene Weigerung, die *Inspire Art Ltd* einzutragen, haben die deutschen Behörden gegen die Niederlassungsfreiheit verstoßen.

## III. Rechtfertigung

Dieser Verstoß gegen die Niederlassungsfreiheit könnte aber gerechtfertigt sein.

### 1. Umgehung des nationalen Rechts

Nach der Rechtsprechung des EuGH ist ein Mitgliedstaat berechtigt, Maßnahmen zu treffen, die verhindern sollen, dass sich einige seiner Staatsangehörigen nur auf die durch den EG-Vertrag geschaffenen Möglichkeiten berufen, um sich dem nationalen Recht zu entziehen[12]. Denn die missbräuchliche oder betrügerische Berufung auf Gemeinschaftsrecht ist nicht gestattet[13]. Voraussetzung für nationale Missbrauchsverhinderungsvorschriften ist aber, dass sie auf die Besonderheiten des jeweiligen konkreten Sachverhalts abstellen und nicht kategorisch und verallgemeinernd einen (typisierten) Sachverhalt dem Missbrauchsverdikt unterstellen[14]. Dementsprechend können die nationalen Gerichte unter solchen Umständen im Einzelfall das missbräuchliche oder betrügerische Verhalten der Betroffenen anhand objektiver Kriterien in Rechnung stellen, um ihnen gegebenenfalls die Berufung auf das einschlägige Gemeinschaftsrecht zu verwehren; sie haben jedoch bei der Würdigung eines solchen Verhaltens die Ziele der fraglichen Bestimmungen zu beachten[15].

Im Ausgangsfall wollte B bei der Gründung der *Inspire Art Ltd* in England nur die günstigeren Vorschriften des englischen Gesellschaftsrechts ausnutzen und dann eine Zweigniederlassung in Deutschland eintragen lassen, um von dort aus seine Geschäfte zu betreiben. Dieses Verhalten diente in erster Linie dazu, sich den strengeren nationalen Vorschriften des deutschen Gesellschaftsrechts zu entziehen. Insofern könnte das Verhalten der *Inspire Art Ltd* rechtsmissbräuchlich sein.

Ziel der im EG-Vertrag garantierten Niederlassungsfreiheit und ein wesentliches Merkmal des Binnenmarktes ist es jedoch, den nach dem Recht eines Mitgliedstaats errichteten Gesellschaften die Möglichkeit zu bieten, z.B. mittels einer Zweigniederlassung in anderen Mitgliedstaaten tätig zu werden (Art. 43, 48 EG).

---

[12] EuGH, Urt. v. 03.12.1974, Rs. 33/74, NJW 1975, 1095 [*von Binsbergen*]; EuGH, Urt. v. 03.10.1990, Rs. C-61/90, EuZW 1990, 577 (Ziff. 14) [*Bouchoucha*]; EuGH, Urt. v. 03.02.1993, Rs. C-148/91, NJW 1993, 875 (Ziff. 12) [*Veronica Omroep Organisatie*].
[13] EuGH, Urt. v. 09.03.1999, C-212/97, NJW 1999, 2027 (Ziff. 24) [*Centros*].
[14] Rättig H/Protzen D, Zur Europarechtswidrigkeit der §§ 7 -14 AStG und zu den Folgen für die internationale Steuerplanung, in: IStR 2003, 195-202, 197.
[15] EuGH, Urt. v. 09.03.1999, C-212/97, NJW 1999, 2027 (Ziff. 25) [*Centros*].

Damit kann allein die Tatsache, dass man eine Gesellschaft in einem anderen Mitgliedstaat gründet, um die dort bestehenden, günstigeren Gründungsvoraussetzungen auszunutzen, keinen Missbrauch der Niederlassungsfreiheit darstellen[16]. Dies ist vielmehr gerade ein Recht, das sich aus der vom EG-Vertrag gewährleisteten Niederlassungsfreiheit ergibt.

Folglich begründet auch allein die fehlende Geschäftstätigkeit in dem Mitgliedstaat, in dem die Gesellschaft ihren Sitz hat, und die Tatsache, dass sie ihre Tätigkeit ausschließlich im Mitgliedstaat ihrer Zweigniederlassung ausübt, noch kein missbräuchliches und betrügerisches Verhalten. Ein Missbrauch der Niederlassungsfreiheit kann vielmehr nur angenommen werden, wenn weitere konkrete Anhaltspunkte dafür vorliegen. Solche sind im Fall der *Inspire Art Ltd* aber gerade nicht ersichtlich.

> Mittlerweile ist es ständige Rechtsprechung des EuGH, dass der Umstand, dass eine Gesellschaft in dem Mitgliedstaat, in dem sie ihren Sitz hat, keine Tätigkeit entfaltet und ihre Tätigkeit ausschließlich oder hauptsächlich im Mitgliedstaat ihrer Zweigniederlassung ausübt, noch kein missbräuchliches oder betrügerisches Verhalten darstellt[17]. Auch Scheinauslandsgesellschaften können sich daher auf die Niederlassungsfreiheit berufen.

Somit kann der *Inspire Art Ltd* die Berufung auf die Niederlassungsfreiheit nicht wegen rechtsmissbräuchlichen Verhaltens versagt werden.

## 2. Art. 46 EG

Die Niederlassungsfreiheit enthält in Art. 46 EG einen geschriebenen Schrankentatbestand. Allerdings sind die Schranken der öffentlichen Sicherheit, Ordnung oder Gesundheit vorliegend nicht einschlägig.

## 3. Der Gemeinwohlvorbehalt („zwingende Gründe des Allgemeininteresses")

Als weiterer Rechtfertigungsgrund kommt der im EG-Vertrag nicht ausdrücklich verankerte Gemeinwohlvorbehalt in Betracht. Er gilt für diskriminierungsfreie Beschränkungen der Niederlassungsfreiheit und unterliegt seinerseits dem Verhältnismäßigkeitsprinzip.

---

[16] EuGH, Urt. v. 09.03.1999, C-212/97, NJW 1999, 2027 (Ziff. 27) [*Centros*]; Geyrhalter V/Gänßler P, "Inspire Art" – Briefkastengesellschaften "on the Move", in: DStR 2003, 2167-2172, 2169.

[17] EuGH, Urt. v. 10.07.1986, Rs. 79/85, NJW 1987, 571 (Ziff. 16) [*Segers*]; EuGH, Urt. v. 09.03.1999, Rs. C-212/97, NJW 1999, 2027 (Ziff. 29) [*Centros*].

Demnach müssen nationale Maßnahmen, welche die Ausübung des Niederlassungsrechts behindern können, nach ständiger Rechtsprechung des Gerichtshofs vier Voraussetzungen erfüllen:

- sie müssen in nicht diskriminierender Weise angewandt werden, d.h. im Hoheitsgebiet tätige in- und ausländische Unternehmen gleichermaßen erfassen;
- sie müssen aus zwingenden Gründen des Allgemeininteresses gerechtfertigt sein;
- sie müssen geeignet sein, die Verwirklichung des mit ihnen verfolgten Zieles zu gewährleisten;
- und sie dürfen nicht über das hinausgehen, was zur Erreichung dieses Zieles erforderlich ist.[18]

> Damit hat der Gerichtshof die „*Cassis*–Formel"[19] auch auf die Niederlassungsfreiheit übertragen. Im Urteil „*Gebhard*" stellt der Gerichtshof sogar ausdrücklich fest, dass diese Voraussetzungen für alle Grundfreiheiten gleichermaßen gelten sollen[20].

Diesen Anforderungen müsste die Sitztheorie standhalten.

**a) Keine Diskriminierung**

Dass die Sitztheorie hier in nicht diskriminierender Weise angewandt wird, ist wie oben gezeigt der Fall.

**b) Zwingende Gründe des Allgemeininteresses**

Ein Hauptziel, das mit der Sitztheorie verfolgt wird, ist der Gläubigerschutz gegenüber Scheinauslandsgesellschaften, die im Gründungsstaat keine Geschäftstätigkeit entfalten und diesen Gründungsstaat meist nur gewählt haben, um in den Genuss vorteilhafter Rechtsvorschriften bei der Errichtung einer Gesellschaft kommen zu können. Dieser Gläubigerschutz kann durchaus als zwingender Grund des Allgemeininteresses angesehen werden.

---

[18] EuGH, Urt. v. 31.03.1993, Rs. C-19/92; Slg. 1993, I-1663 (Ziff. 32) [*Kraus*]; EuGH, Urt. v. 30.11.1995, Rs. C-55/94, NJW 1996, 579 (Ziff. 37) [*Gebhard*]; Kindler P, Niederlassungsfreiheit für Scheinauslandsgesellschaften? – Die „Centros"-Entscheidung des EuGH und das internationale Privatrecht, in: NJW 1999, 1993-2000, 1996.
[19] EuGH, Urt. v. 20.02.1978, Rs. 120/78, Slg. 1979, 649 (Ziff. 8) [*Cassis de Dijon*].
[20] EuGH, Urt. v. 30.11.1995, Rs. C-55/94, NJW 1996, 579 (Ziff. 37) [*Gebhard*].

### c) Geeignetheit und Erforderlichkeit der Vorschriften

Die Regelung der Sitztheorie müsste aber auch geeignet sein, diese Ziele zu erreichen. Daran bestehen vorliegend erhebliche Zweifel. Hätte die *Inspire Art Ltd* nämlich im Vereinigten Königreich ihre Geschäfte betrieben, dann wäre die Eintragung vorgenommen worden, obwohl die deutschen Gläubiger in diesem Fall genauso z.B. wegen des geringen Mindestkapitals gefährdet gewesen wären.

Hinzu kommt, dass die Gesellschaft als Gesellschaft englischen Rechts und nicht als Gesellschaft deutschen Rechts auftritt. Den Gläubigern der *Inspire Art Ltd* muss daher bekannt sein, dass sie nicht dem deutschen Haftungsrecht unterliegt.

Außerdem könnten durchaus mildere Maßnahmen getroffen werden, die die Niederlassungsfreiheit weniger beeinträchtigen würden. So könnten etwa die öffentlichen Gläubiger rechtlich die Möglichkeit erhalten, sich die erforderlichen Sicherheiten einräumen zu lassen[21].

> Laut EuGH kann ein Mitgliedstaat zwar die Eintragung der Zweigniederlassung nicht verweigern, jedoch alle geeigneten Maßnahmen treffen, um Betrügereien zu verhindern oder zu verfolgen. Das gilt sowohl gegenüber der Gesellschaft selbst als auch gegenüber ihren Gesellschaftern, wenn diese sich mittels der Errichtung der Gesellschaft ihren Verpflichtungen gegenüber inländischen privaten oder öffentlichen Gläubigern entziehen möchten[22].

Mangels Eignung und Erforderlichkeit kann die Verweigerung der Eintragung hier also nicht gerechtfertigt werden.

### IV. Ergebnis

Die Sitztheorie verstößt gegen die Niederlassungsfreiheit und darf nicht angewandt werden. Die deutschen Behörden haben die Zweigniederlassung der *Inspire Art Ltd* einzutragen.

---

[21] EuGH, Urt. v. 09.03.1999, Rs. C-212/97, NJW 1999, 2027 (Ziff. 37) [*Centros*].
[22] EuGH, Urt. v. 09.03.1999, Rs. C-212/97, NJW 1999, 2027 (Ziff. 38) [*Centros*].

## Abwandlung:

Die niederländische Handelskammer darf die *Inspire Art Ltd* nur verpflichten, den Zusatz „formal ausländische Gesellschaft" zu führen, wenn dies nicht gegen Gemeinschaftsrecht verstößt.

Vorliegend könnte das niederländische Gesetz, welches diesen Zusatz vorschreibt, aber gegen die Niederlassungsfreiheit verstoßen.

### I. Keine vorrangige gemeinschaftsrechtliche Regelung

Die Regelungen des EG-Vertrages über die Niederlassungsfreiheit sind allerdings nur anwendbar, wenn keine in der Anwendung vorrangige Regelung des Sekundärrechts besteht[23].

### 1. Der Zusatz „formal ausländische Gesellschaft"

Hier könnte die Elfte Richtlinie 89/666/EWG von 1989 über die Offenlegung von Zweigniederlassungen als vorrangige gemeinschaftsrechtliche Regelung in Betracht kommen. Nach dieser Richtlinie müssen bestimmte Gesellschaften aus anderen Mitgliedstaaten im Falle der Errichtung einer Zweigniederlassung in einem anderen Mitgliedstaat bestimmte Angaben und Unterlagen, wie Anschrift, Tätigkeitsbereich, Registernummer etc. offen legen[24]. Die Angabe, dass es sich um eine „formal ausländische Gesellschaft" handelt, ist in der Elften Richtlinie hingegen nicht vorgesehen.

Das könnte zum einen bedeuten, dass die Richtlinie hier gar nicht einschlägig und der Zusatz an der Niederlassungsfreiheit selbst zu messen ist. Zum anderen ist aber auch denkbar, dass die Richtlinie abschließend die möglichen Offenlegungspflichten festlegt. Wenn das so ist, dann sind alle Offenlegungspflichten, die nicht in der Richtlinie vorgesehen sind, unzulässig und verstoßen gegen Gemeinschaftsrecht[25].

Zu prüfen ist daher, ob die Elfte Richtlinie abschließend ist.

Für eine abschließende Regelung der Offenlegungspflichten spricht insbesondere der Wortlaut des Art. 2 der Elften Richtlinie. Danach sind „lediglich folgende Angaben und Urkunden" offen zu legen. Darüber hinaus enthält Absatz 2 dieses Artikels eine Aufzählung von möglichen Offenlegungsmaßnahmen für Zweigniederlassungen, was nur dann einen Sinn ergibt, wenn die Mitgliedstaaten keine anderen Offenlegungsmaßnahmen für Zweigniederlassungen als die in der Elften Richtlinie genannten vorsehen können.

---

[23] Ausführlicher zum Verhältnis von Sekundärrecht/Grundfreiheiten Fall Nr. 7.
[24] Siehe Art. 1-6 der Elften Richtlinie. Für Zweigniederlassungen aus Drittstaaten gelten besondere Bestimmungen, vgl. Art. 7 ff. der Elften Richtlinie.
[25] Leible S/Hoffmann J, Wie inspiriert ist „Inspire Art"?, in: EuZW 2003, 677-683, 678.

Grund für den Erlass der Elften Richtlinie war die Tatsache, dass die Unterschiede, die in den nationalen Rechtsvorschriften für Zweigniederlassungen insbesondere im Bereich der Offenlegung bestanden, die Ausübung der Niederlassungsfreiheit stören konnten und deshalb zu beseitigen waren[26]. Diesen Zweck kann die Elfte Richtlinie aber nur erreichen, wenn sie abschließend ist. Andernfalls erlassen die Mitgliedstaaten nach wie vor über die Richtlinie hinausgehende Offenlegungspflichten, die wiederum zu starken Unterschieden in den einzelnen Staaten führen können und die Niederlassungsfreiheit beeinträchtigen; dadurch wäre nichts gewonnen.

Demnach regelt die Elfte Richtlinie die Offenlegungspflichten der erfassten Gesellschaften abschließend. Werden Gesellschaften daher bei der Gründung von Zweigniederlassungen weitergehenden Offenlegungspflichten als in der Elften Richtlinie vorgesehen unterworfen, sind diese unzulässig[27].

Für diesen Fall bedeutet das, dass der Zusatz „formal ausländische Gesellschaft", der eine Offenlegungspflicht darstellt, die nicht in der Elften Richtlinie genannt ist, gegen diese Richtlinie und somit gegen Gemeinschaftsrecht verstößt.

### 2. Die Mindestkapitalisierung

Für die im niederländischen Gesetz enthaltenen Bestimmungen bezüglich des Mindestkapitalerfordernisses und der Haftung der Gesellschafter existiert mangels einer Harmonisierungsmaßnahme kein sekundäres Gemeinschaftsrecht[28]. Demnach sind diese Bestimmungen allein am Primärrecht, d.h. an den Art. 43 ff. EG zu messen.

## II. Anwendungsbereich der Niederlassungsfreiheit

Dadurch, dass die nach englischem Recht gegründete *Inspire Art Ltd* in den Niederlanden eine Zweigniederlassung errichten will, ist der Anwendungsbereich der Niederlassungsfreiheit eröffnet.

## III. Verstoß gegen Art. 43 EG

Das niederländische Gesetz führt dazu, dass eine Zweigniederlassung einer Gesellschaft, die in einem anderen Mitgliedstaat gegründet wurde, dazu verpflichtet ist, die Vorschriften des Niederlassungsstaats über das Stammkapital und die Haf-

---

[26] EuGH, Urt. v. 30.09.2003, Rs. C-167/01, NJW 2003, 3331 (Ziff. 68) [*Inspire Art*].
[27] Zimmer D, Nach „Inspire Art": grenzenlose Gestaltungsfreiheit für deutsche Unternehmen?, in: NJW 2003, 3585-3592, 3586.
[28] Zimmer D, Nach „Inspire Art": grenzenlose Gestaltungsfreiheit für deutsche Unternehmen?, in: NJW 2003, 3585-3592, 3586.

tung der Geschäftsführer zu beachten. Dadurch wird die Ausübung der Niederlassungsfreiheit beschränkt.
Ein Verstoß gegen die Niederlassungsfreiheit ist gegeben.

> Anders als im ersten Fall wird zwar von den Behörden hier nicht die Eintragung der Zweigniederlassung einer „Scheinauslandsgesellschaft" aus Gründen des Gläubigerschutzes generell abgelehnt, sondern die Zweigniederlassung an sich anerkannt und „nur" eine Mindestkapitalisierung verlangt. Die bloße Anerkennung einer Zweigniederlassung ändert jedoch nichts daran, dass das Gesellschaftsstatut dieser „Scheinauslandsgesellschaft" damit durch zwingende niederländische Vorschriften über die Mindestkapitalisierung überlagert wird[29].
>
> Aber schon die „*Überseering*"-Entscheidung des EuGH[30] hat deutlich gemacht, dass eine Gesellschaft so anzuerkennen ist, wie sie ist, d.h. einschließlich ihr nach dem Gründungsrecht gewährten Haftungsprivilegien etc. Jede Durchbrechung des Gesellschaftsstatuts, und sei es auch „nur" durch Sonderanknüpfungen, beschränkt die Gesellschaft in der Ausübung ihrer Niederlassungsfreiheit und bedarf der Rechtfertigung[31].

## IV. Rechtfertigung

Dieser Verstoß könnte jedoch aufgrund des Gemeinwohlvorbehalts gerechtfertigt sein, wenn die Regelung in nicht diskriminierender Weise angewandt wird, ein zwingender Grund des Allgemeininteresses vorliegt und die Regelung diesbezüglich geeignet und erforderlich ist.

Als zwingender Grund für die Mindestkapitalisierung bringen die niederländischen Behörden wiederum den Gläubigerschutz vor.

Doch auch in diesem Fall hat der EuGH entschieden, dass die Mindestkapitalisierung nicht erforderlich ist, um den Gläubigerschutz zu gewährleisten, da die *Inspire Art Ltd* als Gesellschaft englischen Rechts und nicht als niederländische Gesellschaft auftritt, so dass ihre potentiellen Gläubiger hinreichend darüber unterrichtet sind, dass sie anderen Rechtsvorschriften als denen unterliegt, die in den Niederlanden gelten[32].

> Der EuGH bestätigt und akzentuiert damit seine bereits in „*Centros*" getroffenen Aussagen.

---

[29] Leible S/Hoffmann J, Wie inspiriert ist „Inspire Art"?, in: EuZW 2003, 677-683, 681.
[30] EuGH, Urt. v. 05.11.2002, Rs. C-208/00, NJW 2002, 3614 [*Überseering*].
[31] Leible S/Hoffmann J, Wie inspiriert ist „Inspire Art"?, in: EuZW 2003, 677-683, 681.
[32] EuGH, Urt. v. 30.09.2003, Rs. C-167/01, NJW 2003, 3331 (Ziff. 135) [*Inspire Art*].

Eine Rechtfertigung der Beschränkung der Niederlassungsfreiheit, die in dem niederländischen Gesetz liegt, scheidet somit aus.

## V. Ergebnis

Die niederländischen Behörden können die *Inspire Art Ltd* nicht verpflichten, den Zusatz „formal ausländische Gesellschaft" zu führen. Außerdem muss sich die *Inspire Art Ltd* nicht an die vorgeschriebene Mindestkapitalisierung halten.

# C. Anmerkungen

## I. Rechtsprechung

Der Fall geht zurück auf folgende Urteile des EuGH:

EuGH, Urt. v. 09.03.1999, Rs. C-212/97, NJW 1999, 2027 [*Centros*]

EuGH, Urt. v. 05.11.2002, Rs. C-208/00, NJW 2002, 3614 [*Überseering*]

EuGH, Urt. v. 30.09.2003, Rs. C-167/01, NJW 2003, 3331 [*Inspire Art*]

## II. Vertiefungshinweise zu den Problemen im Gesellschaftsrecht

### 1. Die Entwicklung der Rechtsprechung des EuGH zur Niederlassungsfreiheit von Gesellschaften

Wichtige Entscheidungen des EuGH im Bereich der Niederlassungsfreiheit von Gesellschaften waren *Daily Mail, Centros, Überseering* und *Inspire Art*.

#### a) *Daily Mail* (1988)

Im *Daily Mail*-Urteil befand der EuGH, dass Art. 43, 48 EG „den Gesellschaften nationalen Rechts kein Recht gewähren, den Sitz ihrer Geschäftsleitung unter Bewahrung ihrer Eigenschaft als Gesellschaft des Mitgliedstaates ihrer Gründung in einen anderen Mitgliedstaat zu verlegen" (keine „Wegzugsfreiheit").

#### b) *Centros* (1999)

Mit dem *Centros*-Urteil dehnte der EuGH die Niederlassungsfreiheit auch auf „Scheinauslandsgesellschaften" aus.

Er befand, dass die Niederlassungsfreiheit es den inländischen Behörden untersage, eine Gesellschaft den Regeln des inländischen Rechts zu unterwerfen und die Eintragung einer Niederlassung mit der Begründung abzulehnen, dass die Gesellschaft nur scheinbar eine ausländische Gesellschaft sei.

Eine Auseinandersetzung mit dem Urteil *Daily Mail* war nach Auffassung des EuGH entbehrlich, da es im Fall *Centros* um den Zuzug ging, das heißt um die rechtliche Beurteilung aus der Sicht des neuen Sitzstaates. Die *Daily-Mail*-Entscheidung ist aber weiterhin in den Fällen einschlägig, in denen es um den Wegzug einer juristischen Person in einen anderen Mitgliedstaat der EU geht[33].

---

[33] Göttsche M, Das Centros-Urteil des EuGH und seine Auswirkungen - Eine Bestandsaufnahme aus gesellschafts-, handels- und steuerrechtlicher Sicht -, in: DStR 1999, 1403-1408, 1405.

## c) *Überseering* (2002)

Mit dem *Überseering*-Urteil stellte der EuGH klar, dass ein Mitgliedstaat nicht unter Berufung auf die Sitztheorie die Beachtung seines gesamten Gesellschaftsrechts durch eine sich bei ihm niederlassende ausländische Gesellschaft, die nach dem Recht eines anderen Mitgliedstaats wirksam gegründet ist, beanspruchen kann.

Daher bleibt eine Kapitalgesellschaft, die nach dem Recht eines Mitgliedstaates wirksam gegründet wurde, nach Art. 43, 48 EG auch dann nach Maßgabe ihres Gesellschaftsstatuts rechts- und parteifähig, wenn sie ihr unternehmerisches Entscheidungszentrum in einen anderen Mitgliedstaat der Gemeinschaft verlagert hat (Zuzug).

## d) *Inspire Art* (2003)

Die Grundaussage von *Überseering*, dass der Zuzug von Gesellschaften aus anderen Mitgliedstaaten nicht durch nationale Bestimmungen beschränkt werden darf, wird durch die Entscheidung des EuGH im Fall *Inspire Art* bestätigt und ausgedehnt[34].

Danach genügt es nicht, wenn der Zuzugsstaat grundsätzlich die Rechts- und Parteifähigkeit der aus einem anderen Mitgliedstaat zuziehenden Gesellschaft anerkennt. Er muss vielmehr auch darauf verzichten, dieser Gesellschaft irgendwelche rechtlichen Erschwernisse aufzuerlegen, falls dies nicht durch zwingende Gründe des Allgemeininteresses geboten oder im Einzelfall durch einen konkreten, nachgewiesenen Missbrauch gerechtfertigt ist.

## 2. Sitztheorie oder Gründungstheorie?

Diese Entwicklung der Rechtsprechung im Bereich der Niederlassungsfreiheit ist von ganz entscheidender Bedeutung für die Frage, ob die Kollisionsregeln der Sitztheorie oder der Gründungstheorie für Zuzugsfälle von Gesellschaften im Geltungsbereich des EG-Vertrages anwendbar sind.

Die Schwierigkeit liegt darin, dass das Recht der Mitgliedstaaten ist in der Wahl des Anknüpfungspunktes des Gesellschaftsstatuts nicht einheitlich ist. Einige Mitgliedstaaten folgen der Sitztheorie andere der Gründungstheorie.

Durch das *Inspire Art*-Urteil des EuGH ist die Sitztheorie, die lange Zeit im deutschen Recht durch den BGH vertreten wurde, jedoch selbst in ihrer modifizierten Form nicht mehr haltbar[35]. Während sich im *Überseering*-Urteil des EuGH noch eine Öffnungsklausel für den nationalen Gesetzgeber zum Schutz seiner Be-

---

[34] Geyrhalter V/Gänßler P, "Inspire Art" – Briefkastengesellschaften "on the Move", in: DStR 2003, 2167-2172, 2170.

[35] Geyrhalter V/Gänßler P, "Inspire Art" – Briefkastengesellschaften "on the Move", in: DStR 2003, 2167-2172, 2170.

sonderheiten fand[36], wird diese Sonderanknüpfungsmöglichkeit durch *Inspire Art* bedeutend eingeschränkt, denn Vorschriften über den Gläubigerschutz, die das Mindestkapital betreffen und nationale Haftungsregeln für Geschäftsführer und Vorstände sind auf ausländische Gesellschaften nicht anwendbar[37].

Im Ergebnis vertritt der EuGH daher die Gründungstheorie.

## III. Lesehinweise

EuGH, Urt. v. 27.09.1988, Rs. 81/87, NJW 1989, 2186 [*Daily Mail*]

Bayer, Walter, Die EuGH-Entscheidung "Inspire Art" und die deutsche GmbH im Wettbewerb der europäischen Rechtsordnungen, BB 2003, 2357-2366

Freitag, Robert, Der Wettbewerb der Rechtsordnungen im Internationalen Gesellschaftsrecht, EuZW 1999, 267-270

Horn, Norbert, Deutsches und europäisches Gesellschaftsrecht und die EuGH-Rechtsprechung zur Niederlassungsfreiheit – Inspire Art, NJW 2004, 893-901

Kindler, Peter, Auf dem Weg zur Europäischen Briefkastengesellschaft? Die „Überseering"-Entscheidung des EuGH und das internationale Privatrecht, NJW 2003, 1073-1079

Knapp, Andreas, Überseering: Zwingende Anerkennung von ausländischen Gesellschaften? - Zugleich Anmerkungen zum Urt. des EuGH v. 05.11.2002 - Rs. C-208/00 [*Überseering*], DNotZ 2003, 85-92

---

[36] EuGH, Urt. v. 05.11.2002, Rs. C-208/00, NJW 2002, 3614 (Ziff. 92) [*Überseering*].
[37] EuGH, Urt. v. 30.09.2003, Rs. C-167/01, NJW 2003, 3331 (Ziff. 135) [*Inspire Art*].

# Fall 9: Die unerbetene Telefonwerbung

## A. Sachverhalt

Die Klägerin Alpine Investments BV ist eine in den Niederlanden ansässige Gesellschaft niederländischen Rechts, die sich auf die Vermittlung hochgradig spekulativer Warentermingeschäfte spezialisiert hat. Sie hat außer in den Niederlanden selbst noch in mehreren anderen Mitgliedstaaten der EG Kunden, die jedoch alle ausschließlich von ihrem niederländischen Firmensitz aus betreut werden.

Eine beliebte Praxis der Kundenwerbung dieser Gesellschaft besteht darin, Privatleute ohne vorherige Ankündigung anzurufen und am Telefon von den Vorteilen eines Engagements im Warentermingeschäft zu überzeugen (sog. *cold calling*-Verfahren). Dieses Verfahren sieht das niederländische Finanzministerium generell sehr ungern, zumal sich die Beschwerden von Kapitalanlegern, die mit unaufgefordert angebotenen Warentermingeschäften schlechte Erfahrungen gemacht haben, häufen.

Der durch Gesetz ordnungsgemäß hierzu ermächtigte niederländische Finanzminister erlässt daher ein allgemeines Verbot für alle in den Niederlanden ansässigen Finanzvermittler, mit potentiellen Kunden unaufgefordert telefonischen Kontakt aufzunehmen. Um den guten Ruf des niederländischen Finanzsektors auch im Ausland zu schützen, wird dieses Verbot ausdrücklich auf alle von niederländischem Boden ausgehenden Anbahnungsversuche erstreckt, d.h. auch auf die Akquisition von Kunden in anderen Ländern. Gestützt auf dieses allgemeine Verbot untersagt der Minister im folgenden der Alpine Investments BV direkt, mit potentiellen Kunden im In- oder Ausland Kontakt im Wege des *cold calling* herzustellen. Die Alpine Investments BV sieht hierin einen Verstoß gegen die gemeinschaftsrechtlich garantierte Freiheit des Dienstleistungsverkehrs. Der niederländische Finanzminister bestreitet dagegen schon die Anwendbarkeit des Art. 49 EG, da das von ihm ausgesprochene Verbot dem nationalen Markt keinen Vorteil verschaffen solle, vielmehr die niederländischen Leistungserbringer sogar schlechter gestellt würden als die Dienstleistungsanbieter aus anderen EG-Mitgliedstaaten, soweit dort das *cold calling* erlaubt sei. In jedem Falle sei das Verbot jedoch aus zwingenden Gründen des Gemeinwohls zum Schutz unerfahrener Kapitalanleger gerechtfertigt.

Stellt das Verbot des *cold calling* eine unzulässige Beschränkung des freien Dienstleistungsverkehrs im Sinne von Art. 49 EG dar?

## B. Lösung

### I. Anwendbarkeit von Art. 49 EG

#### 1. Persönlicher Anwendungsbereich

Die Dienstleistungsfreiheit berechtigt nach Art. 49 EG Staatsangehörige der Mitgliedstaaten, die in einem Mitgliedstaat der Gemeinschaft ansässig sind. Im vorliegenden Fall klagt die Alpine Investments BV. Diese ist eine Gesellschaft des niederländischen Rechts und damit keine natürliche Person i.S.d. Art. 49 EG. Über den Verweis des Art. 55 EG sind jedoch auch die originär für die Niederlassungsfreiheit geschaffenen Regeln der Art. 45 bis 48 EG auf die Dienstleistungsfreiheit anwendbar. Art. 48 EG normiert dabei die Anwendbarkeit der entsprechenden Grundfreiheit auf die nach den Rechtsvorschriften eines Mitgliedstaats gegründeten Gesellschaften, die ihren satzungsmäßigen Sitz, ihre Hauptverwaltung oder ihre Hauptniederlassung in der Gemeinschaft haben. Die Alpine Investments BV ist eine in den Niederlanden ansässige Gesellschaft niederländischen Rechts. Sie erfüllt damit die Voraussetzungen des Art. 48 EG. Daher ist hier der persönliche Anwendungsbereich der Dienstleistungsfreiheit über die Art. 55, 48 EG für die Alpine Investments BV eröffnet.

#### 2. Abgrenzung zu den anderen Grundfreiheiten

Die Dienstleistungsfreiheit ist nach Art. 50 EG tatbestandlich subsidiär zu den anderen Grundfreiheiten des EG-Vertrags.[1] Daher ist sie nur anwendbar, wenn nicht schon der Tatbestand einer anderen Grundfreiheit einschlägig ist.

Vorliegend kommt zunächst in Betracht, dass das untersagte Verhalten der Alpine Investments BV schon durch die Garantie des freien *Kapitalverkehrs* nach Art. 56 EG geschützt ist. Dann müsste das Verfahren des *cold calling* selbst unter den Begriff des Kapitalverkehrs fallen. Der Kapitalverkehr besteht aus der einseitigen Wertübertragung in Form von Sach- oder Geldkapital.[2] Im vorliegenden Fall wendet sich die niederländische Gesellschaft gegen das Verbot der unaufgeforderten telefonischen Kontaktaufnahme mit potentiellen Kunden. Um die Warentermingeschäfte selbst geht es zu diesem Zeitpunkt noch gar nicht, es werden keinerlei Werte übertragen. Die reine Kontaktaufnahme fällt daher nicht unter die Kapitalverkehrsfreiheit. Also ist hier die Kapitalverkehrsfreiheit nicht Prüfungsmaßstab.

Die Abgrenzung gegenüber der *Warenverkehrsfreiheit* ist danach vorzunehmen, ob die Leistung in einem körperlichen Gegenstand oder in einer nichtkörperlichen Leistung besteht[3]. Die Vermittlung von Warentermingeschäften ist

---

[1] Geiger R, EUV/EGV-Kommentar, 4. Aufl. 2004, Art. 50 EGV Rn. 1.
[2] Koenig C/Haratsch A, Europarecht, 4. Aufl. 2003, Rn. 691.
[3] Randelzhofer A/Forsthoff U, in: Grabitz E/Hilf M, Das Recht der Europäischen Union, Band I, Stand: 06/2005, Art. 49/50 EGV Rn. 25.

jedenfalls nicht körperlich greifbar, so dass in dieser Konstellation die Warenverkehrsfreiheit nicht einschlägig ist.

Die *Arbeitnehmerfreizügigkeit* nach Art. 39 EG kommt in Abgrenzung zur Dienstleistungsfreiheit zur Anwendung, wenn es sich bei der Tätigkeit um eine unselbständige Arbeit handelt.[4] Hier besteht aber gerade kein Abhängigkeitsverhältnis der Alpine Investments BV zu irgendeiner anderen Gesellschaft oder Person, so dass die Arbeitnehmerfreizügigkeit nicht eingreift.

Die Abgrenzung zur *Niederlassungsfreiheit* erfolgt danach, ob der jeweils Tätigwerdende sich in die nationale Volkswirtschaft eines anderen Mitgliedstaats dauerhaft eingliedert.[5] Für eine solche Eingliederung muss der Tätige zunächst in dem anderen Staat eine feste Einrichtung als Niederlassung haben.[6] Die Niederlassungsfreiheit kommt dagegen noch nicht zur Anwendung, wenn ein Dienstleister sich vorübergehend in einen anderen Mitgliedstaat begibt, um dort seine Dienstleistungen anzubieten, vgl. Art. 50 Abs. 3 EG. Die Alpine Investments lässt sich nicht dauerhaft in einem anderen Mitgliedstaat nieder. Vielmehr übt sie ihre Tätigkeit von niederländischem Boden aus. Daher scheidet auch die Niederlassungsfreiheit aus. Folglich ist die Dienstleistungsfreiheit in Abgrenzung zu den anderen Grundfreiheiten einschlägig.

> Die Dienstleistungsfreiheit war anfangs als Auffanggrundfreiheit konzipiert und sollte die wirtschaftlichen Austauschvorgänge erfassen, die nicht schon unter die anderen Grundfreiheiten fielen.[7] Die in den letzten Jahren stetig wachsende Bedeutung des sog. „dritten Sektors" hat dazu geführt, dass die Dienstleistungsfreiheit nunmehr einen gewichtigen Platz im System der europäischen Grundfreiheiten einnimmt.

## 3. Ergebnis

Die Dienstleistungsfreiheit nach Art. 49 ff. EG ist anwendbar.

---

[4] Randelzhofer A/Forsthoff U, in: Grabitz E/Hilf M, Das Recht der Europäischen Union, Band I, Stand: 06/2005, Art. 49/50 EGV Rn. 30.
[5] Randelzhofer A/Forsthoff U, in: Grabitz E/Hilf M, Das Recht der Europäischen Union, Band I, Stand: 06/2005, Art. 43 EGV Rn. 22.
[6] EuGH, Urt. v. 25.07.1991, Rs. C-221/89, Slg. 1991, I-3905 (Ziff. 20) [*Factortame*].
[7] Koenig C/Haratsch A, Europarecht, 4. Aufl. 2003, Rn. 656; Borchardt K-D, Die rechtlichen Grundlagen der Europäischen Union, 2. Aufl. 2002, Rn. 757.

## II. Tatbestand des Art. 49 EG

Weiterhin müsste der Tatbestand der Dienstleistungsfreiheit erfüllt sein.

### 1. Dienstleistung

Dazu müssten die von Alpine Investments erbrachten Leistungen zunächst Dienstleistungen i.S.v. Art. 49 ff. EG sein. Dabei ist zu beachten, dass der europarechtliche Begriff der Dienstleistung nicht mit dem volkswirtschaftlichen Dienstleistungsbegriff gleichzusetzen ist; aus europarechtlicher Perspektive ist einzig entscheidend, in welcher Form die Leistung die Grenze überschreitet.[8] Art. 50 EG bestimmt, dass Dienstleistungen in der Regel Leistungen sind, die entgeltlich erbracht werden. Der weitere Inhalt der Dienstleistung ergibt sich aus der Abgrenzung zu den anderen Grundfreiheiten,[9] zu denen die Dienstleistungsfreiheit sich ja subsidiär verhält. Danach sind *Dienstleistungen* zunächst alle *selbständigen, entgeltlichen* Tätigkeiten[10], wobei der Gegenstand der Leistung nicht körperlicher Natur sein darf. Die Vermittlung von Warentermingeschäften durch die Alpine Investments BV geschieht auf selbständiger Basis und gegen Entgelt. Zudem wird kein körperlicher Gegenstand übertragen. Daher stellt diese Vermittlung eine Dienstleistung dar. Hier liegt es jedoch so, dass es sich bei den durch den Finanzminister verbotenen Telefonanrufen erst um bloße Angebote handelt, deren Empfänger noch nicht von vornherein bestimmt sind. Dies könnte einer Anwendung der Dienstleistungsfreiheit entgegenstehen. Allerdings hält der Gerichtshof es nicht für erforderlich, dass die Dienstleistungsempfänger von vornherein bestimmt sind. Vielmehr würde der freie Dienstleistungsverkehr nach Ansicht des EuGH illusorisch, wenn die Anwendbarkeit der Vorschriften über den freien Dienstleistungsverkehr von der vorherigen Existenz eines bestimmten Empfängers abhängig gemacht würde.[11] Daher fällt schon das telefonische Angebot zur Vermittlung von Warentermingeschäften durch die Alpine Investments BV in den Schutzbereich der Dienstleistungsfreiheit i.S.d. Art. 49 ff. EG.

### 2. Grenzüberschreitender Bezug

Fraglich ist, ob die Vermittlung (auch) grenzüberschreitend stattfindet. Hier ist es so, dass die Vermittlung der Warentermingeschäfte durch die niederländische Gesellschaft von niederländischem Boden ausgeht. Die Alpine Investments BV hat

---

[8] Randelzhofer A/Forsthoff U, in: Grabitz E/Hilf M, Das Recht der Europäischen Union, Band I, Stand: 06/2005, Art. 49/50 EGV Rn. 23.
[9] Randelzhofer A/Forsthoff U, in: Grabitz E/Hilf M, Das Recht der Europäischen Union, Band I, Stand: 06/2005, Art. 49/50 EGV Rn. 24.
[10] Vgl. Geiger R, EUV/EGV-Kommentar, 4. Aufl. 2004, Art. 50 EGV Rn. 1 ff.
[11] EuGH, Urt. v. 10.05.1995, Rs. C-384/93, Slg. 1995, I-1141 (Ziff. 19) [*Alpine Investments*].

Kunden sowohl in den Niederlanden als auch im europäischen Ausland. In den Fällen, in denen Kunden durch Telefonanrufe in anderen Mitgliedstaaten geworben werden sollen, überschreitet die Dienstleistung eine innergemeinschaftliche Grenze. Leistungserbringer und -empfänger bleiben dagegen in ihrem jeweiligen Herkunftsstaat. Für den grenzüberschreitenden Bezug ist es jedoch ausreichend, wenn nur die Dienstleistung die Grenze überschreitet.[12] Daher ist der erforderliche grenzüberschreitende Bezug hier hergestellt.

> Die notwendige Grenzüberschreitung kann bei der Dienstleistungsfreiheit in drei Konstellationen auftreten:
>
> 1. Der Dienstleistungs*erbringer* überschreitet die Grenze und erbringt seine Leistung im Staat des Dienstleistungsempfängers (sog. *aktive* Dienstleistungsfreiheit).[13]
> 2. Der Dienstleistungs*empfänger* begibt sich in das Land des Dienstleistungserbringers und nimmt dort dessen Leistung in Anspruch (sog. *passive* Dienstleistungsfreiheit; gilt u.a. für Touristen).[14]
> 3. Dienstleistungserbringer und Dienstleistungsempfänger bleiben in ihrem jeweiligen Herkunftsland, während die *Dienstleistung* als solche die Grenze überschreitet (sog. *Produktverkehrsfreiheit*).[15]
>
> Danach bleibt festzuhalten, dass nur Fälle, die sich ausschließlich innerhalb des gleichen Mitgliedstaates zutragen, wegen mangelnder Grenzüberschreitung von der Dienstleistungsfreiheit nicht erfasst sind.

## 3. Beschränkung der Dienstleistungsfreiheit

Die Dienstleistungsfreiheit der Art. 49 ff. EG beinhaltet sowohl ein *Diskriminierungs-* als auch ein *Beschränkungsverbot*.[16]

---

[12] Borchardt K-D, Die rechtlichen Grundlagen der Europäischen Union, 2. Aufl. 2002, Rn. 762; Frenz W, Europarecht, 2004, 2481..
[13] Geiger R, EUV/EGV-Kommentar, 4. Aufl. 2004, Art. 50 EGV Rn. 6.
[14] EuGH, Urt. v. 31.01.1984, verb. Rs. 286/82 u. 26/83, Slg. 1984, 377 (Ziff. 16) [*Luisi und Carbone*]; Geiger R, EUV/EGV-Kommentar, 4. Aufl. 2004, Art. 50 EGV Rn. 7.
[15] EuGH, Urt. v. 17.06.1997, Rs. C-70/95, Slg. 1997, I-3395 (Ziff. 37) [*Sodemare*]; Geiger R, EUV/EGV-Kommentar, 4. Aufl. 2004, Art. 50 EGV Rn. 8.
[16] Koenig C/Haratsch A, Europarecht, 4. Aufl. 2003, Rn. 671 ff.

## a) Diskriminierungsverbot

Die Art. 49 ff. EG verbieten zunächst Diskriminierungen aufgrund der Staatsangehörigkeit (sog. *Inländergleichbehandlung*). Das vom niederländischen Finanzminister ausgesprochene Verbot der unaufgeforderten telefonischen Kontaktaufnahme mit potentiellen Kunden richtet sich an alle in den Niederlanden ansässigen Finanzvermittler. Es ist nicht darauf gerichtet, dem nationalen Markt einen Vorteil gegenüber Dienstleistungserbringern anderer Mitgliedstaaten zu verschaffen, und knüpft weder direkt noch indirekt an die Staatsangehörigkeit des Dienstleisters an. Daher liegt eine Diskriminierung aufgrund der Staatsangehörigkeit nicht vor.

> Das Diskriminierungsverbot erfasst sowohl *offene* Diskriminierungen, die ausdrücklich nach der Staatsangehörigkeit differenzieren, als auch *verdeckte* oder *tatsächliche* Diskriminierungen, die zwar nicht ausdrücklich nach der Staatsangehörigkeit differenzieren, aber an Merkmale anknüpfen, die bewirken, dass faktisch eine Schlechterstellung von ausländischen Staatsangehörigen gegeben ist.[17]

## b) Beschränkungsverbot

Über das Diskriminierungsverbot hinaus untersagen die Art. 49 ff. EG jedoch auch einfache Beschränkungen des grenzüberschreitenden Dienstleistungsverkehrs.[18] Dieses Verbot schließt unterschiedslos geltende Maßnahmen ein, die geeignet sind, die Tätigkeit eines Dienstleistungserbringers zu unterbinden oder zu behindern.[19]

Fraglich ist, ob schon die Tatsache, dass die in den Niederlanden geltenden Regelungen für das *cold calling* restriktiver sind als die Regelungen anderer Mitgliedstaaten, eine Beschränkung des freien Dienstleistungsverkehrs darstellt. Dem ist allerdings entgegenzuhalten, dass die Mitgliedstaaten den Dienstleistungsverkehr durchaus gewissen eigenen Regeln unterwerfen dürfen; allein die unterschiedlich strenge Regelung in verschiedenen Mitgliedstaaten stellt noch keine Beschränkung der Grundfreiheit dar.[20] Folglich begründet die Tatsache, dass die niederländische Regelung restriktiver als die Regelungen anderer Mitgliedstaaten ist, für sich allein noch keine Beschränkung des freien Dienstleistungsverkehrs.

Unabhängig vom Vergleich zu den Regelungen anderer Mitgliedstaaten nimmt das niederländische Verbot des *cold calling* den betroffenen Akteuren jedoch ein

---

[17] Randelzhofer A/Forsthoff U, in: Grabitz E/Hilf M, Das Recht der Europäischen Union, Band I, Stand: 06/2005, Art. 49/50 EGV Rn. 54.
[18] Koenig C/Haratsch A, Europarecht, 4. Aufl. 2003, Rn. 675.
[19] EuGH, Urt. v. 09.08.1994, Rs. C-43/93, Slg. 1994, I-3803 (Ziff. 14) [*Vander Elst*]; EuGH, Urt. v. 25.07.1991, Rs. C-76/90, Slg. 1991, I-4221 (Ziff. 12) [*Säger*].
[20] EuGH, Urt. v. 10.05.1995, Rs. C-384/93, Slg. 1995, I-1141 (Ziff. 27) [*Alpine Investments*]; EuGH, Urt. v. 14.07.1994, Rs. C-379/92, Slg. 1994, I-3453 (Ziff. 48) [*Peralta*].

schnelles und direktes Mittel der Werbung von und der Kontaktaufnahme mit potentiellen Kunden. Dadurch wird der von niederländischem Boden ausgehende Dienstleistungsverkehr in diesem Bereich zumindest erschwert. Schon die Kontaktaufnahme wird aber von den Art. 49 ff. EG geschützt, soweit sich die potentiellen Kunden in einem anderen Mitgliedstaat befinden. Somit stellt das Verbot des *cold calling* eine Beschränkung des freien Dienstleistungsverkehrs dar.[21]

Zu überlegen ist, ob sich an dieser Beurteilung dadurch etwas ändern kann, dass das Verbot von dem Mitgliedstaat ausgeht, in dem der Leistungserbringer ansässig ist, und nicht von dem Mitgliedstaat, in dem sich der Empfänger der Dienstleistung befindet. Diesbezüglich hat der Gerichtshof jedoch wiederholt entschieden, dass sich ein Unternehmen auch gegenüber dem Staat, in dem es seinen Sitz hat, auf den freien Dienstleistungsverkehr berufen kann, sofern die Leistungen an Leistungsempfänger erbracht werden, die in einem anderen Mitgliedstaat ansässig sind.[22] Genau so liegt es hier, beruft sich doch die niederländische Gesellschaft Alpine Investments BV gegenüber ihrem Heimatstaat insofern auf die Dienstleistungsfreiheit, als ihr ein wichtiger Weg der Kontaktaufnahme mit potentiellen Kunden in anderen Mitgliedstaaten untersagt wird. Dieser Sachverhalt stellt eine Beschränkung der Dienstleistungsfreiheit dar; dass die Beschränkung vom „Ausfuhrland" der Dienstleistung ausgeht, ist in diesem Zusammenhang irrelevant.

Das von den Niederlanden vorgebrachte Argument, die Regelung verschaffe dem nationalen Markt keinen Vorteil und sei deshalb als diskriminierungsfreies „Ausfuhrhindernis" analog Art. 29 EG erlaubt, wird schon dadurch entkräftet, dass der Gerichtshof den Schutzbereich der Dienstleistungsfreiheit von einem bloßen Diskriminierungsverbot zu einem allgemeinen Beschränkungsverbot ausgebaut hat[23]. Daher ist die Herbeiführung eines Vorteils für den nationalen Markt kein ausschlaggebendes Kriterium für eine – grundsätzlich verbotene – Beschränkung der Dienstleistungsfreiheit; vielmehr genügen auch unterschiedslos geltende Maßnahmen, die geeignet sind, die dienstleistende Tätigkeit zu behindern oder zu unterbinden[24], was hier der Fall ist.

### 4. Tatbestandsausnahme im Sinne der *Keck*-Rechtsprechung

Die Tatbestandsausnahme nach der sog. *Keck*-Rechtsprechung[25] des EuGH bezieht sich auf ein Urteil, das im Bereich der Warenverkehrsfreiheit er-

---

[21] so auch EuGH, Urt. v. 10.05.1995, Rs. C-384/93, Slg. 1995, I-1141 (Ziff. 28) [*Alpine Investments*].
[22] EuGH, Urt. v. 17.05.1994, Rs. C-18/93, Slg. 1994, I-1783 (Ziff. 30) [*Corsica Ferries*]; EuGH, Urt. v. 10.05.1995, Rs. C-384/93, Slg. 1995, I-1141 (Ziff. 30) [*Alpine Investments*]; EuGH, Urt. v. 14.07.1994, Rs. C-379/92, Slg. 1994, I-3453 (Ziff. 40) [*Peralta*].
[23] EuGH, Urt. v. 09.08.1994, Rs. C-43/93, Slg. 1994, I-3803 (Ziff. 14) [*Vander Elst*]; EuGH, Urt. v. 25.07.1991, Rs. C-76/90, Slg. 1991, I-4221 (Ziff. 12) [*Säger*].
[24] Geiger R, EUV/EGV-Kommentar, 4. Aufl. 2004, Art. 50 EGV Rn. 11.
[25] EuGH, Urt. v. 24.11.1993, verb. Rs. C-267/91 u. C-268/91, Slg. 1993, I-6097 [*Keck u. Mithouard*].

ging. Diesbezüglich sei auf die Fälle 1 und 2 verwiesen. In diesem Urteil schränkte der EuGH den durch die *Dassonville*-Formel[26] erweiterten Anwendungsbereich der Warenverkehrsfreiheit ein, indem er nationale Regelungen, die

1. bloße *Verkaufs*- oder *Absatzmodalitäten* regeln,
2. *unterschiedslos* gelten und
3. den Absatz von Erzeugnissen aus anderen Mitgliedstaaten und von inländischen Erzeugnissen *rechtlich wie tatsächlich in gleicher Weise* regulieren,

aus dem Anwendungsbereich der Grundfreiheit ausnahm.[27]

Fraglich war, ob diese im Bereich der Warenverkehrsfreiheit entwickelte Schutzbereichseinschränkung auf die hier in Rede stehende Dienstleistungsfreiheit übertragen werden kann. Der Gerichtshof hat diese Übertragung erstmals 1995 in dem diesem Fall zugrunde liegenden Urteil[28] vorgenommen. Danach sind nur solche Beschränkungen der Dienstleistungsfreiheit grundsätzlich verboten, die geeignet sind, den *Zugang* zum Markt zu versperren oder zu behindern.[29]

Aus der Übertragung der *Keck*-Rechtsprechung ergibt sich für die Dienstleistungsfreiheit, dass mitgliedstaatliche Regeln, die

1. den *Marktzugang ausländischer Dienstleistungen nicht behindern*,
2. nach erfolgtem Marktzugang *unterschiedslos* gelten und
3. das Erbringen und Empfangen von Dienstleistungen aus dem Inland und dem EG-Ausland *tatsächlich in gleicher Weise betreffen*,

keine verbotenen Beschränkungen der Freiheit nach Art. 49 EG darstellen.[30]

Hier verbietet der niederländische Finanzminister das vom Boden der Niederlande ausgehende *cold calling*. Das Verfahren des *cold calling* ist aber gerade ein Weg, sich schnell und unkompliziert Zugang zu einem auswärtigen Markt zu verschaffen. Durch das Verbot wird dem niederländischen Dienstleister die Kontaktaufnahme mit potentiellen Kunden immens erschwert. Soweit sich diese potentiellen

---

[26] EuGH, Urt. v. 11.07.1974, Rs. 8/74, Slg. 1974, 837 (Ziff. 5) [*Dassonville*]: Danach ist jede Handelsregelung der Mitgliedstaaten, die *geeignet* ist, den *innergemeinschaftlichen Handel unmittelbar* oder *mittelbar, tatsächlich* oder *potentiell* zu *behindern*, als unzulässige Beschränkung der Warenverkehrsfreiheit anzusehen.
[27] EuGH, Urt. v. 24.11.1993, verb. Rs. C-267/91 u. C-268/91, Slg. 1993, I-6097 (Ziff. 16) [*Keck u. Mithouard*].
[28] EuGH, Urt. v. 10.05.1995, Rs. C-384/93, Slg. 1995, I-1141 (Ziff. 36 ff.) [*Alpine Investments*].
[29] EuGH, Urt. v. 10.05.1995, Rs. C-384/93, Slg. 1995, I-1141 (Ziff. 37) [*Alpine Investments*].
[30] Koenig C/Haratsch A, Europarecht, 4. Aufl. 2003, Rn. 679.

Kunden in anderen Mitgliedstaaten befinden, wird durch die Erschwerung schon der ersten Kontaktaufnahme der Marktzugang des niederländischen Dienstleisters im EG-Ausland behindert. Folglich betrifft das hier in Rede stehende Verbot den Marktzugang und fällt daher nicht unter die Tatbestandsausnahme der *Keck*-Rechtsprechung.

## 5. Ergebnis

Der Tatbestand der Dienstleistungsfreiheit ist erfüllt.

## III. Rechtfertigungsmöglichkeiten

### 1. Geschriebene Rechtfertigungstatbestände

Die Dienstleistungsfreiheit lässt über den Verweis des Art. 55 EG die geschriebenen Rechtfertigungstatbestände des Art. 46 EG zur Anwendung kommen. Danach sind Einschränkungen der Dienstleistungsfreiheit aus Gründen der öffentlichen Ordnung, Sicherheit oder Gesundheit erlaubt. Solche Gründe sind hier aber nicht ersichtlich.

### 2. Rechtfertigung nach *Cassis*-Grundsätzen

Der Gerichtshof erkennt in Ergänzung zu den ausdrücklich normierten Schranken ungeschriebene Einschränkungen des freien Dienstleistungsverkehrs im Sinne der – wiederum im Bereich der Warenverkehrsfreiheit entwickelten – *Cassis de Dijon*-Rechtsprechung[31] an. Das bedeutet, dass auch im Bereich der Dienstleistungsfreiheit Einschränkungen durch *zwingende Erfordernisse des Allgemeininteresses* gerechtfertigt sein können.[32]

#### a) Zwingende Erfordernisse des Allgemeininteresses

Als zwingende Erfordernisse im Sinne der *Cassis*-Formel kommen hier der Schutz der potentiellen Kapitalanleger (Verbraucher) sowie die Aufrechterhaltung des guten Rufes des niederländischen Finanzmarktes in Betracht.

Bezüglich des Verbraucherschutzes ist freilich zu bedenken, dass es nicht Aufgabe der niederländischen Behörden ist, Verbraucher im Gebiet anderer Mitglied-

---

[31] EuGH, Urt. v. 20.02.1979, Rs. 120/78, Slg. 1979, 649 (Ziff. 8) [*Cassis de Dijon*]; siehe dazu Fälle 1 und 2.
[32] EuGH, Urt. v. 03.12.1974, Rs. 33/74, Slg. 1974, 1299 (Ziff. 10 ff.) [*van Binsbergen*]; EuGH, Urt. v. 17.12.1981, Rs. 279/80, Slg. 1981, 3305 (Ziff. 17) [*Webb*].

staaten zu schützen.³³ Daher stellt der Verbraucherschutz in diesem Fall kein zwingendes Erfordernis des Allgemeinwohls dar, das das niederländische Verbot des *cold calling* zu rechtfertigen vermag.

Dagegen ist die Aufrechterhaltung des guten Rufes der niederländischen Finanzdienstleistungen wesentlich für das Vertrauen der Kapitalanleger und damit auch für das Funktionieren des nationalen Finanzsektors. Deshalb kann dieser Gesichtspunkt einen zwingenden Grund des Allgemeininteresses darstellen, der Beschränkungen des freien Verkehrs von Finanzdienstleistungen rechtfertigen könnte.

**b) Verhältnismäßigkeit der Maßnahme**

Dazu müsste die mitgliedstaatliche Maßnahme allerdings auch verhältnismäßig sein.³⁴ Die Verhältnismäßigkeit ist gegeben, wenn die Maßnahme zur Zweckerreichung *geeignet, erforderlich* und *angemessen* ist;³⁵ dabei betont der EuGH insbesondere, dass die Maßnahme geeignet sein muss, die Verwirklichung des angestrebten Zieles zu gewährleisten, und nicht über das zur Erreichung dieses Zieles Erforderliche hinausgehen darf³⁶.

*aa) Geeignetheit*

Das *cold calling* ist eine überaus aggressive Form der Kundenwerbung, die besonders bei unseriösen Finanzvermittlern beliebt ist. Der Überraschungseffekt, der durch den unangekündigten Anruf erzielt wird, soll in der Regel gerade dazu verhelfen, Geschäfte wegen der fehlenden Vorbereitung des potentiellen Kunden leichter abschließen zu können. Der Kunde kann in dieser Situation keine Vergleiche mit anderen Anbietern mehr vornehmen oder sich von der Seriosität des Anrufers überzeugen. Zudem ist der Warenterminmarkt äußerst spekulativ und risikoreich. Übereilte, unüberlegte und risikoreiche Geschäftsabschlüsse von Privatleuten, die durch das *cold calling*-Verfahren zustande kommen, sind durchaus in der Lage, dem Ansehen des niederländischen Finanzmarktes zu schaden. Solche übereilten Geschäftsabschlüsse können aber durch das in Rede stehende Verbot verhindert werden. Daher ist ein Verbot dieses Verfahrens zur Aufrechterhaltung des guten Rufes des niederländischen Finanzsektors geeignet.

---

³³ So auch EuGH, Urt. v. 10.05.1995, Rs. C-384/93, Slg. 1995, I-1141 (Ziff. 43) [*Alpine Investments*].
³⁴ EuGH, Urt. v. 05.06.1997, Rs. C-398/95, Slg. 1997, I-3091 (Ziff. 21) [*SETTG*].
³⁵ Borchardt K-D, Die rechtlichen Grundlagen der Europäischen Union, 2. Aufl. 2002, Rn. 767; Frenz W, Europarecht, 2004, Rn. 2675.
³⁶ EuGH, Urt. v. 05.06.1997, Rs. C-398/95, Slg. 1997, I-3091 (Ziff. 21) [*SETTG*]; EuGH, Urt. v. 25.07.1991, Rs. C-76/90, Slg. 1991, I-4221 (Ziff. 15) [*Säger*].

*bb) Erforderlichkeit*

Ein milderes Mittel könnte möglicherweise darin liegen, dem Staat des Leistungsempfängers die Regelung der Kundenwerbung zu überlassen. Jedoch kann eine entsprechende Kontrolle schon wegen der direkteren Zugriffsmöglichkeit und der Unterwerfung des Verbotsadressaten unter das Rechtssystem des Staates, in dem er ansässig ist, wesentlich besser und effektiver vom Staat des Leistungserbringers ausgeübt werden, so dass insoweit keine gleiche Eignung vorliegt. Ebenso ist das mildere Mittel der Aufzeichnung der im Wege des *cold calling* durchgeführten Telefonanrufe nicht in der Lage, gleichermaßen effektiv zu wirken wie das Verbot eben dieses Verfahrens.

Somit ist das Verbot auch erforderlich.

*cc) Angemessenheit*

Zuletzt ist eine Abwägung des gemeinschaftlichen Interesses am freien Dienstleistungsverkehr gegen das nationale Allgemeininteresse vorzunehmen. Vorliegend hat die Regelung nur eine begrenzte Tragweite; andere Formen der möglichen Kontaktaufnahme – wie z.B. Telefonanrufe nach vorheriger schriftlicher Zustimmung oder der postalische Weg – stehen dem Dienstleistungserbringer auch weiterhin zur Verfügung. Folglich erscheint das Verbot in Relation zum Erhalt des guten Rufes des niederländischen Finanzsektors tragbar und ist damit angemessen.

**c) Ergebnis**

Das Verbot des *cold calling* ist nach den Grundsätzen der *Cassis*-Rechtsprechung gerechtfertigt.

## IV. Ergebnis

Das Verbot des *cold calling* ist gerechtfertigt und daher mit Art. 49 EG vereinbar; es stellt keine unzulässige Beschränkung der Dienstleistungsfreiheit dar.

## C. Anmerkungen

### I. Rechtsprechung

Der Fall geht zurück auf folgende Urteile des Gerichtshofs:

EuGH, Urt. v. 14.07.1994, Rs. C-379/92, Slg. 1994, I-3453 [*Peralta*]

EuGH, Urt. v. 10.05.1995, Rs. C-384/93, Slg. 1995, I-1141 [*Alpine Investments*]

### II. Vertiefungshinweise

Im Bereich der Dienstleistungsfreiheit spielt nicht nur der EG-Vertrag, sondern auch das Sekundärrecht eine gewichtige Rolle. Trotz der primärrechtlichen Regelung der Dienstleistungsfreiheit sehen sich europäische Dienstleister, die grenzüberschreitend tätig werden wollen, in der Praxis mit erheblichen Hindernissen konfrontiert. Zu diesen praktischen Hindernissen gehören u.a. bürokratische Hürden wie die Pflicht zur Vorlage von Papieren, die beweisen, dass die betreffenden Rechtsvorschriften des die Dienstleistung *aufnehmenden* Staates eingehalten werden. Solche Papiere sind aber im Heimatstaat der Dienstleistung nur sehr schwer zu erhalten; schließlich kann der Heimatstaat in der Regel nur die Vereinbarkeit mit seinem eigenen Recht prüfen. Wegen der in der Realität bestehenden Hindernisse im Bereich der Dienstleistungsfreiheit erarbeitete die Kommission den Entwurf einer Dienstleistungsrichtlinie, die dazu dienen sollte, innergemeinschaftliche Hemmnisse im Bereich der Dienstleistungsfreiheit abzubauen. Dieser Richtlinienentwurf wurde den Staats- und Regierungschefs der Mitgliedstaaten auf dem Europäischen Rat in Brüssel am 22./23.03.2005 vorgelegt.

Der Entwurf der Kommission sah vor, den Dienstleistungssektor durch die Einführung des sog. *Herkunftslandsprinzips* europaweit zu öffnen. Danach sollte den Unternehmen erlaubt werden, zeitlich befristete Dienstleistungen europaweit nach dem Recht ihres Heimatlandes – und nicht mehr nach dem Recht des Aufnahmestaates – anzubieten. Zudem sollte die Entsendung der eigenen Arbeitnehmer zur Ausführung von Aufträgen im Ausland ermöglicht werden. Insbesondere Frankreich und Deutschland wandten sich gegen die Einführung des *Herkunftslandsprinzips*, da sie befürchteten, dass die Anwendung dieses Prinzips zu Lohn- und Sozialdumping führt.

Ergebnis des Europäischen Rates Ende März 2005 war, dass der Kommissionsentwurf der Dienstleistungsrichtlinie so nicht in Kraft treten wird. Der Richtlinienentwurf wird nochmals von der Kommission überarbeitet. Dabei soll insbesondere die Sicherung sozialer Standards stärker in den Vordergrund treten. Insgesamt wird eine Richtlinie angestrebt, die die Ausschöpfung der Potentiale eines deregulierten Binnenmarktes ermöglicht, gleichzeitig aber die Gefahr von Lohn- und Sozialdumping vermeidet.

## III. Lesehinweise

Becker, Ulrich, Voraussetzungen und Grenzen der Dienstleistungsfreiheit, NJW 1996, 179-181

Glöckner, Jochen, "Cold Calling" und europäische Richtlinie zum Fernabsatz - ein trojanisches Pferd im deutschen Lauterkeitsrecht, GRURInt 2000, 29-37

Reich, Norbert, Anmerkung zu EuGH, Urt. v. 10.05.1995, Rs. C-384/93 [*Alpine Investments*], EuZW 1995, 404-408

# Fall 10: Das Volkswagen-Gesetz auf dem Prüfstand

## A. Sachverhalt

Die Europäische Kommission leitet im April 2004 gegen die Bundesrepublik Deutschland ein Vertragsverletzungsverfahren im Hinblick auf die Vereinbarkeit des Volkswagen-Privatisierungsgesetzes (VW-Gesetz) mit dem europäischen Gemeinschaftsrecht ein. Die Kommission ist der Auffassung, dass einige Regelungen des aus dem Jahr 1960 stammenden Gesetzes die Kapitalverkehrsfreiheit und die Niederlassungsfreiheit beeinträchtigen. In ihrem an die Bundesrepublik Deutschland gerichteten Mahnschreiben werden insbesondere folgende Vorschriften als unvereinbar mit dem Grundsätzen des freien Binnenmarktes gerügt:

§ 2 Abs. 1: „Gehören einem Aktionär Aktien im Gesamtnennbetrag von mehr als dem fünften Teil [20%] des Grundkapitals, so beschränkt sich sein Stimmrecht auf die Anzahl von Stimmen, die Aktien im Gesamtnennbetrag des fünften Teils [20 %] des Grundkapitals gewähren."

§ 4 Abs. 1: „Die Bundesrepublik Deutschland und das Land Niedersachsen sind berechtigt, je zwei Aufsichtsratsmitglieder in den Aufsichtsrat zu entsenden, solange ihnen Aktien der Gesellschaft gehören."

Nachdem die Bundesregierung ihre Haltung zur Rechtmäßigkeit des Gesetzes dargelegt hat, gibt die Kommission in einer eingehend begründeten Stellungnahme ihre Rechtsauffassung wieder, nach der das VW-Gesetz den freien Kapitalverkehr behindert. Sie verweist insbesondere darauf, dass der Erwerb von Anteilen der Volkswagen AG für Anleger aus der EG aufgrund der vorgenannten Bestimmungen deutlich weniger interessant sei. Dies gelte um so mehr, wenn sich die Investoren effektiv an der Verwaltung und Kontrolle des Unternehmens beteiligen wollten. Vor allem das Höchststimmrecht von max. 20 % des stimmberechtigten Gesamtkapitals (§ 2 Abs. 1 VW-Gesetz) könne Anleger von Beteiligungen an der Volkswagen AG abschrecken, da es den Grundsatz der Symmetrie zwischen Kapitalmacht und Kontrolleinfluss verletze. Darüber hinaus missfällt der Kommission, dass die obligatorische Präsenz von Vertretern öffentlicher Körperschaften im VW-Aufsichtsrat (§ 4 Abs. 1 VW-Gesetz) dem Land Niedersachsen eine besondere Stellung einräumt. Die Kommission sieht die Gefahr, dass Unternehmensentscheidungen nicht mehr nach marktwirtschaftlichen, sondern nach politischen Interessen getroffen werden könnten. Die Kommission setzt der Bundesregierung eine dreimonatige Frist zur Beendigung ihres vertragsverletzenden Verhaltens und dringt auf eine Abänderung der beanstandeten Regelungen des VW-Gesetzes.

Die Bundesregierung ist demgegenüber der Auffassung, dass die Regelungen mit dem europäischen Recht vereinbar sind, und sieht insbesondere keine Behinderung des freien Kapitalverkehrs durch die beanstandeten Vorschriften. Sie bringt vor, dass keine wie auch immer geartete Diskriminierung von Aktionären – weder von Anteilseignern aus anderen Mitgliedstaaten der EG noch von solchen aus Drittstaaten – bestehe. Die Vorschriften begünstigten auch nicht die öffentliche Hand als Anteilseigner, weshalb sie nicht mit den vom Europäischen Gerichtshof bereits entschiedenen Fällen zu sog. *golden shares* (d.h. mit Aktien verknüpften Vorzugsrechten) vergleichbar sein. Die Regelung stelle vielmehr einen sorgsam austarierten Interessenausgleich zwischen allen Beteiligten dar, der allen Aktionären die aktive Teilnahme an der Verwaltung und Kontrolle des Unternehmens auch in Zukunft gewährleiste. Schließlich müsse die Kommission bedenken, dass das Land Niedersachsen über seinen Einfluss im Unternehmen der Volkswagen-Stiftung jedes Jahr mehrere Millionen Euro zur Verfügung stelle, wodurch diese wichtige Aufgaben im Bereich von Wissenschaft und Forschung – und damit der Daseinsvorsorge – erfülle. Nachdem die Bundesregierung zu keinen Änderungen bereit und die dreimonatige Frist verstrichen ist, erhebt die EG-Kommission am 13. Oktober 2004 vor dem Europäischen Gerichtshof Klage gegen das Volkswagen-Gesetz.

Die Entscheidung des Europäischen Gerichtshofs ist gutachterlich vorzubereiten. Der materielle Prüfungsumfang beschränkt sich dabei auf die Kapitalverkehrsfreiheit nach Art. 56 EG.

Anmerkung:
In dem vor dem EuGH anhängigen Verfahren rügt die Kommission zudem zwei weitere Vorschriften, die hier allerdings außer Betracht bleiben sollen: zum einen § 4 Abs. 3 VW-Gesetz, der eine 20%ige Sperrminorität für bestimmte Gesellschaftsbeschlüsse vorsieht, und zum anderen § 3 VW-Gesetz, der eine Vertretungsbeschränkung enthält und insofern das Recht der Aktionäre beschränkt, sich auf der Hauptversammlung geschäftsmäßig vertreten zu lassen.

## B. Lösung

Das Vertragsverletzungsverfahren nach Art. 226 EG hat Erfolg, wenn es zulässig ist und die Regelungen des VW-Gesetzes gegen das Gemeinschaftsrecht verstoßen.

### I. Zulässigkeit

#### 1. Parteifähigkeit

Nach Art. 226 EG ist die Kommission im Vertragsverletzungsverfahren aktiv[1], die Bundesrepublik Deutschland als Mitgliedstaat passiv parteifähig[2].

#### 2. Klagegegenstand

Im Vertragsverletzungsverfahren sind nur mitgliedstaatliche Vertragsverstöße zulässiger Klagegegenstand.

> Das Klagebegehren muss sich zudem in rechtlicher und tatsächlicher Hinsicht am Gegenstand des Vorverfahrens orientieren und damit an den Rahmen der begründeten Stellungnahme halten[3].

Hier bezieht sich die Kommission in ihrem Antrag auf dieselben Regelungen des deutschen VW-Gesetzes, die bereits im Mahnverfahren gerügt wurden. Der Klagegegenstand ist mithin zulässig.

#### 3. Ordnungsgemäßes Vorverfahren

Die Kommission muss dem Mitgliedstaat vor Erhebung der Klage in einem Vorverfahren Gelegenheit gegeben haben, die Vertragsverletzung abzustellen.

---

[1] Cremer W, in: Calliess, C/Ruffert M (Hrsg.), EUV/EGV-Kommentar, 2. Aufl. 2002, Art. 226 EG Rn. 26.
[2] Ehricke U, in: Streinz R (Hrsg.), EUV/EGV-Kommentar, 2003, Art. 226 EGV Rn. 33.
[3] Geiger R, EUV/EGV-Kommentar, 4. Aufl. 2004, Art. 226 EGV Rn. 5; Streinz R, Europarecht, 7. Aufl. 2005, Rn. 580.

> Das Vorverfahren wird durch ein Mahnschreiben der Kommission an den Mitgliedstaat eingeleitet, mit dem er zur Stellungnahme aufgefordert wird. Damit wird dem Mitgliedstaat Gelegenheit zur Äußerung gegeben[4]. Ist die Kommission trotz dieser Stellungnahme bzw. nach fruchtlosem Ablauf der dafür gesetzten Frist davon überzeugt, dass der von ihr erhobene Vorwurf der Verletzung von Gemeinschaftsrecht zutrifft, dann gibt sie eine begründete Stellungnahme ab. Erst wenn der Mitgliedstaat der in dieser Stellungnahme gesetzten Frist nicht nachkommt, kann die Kommission Klage erheben.

Die Kommission hat diese formellen Voraussetzungen im Verfahren gegen das VW-Gesetz eingehalten und der Bundesrepublik insbesondere die Gelegenheit zur Abänderung gegeben. Diese Frist hat die Bundesrepublik jedoch verstreichen lassen, so dass das Vorverfahren ordnungsgemäß, aber erfolglos durchgeführt wurde.

### 4. Rechtsschutzbedürfnis

Da das Vertragsverletzungsverfahren ein objektives Rechtsverfahren ist, ist eine subjektive Klagebefugnis oder -berechtigung nicht erforderlich[5]. Das allgemein erforderliche Rechtsschutzinteresse besteht, solange die Vertragsverletzung durch den Mitgliedstaat nicht behoben wurde[6]. Dies ist aufgrund der Weigerung der Bundesrepublik vorliegend der Fall.

### 5. Ergebnis

Das Vertragsverletzungsverfahren nach Art. 226 EG ist zulässig.

## II. Begründetheit

Die Bestimmung eines Höchststimmrechts nach § 2 Abs. 1 VW-Gesetz und das außerordentliche Entsenderecht des Landes Niedersachsen für zwei Mitglieder des Aufsichtsrats nach § 4 Abs. 1 VW-Gesetz könnten einen Verstoß gegen die Kapitalverkehrsfreiheit nach Art. 56 EG darstellen.

---

[4] Zum Verfahrensablauf weiterführend: Koenig C/Pechstein M/Sander C, EU-/EG-Prozessrecht, 2. Aufl. 2002, Rn. 263 f.
[5] EuGH, Urt. v. 10.05.1995, Rs. C-422/92, Slg. 1995, I-1097 (Ziff. 16) [*Kommission/Deutschland*].
[6] Koenig C/Pechstein M/Sander C, EU-/EG-Prozessrecht, 2. Aufl. 2002, Rn. 283 f.; Cremer W, in: Calliess C/Ruffert M (Hrsg.), EUV/EGV-Kommentar, 2. Aufl. 2002, Art. 226 EG Rn. 30.

## 1. Eröffnung des Anwendungsbereichs

Zunächst müsste der sachliche Anwendungsbereich der Kapitalverkehrsfreiheit eröffnet sein, d.h. die durch den Erwerb von Beteiligungen getätigten Investitionen müssten als Kapitalverkehr nach Art. 56 EG qualifiziert werden können.

### a) Bestimmung des Begriffs Kapitalverkehr

Der Begriff des Kapitalverkehrs nach Art. 56 Abs. 1 EG wird im primären Gemeinschaftsrecht nicht definiert. Auch der EuGH hat in seiner bisherigen Rechtsprechung eine ausdrückliche Definition vermieden[7].

> Aus einer Gesamtbetrachtung kapitalrechtsrelevanter Regelungen und der dazugehörigen Rechtsprechung lässt sich der Begriff des Kapitalverkehrs jedoch verstehen als jede über die Grenzen eines Mitgliedstaates der Gemeinschaft hinweg stattfindende Übertragung von Geld- oder Sachkapital, die primär zu Anlagezwecken erfolgt[8].

Von zentraler Bedeutung für die Bestimmung des Begriffs ist zudem die Kapitalverkehrsrichtlinie 88/361/EWG[9], die durch die Klassifizierung verschiedener wirtschaftlicher Vorgänge als Kapitalverkehrsgeschäfte bei der näheren Begriffsbestimmung eine wichtige Rolle spielt. Der Erwerb von Aktien der VW-AG bildet eine Investition, mit welcher der Erwerber bestimmte Beteiligungsrechte erwirbt. Der Erwerb von Aktien eines Unternehmens stellt damit generell einen von Art. 56 Abs. 1 EG erfassten Vermögensverkehr dar, so dass der Anwendungsbereich der Grundfreiheit eröffnet ist.

### b) Abgrenzung zu den anderen Grundfreiheiten

Problematisch ist die Abgrenzung zu den weiteren Grundfreiheiten. Im Gegensatz zur Freiheit des Zahlungsverkehrs, bei der es häufig auch zu grenzüberschreitendem Transfer von Vermögen auf der Gegenseite kommt[10], steht bei der Kapitalverkehrsfreiheit der Zweck der Vermögensbewegung im Vordergrund, der in dem damit verbundenen Investitionscharakter[11] besteht.

---

[7] Bröhmer J, in: Calliess C/Ruffert M (Hrsg.), EUV/EGV-Kommentar, 2. Aufl. 2002, Art. 56 EG Rn. 8.; Hobe S, Europarecht, 2. Aufl. 2004, Rn. 334.
[8] Honrath A, Umfang und Grenzen der Freiheit des Kapitalverkehrs, 1998, 23 ff.
[9] Abl. EG 1988 Nr. L 178, 5 ff. Insbesondere ist hier auf die in Annex I der Richtlinie aufgeführten Kapitalrechtsvorgänge zu verweisen.
[10] Sedlaczek M, in: Streinz R (Hrsg.), EUV/EGV-Kommentar, 2003, Art. 56 EGV Rn. 7; Hobe S, Europarecht, 2. Aufl. 2004, Rn. 334.
[11] Streinz R, Europarecht, 7. Aufl. 2005, Rn. 895.

> Die Freiheit des Zahlungsverkehrs nach Art. 56 Abs. 2 EG umfasst die grenzüberschreitende Übertragung von Zahlungsmitteln, die um einer Gegenleistung willen erbracht wird[12].

Die Abgrenzung richtet sich entscheidend nach dem mit der Transferleistung verfolgten Zweck. Wenn dieser primär zu Investitionszwecken erfolgt und nicht synallagmatisch mit einer anderen Grundfreiheit verknüpft ist, kommt die Kapitalverkehrsfreiheit zum Zug. So liegt der Fall vorliegend, da mit dem Erwerb von VW-Aktien eine Investition in Beteiligungsrechte verbunden ist.

Im Zusammenhang mit Beteiligungsinvestitionen ergeben sich insbesondere Abgrenzungsschwierigkeiten zur Niederlassungsfreiheit. Aus der Erwähnung in Art. 57 Abs. 2 EG folgt jedoch, dass eine Direktinvestition zugleich den Tatbestand der Kapitalverkehrsfreiheit und den der Niederlassungsfreiheit erfüllen kann[13]. Zwischen diesen beiden Grundfreiheiten besteht also kein Verhältnis der Exklusivität, sondern vielmehr eines der Parallelität.

> Eine Investition unterfällt vor allem dann der Niederlassungsfreiheit, wenn mit der Beteiligung der Erwerb unternehmerischen Einflusses verbunden ist[14].

Der Erwerb von Aktien der Volkswagen AG führt dazu, dass der Erwerber auch unternehmerischen Einfluss ausüben kann. Somit ist der wirtschaftliche Vorgang des Aktienerwerbs sowohl durch die Niederlassungsfreiheit als auch durch die Kapitalverkehrsfreiheit geschützt.

## 2. Beschränkung des freien Kapitalverkehrs

### a) Neuere Entwicklung: Die *golden share*-Rechtsprechung des EuGH

Art. 56 Abs. 1 EG verbietet alle Beschränkungen des freien grenzüberschreitenden Kapitalverkehrs. Es handelt sich bei der Vorschrift also schon vom Wortlaut her nicht um ein bloßes Diskriminierungsverbot, sondern um eine Befreiung von Beschränkungen jeglicher Art[15]. Hinsichtlich der Konkretisierung der Beschränkungen herrscht jedoch ebensolche Unklarheit wie bei der Bestimmung des Begriffs des Kapitalverkehrs. Einen entscheidenden Beitrag zur näheren Ausformung des

---

[12] Geiger R, EUV/EGV-Kommentar, 4. Aufl. 2004, Art. 56 EGV Rn. 5.
[13] Vgl. EuGH, Urt. v. 14.03.2000, Rs. C-54/99, Slg. 2000, I-1335 (Ziff. 14) [*Église de Scientology*]; aus der Literatur auch Streinz R, Europarecht, 7. Aufl. 2005, Rn. 897.
[14] EuGH, Urt. v. 13.04.2000, Rs. C-251/98, Slg. 2000, I-2787 (Ziff. 33) [*Baars*].
[15] EuGH, Urt. v. 25.07.1991, Rs. C-76/90, Slg. 1991, I-4221 (Ziff. 12) [*Säger*]; Sedlaczek M, in: Streinz R (Hrsg.), EUV/EGV-Kommentar, 2003, Art. 56 EGV Rn. 6 u. 8.

Beschränkungsbegriffs hat der EuGH in seinen fünf sog. *golden share*-Urteilen[16] aus den Jahren 2002/03 geleistet.

> Mit der *golden share*-Rechtsprechung hat der Gerichtshof nunmehr auch die Kapitalverkehrsfreiheit in die allgemeine Systematik der Grundfreiheiten einbezogen und dadurch den Weg zu einer konvergenten Auslegung der Grundfreiheiten eröffnet[17].

Damit steht einer entsprechenden Anwendung der am Beispiel der Warenverkehrsfreiheit entwickelten Grundsätze – insbesondere der *Dassonville*-Formel[18] – auf Sachverhalte mit Vermögensverkehr nichts mehr im Wege. Auf die Kapitalverkehrsfreiheit angewandt bedeutet das, dass jede innerstaatliche Regelung verboten ist, die geeignet ist, den Kapitalverkehr unmittelbar oder mittelbar, tatsächlich oder potentiell zu behindern.

> Damit ist jede Maßnahme verboten, die den Zufluss, den Abfluss oder den Durchfluss von Kapital der Form, dem Wert oder der Menge nach auf Dauer oder zeitweise behindert, begrenzt oder völlig untersagt[19].

Dies gilt unabhängig davon, ob die Vorschrift in- und ausländische Unternehmer gleichermaßen bindet.

**b) VW-Gesetz als *golden share*-Fall?**

Wenn die Vorschriften des Volkswagen-Gesetzes Regelungen im Sinne der *golden share*-Fälle darstellen, so würde dies bei fehlender Rechtfertigung zu ihrer Unvereinbarkeit mit dem Recht des freien Kapitalverkehrs führen. Zur Beantwor-

---

[16] (1) EuGH, Urt. v. 04.06.2002, Rs. C-483/99, Slg. 2002, I-4781 [*Kommission/ Frankreich*], zur französischen Regelung zur Kontrolle des Erwerbs von Anteilen oder Stimmrechten von Elf-Aquitaine; (2) EuGH, Urt. v. 04.06.2002, Rs. C-503/99, Slg. 2002, I-4809 [*Kommission/Belgien*], zu dem belgischen Staat zustehenden Sonderaktien zweier Energieunternehmen; (3) EuGH, Urt. v. 04.06.2002, Rs. C-367/98, Slg. 2002, I-4731 [*Kommission/Portugal*], zu portugiesischen Regelungen, die ausländischen Beteiligungen an privatisierten Unternehmen in den Bereichen Banken, Versicherungen, Energie und Verkehr auf insgesamt 25 % begrenzen; (4) EuGH, Urt. v. 13.05.2003, Rs. C-463/00, NJW 2003, 2663 [*Kommission/Spanien*] zu staatlichen Sonderrechten im Bereich des Telekommunikationssektors; (5) EuGH, Urt. v. 13.05.2003, Rs. C-98/01, NJW 2003, 2666 [*Kommission/Großbritannien*] zur staatlichen Sonderaktie an der privatisierten British Airport Authority.
[17] Wellige K, Weg mit dem VW-Gesetz, in: EuZW 2003, 428-433, 428 ff.
[18] Siehe dazu Fall 1.
[19] Vgl. nur Koenig C/Haratsch A, Europarecht, 4. Aufl. 2003, Rn. 694.

tung dieser Frage müssen das Entsenderecht in den Aufsichtsrat (§ 4 Abs. 1 VW-Gesetz) auf der einen und die Stimmrechtsregelung (§ 2 Abs. 1 VW-Gesetz) auf der anderen Seite differenziert werden.

*aa) Beschränkende Wirkung des Entsenderechts in den Aufsichtsrat*

Das Recht des Landes Niedersachsen[20], zwei Mitglieder in den Aufsichtsrat zu entsenden, solange ihm Aktien gehören, stellt eine Vorzugsregelung dar. Obwohl durch die Regelung keine sich von den übrigen VW-Aktien unterscheidende Sonderaktie geschaffen wird, handelt es sich dabei um eine Regelung im Sinne der *golden share*-Judikatur. Wie eingangs dargelegt, wird nicht danach unterschieden, ob es sich um ein durch eine Aktie oder durch eine gesetzliche Regelung eingeräumtes Vorzugsrecht handelt[21]. Durch § 4 Abs. 1 VW-Gesetz wird mit dem Aktienbesitz ein besonderes Vorzugsrecht für das Land Niedersachsen verbunden, während anderen Aktienbesitzern ein solches außerordentliches Entsenderecht nicht zusteht.

Dennoch könnte hier die tatsächliche Beschränkung des Kapitalverkehrs in Frage stehen, da das Land nur zwei von zwanzig Aufsichtsratsmandaten inne hat. Eine solche Argumentation verfehlt aber die Besonderheit des Organbesetzungsrechts. Hier kommt es entscheidend auf die – entsprechend der EuGH-Rechtsprechung auch potentielle – abschreckende Wirkung gegenüber ausländischen Investoren an. Durch die staatlich entsandten Aufsichtsräte wird infolge der ungleichen Einflussnahme auf die Zusammensetzung des Aufsichtsrates die Symmetrie von Kapitalmacht und Verwaltungsmöglichkeit verzerrt[22]. Zudem sind die Stimmen des Landes insbesondere bei Gleichheit der Arbeitnehmer- und Arbeitgeberseite entscheidend für den Ausgang der Abstimmung.

*bb) Beschränkende Wirkung der Stimmrechtsregelung*

Demgegenüber fällt die Bewertung des Höchststimmrechts nach § 2 Abs. 1 VW-Gesetz unter dem Aspekt der *golden share*-Grundsätze schwieriger. Die Stimmrechtsregelungen begründen keine konkreten Vorzugsrechte (wie etwa einen Widerspruchsvorbehalt) für den staatlichen Anteilseigner. Zudem gelten die Vorschriften unterschiedslos für staatliche wie auch private Anteilseigner, die über mehr als 20 % des Grundkapitals verfügen. Aus dem Aktienbesitz können somit keine direkten Sonderrechte für das Land Niedersachsen abgeleitet werden.

Inwieweit allein die tatsächliche Beteiligung eines staatlichen Hoheitsträgers bei Volkswagen eine Beschränkung des freien Kapitalverkehrs bewirkt, erscheint zweifelhaft. Die Beteiligung eines Bundeslandes als relativer Mehrheitsaktionär mag zwar *de facto* eine abschreckende Wirkung auf ausländische Investoren ha-

---

[20] Die Bundesrepublik Deutschland hält seit 1988 keine Anteile mehr am VW-Konzern.
[21] Armbrüster C, „Golden Shares" und die Grundfreiheiten des EG-Vertrags – EuGH, NJW 2002, 2303, 2305, 2306, in: JuS 2003, 224-227, 225.
[22] Sander F, Volkswagen vor dem EuGH – der Schutzbereich der Kapitalverkehrsfreiheit am Scheideweg, in: EuZW 2005, 106-109, 109.

ben. Dies gilt insbesondere mit Blick auf die Gefahr, dass nicht nur wirtschaftliche, sondern auch politische Interessen die Entscheidungsfindung beeinflussen können[23]. Diese Befürchtung reicht aber noch nicht aus, um daraus eine Sonderstellung der öffentlichen Hand abzuleiten. Vor allem kann diese nicht allein mit der privatwirtschaftlichen Beteiligung des Staates an einem Unternehmen begründet werden. Unter Beachtung dieser Überlegungen stellen sich die Stimmrechtsregelungen des VW-Gesetzes nicht als Vorschriften dar, die unter die vom EuGH geprägte *golden share*-Judikatur subsumiert werden können[24]. Es handelt sich bei § 2 Abs. 1 VW-Gesetz lediglich um eine Norm, welche die Investitions- und Übernahmeattraktivität des Volkswagenwerkes latent verringert, ohne auf jedoch Investitionen direkt oder indirekt zu behindern. Eine erwerbsbeschränkende Regelung im Sinne der *golden share*-Rechtsprechung des EuGH liegt jedoch nicht vor.

### c) Anderweitige Beschränkung des Kapitalverkehrs

Im Hinblick auf die vom EuGH entwickelten Grundsätze zur Konvergenz der Grundfreiheiten erscheint aber dennoch eine beschränkende Wirkung der Stimmrechtsregelungen unter allgemeinen Aspekten möglich. Bei einer entsprechenden Anwendung der *Dassonville*-Formel können unterschiedslos geltende Maßnahmen auch dann eine Grundfreiheit beschränken, wenn sie nur geeignet sind innergemeinschaftliche Investitionen unmittelbar oder mittelbar, tatsächlich oder potentiell zu behindern. Da das Gesetz keine Regelungen enthält, die beispielsweise den Erwerb von Anteilen unter einen Genehmigungsvorbehalt stellen, scheidet eine direkte rechtliche Behinderung hier freilich aus.

> Auf Grund des abschreckenden Effekts der Regelungen ist es dennoch möglich, von einer mittelbaren und potentiellen Behinderung auszugehen. So könnten ausländische Investoren aufgrund der Begrenzung des Höchststimmrechts von darüber hinaus gehenden Investitionen in die Volkswagen AG abgehalten werden, da ihr Einfluss auf die Geschicke des Unternehmens dann nicht mehr ihrer kapitalmäßigen Beteiligung entsprechen würde[25].

---

[23] BGHZ 135, 107 ff.
[24] So auch Wellige K, Weg mit dem VW-Gesetz, in: EuZW 2003, 428-433, 431 f.; Sander F, Volkswagen vor dem EuGH – der Schutzbereich der Kapitalverkehrsfreiheit am Scheideweg, in: EuZW 2005, 106-109, 107; von einer indirekten Erwerbsbeschränkung und damit einem „golden share"-Fall geht demgegenüber aber aus: Armbrüster C, „Golden Shares" und die Grundfreiheiten des EG-Vertrags – EuGH, NJW 2002, 2303, 2305, 2306, in: JuS 2003, 224-227, 227; offen lassen es Kilian W, Vom sinkenden Wert der „Goldenen Aktien", in: NJW 2003, 2653-2655, 2655 und Krause H, Von „goldenen Aktien", dem VW-Gesetz und der Übernahmerichtlinie, in: NJW 2002, 2747-2751, 2749.
[25] Hier ist der Grundsatz „one share, one vote" verletzt. Auf dieses Problem weist Henn G, Handbuch Aktienrecht, 7. Aufl. 2002, Rn. 707 Fn. 907 hin.

Die Vereinbarung eines Höchststimmrechts mindert vor allem die Macht der Großaktionäre, wodurch ausländische Großinvestoren von der Beteiligung an Volkswagen abgeschreckt werden. Die Begründung des Gesetzentwurfs ist in dieser Hinsicht eindeutig, wollten die Parlamentarier damit doch ausschließen, „dass Interessengruppen durch den Ankauf von Aktien einen beherrschenden Einfluss auf das Unternehmen gewinnen."[26] Das im Jahr 1998 durch den bundesdeutschen Gesetzgeber eingeführte Gesetz zur Kontrolle und Transparenz im Unternehmensbereich[27] fällt selbst bereits ein negatives Urteil über solche Überlegungen. Es verdeutlicht die Auffassung des Bundestages zur Rechtmäßigkeit von Stimmrechtsbeschränkungen wie folgt: Diese „beeinträchtigen den Kapitalmarkt, weil Übernahmen behindert werden und damit Übernahmephantasie fehlt."[28] Im Ergebnis ist die Festlegung eines unabhängig vom tatsächlichen Aktienbesitz bestehenden Höchststimmrechts also doch geeignet, den freien Kapitalverkehr zu beschränken.

> Zu den wesentlichen Elementen der Kapitalverkehrsfreiheit gehört gerade, dass sich Anleger durch Direktinvestitionen auch an der Verwaltung einer Gesellschaft im Sinne einer Symmetrie von Kapitalmacht und Kontrolleinfluss beteiligen können.

### d) Schutzbereichseinschränkung nach den Grundsätzen der *Keck*-Rechtsprechung

Um die aufgrund der entsprechenden Anwendung der *Dassonville*-Formel drohende Gefahr der Überdehnung im Bereich des Kapitalverkehrs zu verhindern, erscheint die Anwendung der *Keck*-Rechtsprechung auf unterschiedslose Maßnahmen auch bei dieser Grundfreiheit geboten. Der EuGH hat erstmalig in seinen beiden *golden share*-Entscheidungen vom Mai 2003 zur Anwendbarkeit dieser Rechtsprechung auf die Kapitalverkehrsfreiheit Stellung genommen[29].

> Entsprechend der grundsätzlichen Konvergenz der Grundfreiheiten steht einer Übertragung der vom EuGH in den Entscheidungen *Keck* und *Mithouard* entwickelten Grundsätze auf die Kapitalverkehrsfreiheit nichts entge-

---

[26] Vgl. die Begründung zum Gesetzentwurf von 1970, BT-Drs. VI/509, 3.
[27] Gesetz zur Kontrolle und Transparenz im Unternehmensbereich vom 27. April 1998, BGBl. I, 786.
[28] BT-Drs. 13/9712, 20, abgedruckt in: ZIP 1997, 2059-2068, 2064.
[29] EuGH, Urt. v. 13.05.2003, Rs. C-463/00, NJW 2003, 2663 [*Kommission/Köngreich Spanien*]; EuGH, Urt. v. 13.05.2003, Rs. C-98/01, NJW 2003, 2666 [*Kommission/ Großbritannien*]. Im Ergebnis hält der EuGH in den beiden vorliegenden Fällen allerdings die aktienrechtlichen Sonderrechte bzgl. der staatlichen Genehmigungs-vorbehalte für Veräußerungsgeschäfte nicht für vergleichbar.

gen. Angesichts der Weite des Beschränkungsbegriffs und der Schutzrichtung der Grundfreiheiten ist die Anwendung dieser Prinzipien zu bejahen[30].

Demnach würden mitgliedstaatliche Regelungen, die lediglich Rahmenbedingungen für die Kapitalverkehrsgeschäfte festlegen und nicht den Zugang zum Kapitalmarkt behindern, nicht unter das Beschränkungsverbot fallen. Die im Zusammenhang mit der Warenverkehrsfreiheit entwickelten Kriterien bedeuten für die Kapitalverkehrsfreiheit folgendes:

Keine verbotenen Beschränkungen des Kapitalverkehrs sind solche mitgliedstaatlichen Regelungen, die den Zugang zum Kapitalmarkt für ausländisches Kapital nicht beschränken, für alle betroffenen Wirtschaftsteilnehmer unterschiedslos gelten und die Kapitalbewegungen in- und ausländischen Kapitals tatsächlich in gleicher Weise betreffen.

Unter Berücksichtigung dieser Kriterien erscheint die Regelung des § 2 Abs. 1 VW-Gesetz in einem anderen Licht. Die Stimmrechtsbeschränkung führt nicht dazu, dass der Erwerb von VW-Aktien für ausländische Investoren erschwert wird. Indem die Ausübung des Stimmrechts einem gesellschaftsrechtlichen Sonderregime unterworfen wird, wird ihnen vielmehr nur die Ausübung bestimmter mit dem Aktienbesitz verbundener Vorrechte verwehrt. Die Unterscheidung zu Regelungen, die den Zugang zum Kapitalmarkt erschweren, wird auch dann deutlich, wenn man Parallelen zu den von der *Keck*-Rechtsprechung am Beispiel des Warenverkehrs entwickelten Kriterien zieht. Wird die Unterscheidung in produktbezogene und verkaufsbezogene Regelungen auf die Kapitalverkehrsfreiheit übertragen, so lassen sich die Normen in kapitalbezogene und investitionsbezogene unterscheiden[31]. Die kapitalbezogenen Normen sind dadurch gekennzeichnet, dass sie die Anforderungen an das in die Gesellschaft fließende Kapital regeln. In Betracht kommen hier beispielsweise Regelungen, die den Zugang ausländischen Kapitals zum inländischen Kapitalmarkt beschränken und dadurch Marktzugangsschranken errichten. Diesen stehen jene Normen gegenüber, die lediglich die Rahmenbedingungen der Investition festlegen und somit die Modalitäten der Investition regeln. Was die Verkaufsmodalitäten für den Warenverkehr, sind die Investitionsmodalitäten für den Kapitalverkehr[32]. § 2 Abs. 1 VW-Gesetz begrenzt lediglich den Umfang der Stimmrechtsausübung. Eine Beschränkung zum Erwerb von Anteilen der Volkswagen AG enthält die Vorschrift demgegenüber nicht. Es handelt sich somit um eine investitionsbezogene Regelung, die grundsätzlich von der Schutzbereichsbeschränkung der *Keck*-Rechtsprechung erfasst wird.

---

[30] Koenig C/Haratsch A, Europarecht, 4. Aufl. 2003, Rn. 687 f.;. skeptisch Sander F, Volkswagen vor dem EuGH – der Schutzbereich der Kapitalverkehrsfreiheit am Scheideweg, in: EuZW 2005, 106-109, 108.
[31] Wellige K, Weg mit dem VW-Gesetz, in: EuZW 2003, 428-433, 432.
[32] Treffend ibid., 432.

Damit sind aber noch nicht alle Voraussetzungen im Sinne der *Keck*-Rechtsprechung erfüllt. Nach den vom EuGH aufgestellten Grundsätzen müssten die Stimmrechtsregelungen des VW-Gesetzes zudem für alle betroffenen Wirtschaftsteilnehmer, die ihre Tätigkeit im Inland ausüben, unterschiedslos gelten und Kapitalbewegungen in- und ausländischen Kapitals tatsächlich in gleicher Weise betreffen. Das soll insbesondere solche Regelungen ausschließen, die nach Wohnsitz oder Anlageort differenzieren. Den vom EuGH aufgestellten Grundsätzen wird eine Regelung aber nicht gerecht, die allein auf die Investoren und Aktionäre eines bestimmten Konzerns (hier des VW-Konzerns) abstellt. Vielmehr müsste die Regelung unterschiedslos für alle Investitionen in inländische Aktiengesellschaften gelten, und nicht nur für solche Investitionen in die Volkswagen AG. Da die Stimmrechtsregeln im vorliegenden Fall aber eine Ausnahme für die Volkswagen AG darstellen, erfolgt eine unzulässige Differenzierung nach dem konkreten Anlageunternehmen.

Somit entspricht das Volkswagen-Gesetz nicht den Anforderungen der *Keck*-Rechtsprechung. Indem es Investitionen in das Volkswagenwerk gegenüber anderen unterschiedlich behandelt, stellt es im Ergebnis eine den freien Kapitalverkehr begrenzende Maßnahme dar.

### e) Zwischenergebnis

Die Regelung des § 4 Abs. 1 VW-Gesetz, nach der das Land Niedersachsen zwei Vertreter in den Aufsichtsrat entsenden kann, solange es Aktienanteile an der Gesellschaft hält, und die Festlegung eines Höchststimmrechts von max. 20 % des stimmberechtigten Gesamtkapitals (§ 2 Abs. 1 VW-Gesetz) haben eine beschränkende Wirkung auf die Kapitalverkehrsfreiheit.

## 3. Rechtfertigungsmöglichkeiten

Die Beschränkungen des freien Kapitalverkehrs durch das Volkswagen-Gesetz lassen sich rechtfertigen, wenn eine der Voraussetzungen des Art. 58 EG vorliegt oder ein zwingendes Allgemeininteresse an der Aufrechterhaltung der Regelungen besteht[33]. Art. 58 Abs. 1 EG erlaubt es den Mitgliedstaaten, sich auf die öffentliche Ordnung oder Sicherheit zu berufen. Dazu muss es sich aber um eine schwerwiegende Gefährdung handeln, die ein nicht-wirtschaftliches Grundinteresse der Gesellschaft berührt[34]. Eine auf allgemeine finanzielle oder wirtschaftliche Inte-

---

[33] Von der Bundesregierung ist bisher wenig zur Rechtfertigung vorgetragen worden, da man sich im Wesentlichen auf die Anwendbarkeit des Art. 56 EG auf das Volkswagen-Gesetz konzentrierte.

[34] Geiger R, EUV/EGV-Kommentar, 4. Aufl. 2004, Art. 58 EGV Rn. 4.

ressen gestützte Rechtfertigung reicht demgegenüber nicht aus. Eine Rechtfertigung nach Art. 58 EG scheidet demnach im vorliegenden Fall aus[35].

Zweifelhaft ist auch, ob hier zwingende Gründe des Allgemeinwohls geltend gemacht werden können[36]. Im Gegensatz zu den Unternehmen, die im Mittelpunkt der *golden share*-Entscheidungen des EuGH standen, erfüllt Volkswagen keinen Auftrag der Daseinsvorsorge und ist zudem nicht in einem für die nationalen strategischen Interessen wesentlichen Bereich tätig[37]. Nicht gerechtfertigt werden kann der Verstoß ferner durch die Berufung auf wirtschaftliche Interessen[38], wie etwa die Verhinderung von feindlichen Übernahmen[39]. Der EuGH erkennt rein wirtschaftlich begründete Argumente nicht als zwingende Gründe des Gemeinwohls an.

Die über die Gefährdung der Staatsaufgabe Niedersachsens zur Förderung von Wissenschaft und Forschung mittels der Volkswagen-Stiftung laufende Argumentation vermag daran nichts zu ändern[40]. Aufgrund seiner starken Aktionärsstellung kann das Land Niedersachsen zwar durch Bewilligungen die Volkswagen-Stiftung in der Tat erheblich unterstützen. Dieses Interesse kann aber nicht ausreichen, um einen zwingenden Grund des Allgemeinwohls anzunehmen, und dürfte zumindest an Verhältnismäßigkeitserwägungen scheitern[41]. Denn es wären ansonsten allzu leicht die Vorgaben der Kapitalverkehrsfreiheit zu umgehen und sich als Staat einen maßgeblichen Einfluss auf alle Unternehmen eigener Wahl zu sichern, indem man einfach eine Stiftung gründet, diese mit Aufgaben der Daseinsvorsorge be-

---

[35] Armbrüster C, „Golden Shares" und die Grundfreiheiten des EG-Vertrags – EuGH, NJW 2002, 2303, 2305, 2306, in: JuS 2003, 224-227, 227; Krause H, Von „goldenen Aktien", dem VW-Gesetz und der Übernahmerichtlinie, in: NJW 2002, 2747-2751, 2749.

[36] Vgl. Oppermann T, Europarecht, 3. Aufl. 2005, § 23 Rn. 14; Frenz W, Europarecht, 2004, Rn. 2878.

[37] Dies war in der „golden share"-Entscheidung im Fall Belgien für die Sicherstellung der Mindest-Energieversorgung in Krisenfällen angenommen worden. Vgl. EuGH, Urt. v. 04.06.2002, Rs. C-503/99, Slg. 2002, I-4809 (Ziff. 46) [*Kommission/Belgien*]. Auch im Fall EuGH, Urt. v. 13.05.2003, Rs. C-463/00, NJW 2003, 2663 [*Kommission/Spanien*] nahm der Gerichtshof nur für Erdöl, Telekommunikation und Elektrizität und nicht für die Bereiche der Tabakherstellung und des Bankwesens ein strategisches Interesse an, wenngleich er wegen des undurchsichtigen Genehmigungsverfahrens eine Rechtfertigung ablehnte.

[38] Vgl. insofern die Parallelen zur Warenverkehrsfreiheit: EuGH, Urt. v. 09.12.1997, Rs. C-265/95, Slg. 1997, I-6959 [*Kommission/Frankreich*]; und zur Dienstleistungsfreiheit: EuGH, Urt. v. 05.06.1997, Rs. C-398/95, Slg. 1997, I-3091 [*Syndesmos ton en Elladi Touristikon kai Taxidiotikon Grafeion/Ypourgos Ergasias*].

[39] Eine solche Argumentation würde dem vom EuGH in den „golden share" - Fällen geprägten Marktverständnis diametral zuwider laufen.

[40] So argumentiert aber Kilian W, Vom sinkenden Wert der „Goldenen Aktien", in: NJW 2003, 2653-2655, 2655; skeptisch Armbrüster C, „Golden Shares" und die Grundfreiheiten des EG-Vertrags – EuGH, NJW 2002, 2303, 2305, 2306, in: JuS 2003, 224-227, 227.

[41] Sander F, Volkswagen vor dem EuGH – der Schutzbereich der Kapitalverkehrsfreiheit am Scheideweg, in: EuZW 2005, 106-109, 109.

traut und das Kapital dafür aus dem Unternehmen nimmt. Ein solches Vorgehen würde jedoch den Grundfreiheiten und überhaupt den grundsätzlichen Zielen des Gemeinsamen Marktes zuwiderlaufen.

Als zwingendes Interesse ist vom EuGH außerdem der Anlegerschutz anerkannt worden[42]. Historisch diente die Privatisierung von Volkswagen vor allem dazu, aus den Arbeitern Anteilseigner zu machen[43]. Die Sonderregelungen sollten u.a. dazu dienen, den Aktienbesitz zu streuen. Selbst wenn man diesen Grund als ein zwingendes Interesse des Allgemeinwohls definiert, erscheint die Festsetzung eines Höchststimmrechts zu diesem Zweck jedoch unverhältnismäßig.

Schließlich rechtfertigt die von einigen Autoren[44] vorgebrachte Berufung auf den Vertrauensschutz die Beschränkung des freien Kapitalverkehrs ebenfalls nicht. Dass die Regelung seit mehr als 40 Jahren besteht, schützt sie nicht vor einer europarechtlichen Überprüfung. Vielmehr spricht diese Tatsache eher dafür, dass sich die damals angestrebten Ziele – breite Aktienstreuung – heute überholt haben, zumindest aber, wie der EuGH in den *golden share*-Fällen dargestellt hat, kein zwingendes Interesse mehr begründen können.

Im Ergebnis ist damit weder das Entsenderecht noch die Festsetzung eines Höchststimmrechts im Volkswagen-Gesetz zu rechtfertigen.

## 4. Ergebnis

Die Regelungen des § 2 Abs. 1 und § 4 Abs. 1 des Volkswagen-Gesetzes verstoßen gegen die Freiheit des Kapitalverkehrs nach Art. 56 Abs. 1 EG.

---

[42] Siehe Kimms F, Die Kapitalverkehrsfreiheit im Recht der Europäischen Union, 1996, 185 f.
[43] Vgl. noch einmal die Gesetzesbegründung zur Änderung von 1970: BT-Drs. VI/509, 3.
[44] Kilian W, Vom sinkenden Wert der „Goldenen Aktien", in: NJW 2003, 2653-2655, 2655.

# C. Anmerkungen

## I. Zur *golden share*-Rechtsprechung des EuGH

Den *golden share*-Entscheidungen des EuGH lagen vergleichbare Sachverhalte zu Grunde. So ging es in allen um staatliche Sonderrechte, welche die von potentiellen Investoren erstrebte Beteiligung an der Gesellschaftsführung erschwerten. Im Zuge der Privatisierung von staatlichen Unternehmen hatten sich die Regierungen der jeweiligen Staaten bestimmte Sonderrechte vorbehalten, die ihnen beispielsweise Vetorechte, Zustimmungsvorbehalte oder Organbesetzungsrechte gewährten[45]. Da diese an den Besitz bestimmter Aktien gekoppelt waren, setzte sich im Sprachgebrauch die Bezeichnung als *goldene Aktie* bzw. *golden share* durch. Unter europarechtlichen Gesichtspunkten sind damit aber auch solche Konstellationen gleichzusetzen, in denen den Staat bestimmte Sonderrechte durch Gesetz eingeräumt werden. In beiden Fällen stellt der Staat seinen Einfluss in meist als besonders wichtig oder sensibel eingestuften Unternehmen sicher, und zwar unabhängig vom konkreten Umfang des staatlichen Anteilsbesitzes. Eine Beschränkung der Kapitalverkehrsfreiheit sah der EuGH darin, dass solche Regelungen den Erwerb von Unternehmensanteilen durch private Investoren verhindern und dadurch Anleger aus anderen Mitgliedstaaten von Investitionen abhalten können[46]. Höchstgrenzen und Zustimmungsvorbehalte für Beteiligungen ausländischer Investoren beurteilte der EuGH daher in diesen Fällen als direkte Erwerbsbeschränkungen.

## II. Zum Verfahrensstand im Verfahren zur Überprüfung des VW-Gesetzes durch den EuGH

Die EU-Kommission hat am 13. Oktober 2004 beschlossen, gemäß Art. 226 Abs. 2 EGV den Europäischen Gerichtshof anzurufen. Die Klage vor dem EuGH ging am 18. März 2005 ein (Az.: C-112/05).

---

[45] Dazu umfassend Armbrüster C, „Golden Shares" und die Grundfreiheiten des EG-Vertrags – EuGH, NJW 2002, 2303, 2305, 2306, in: JuS 2003, 224-227, 227.
[46] Ibid., 225.

# Fall 11: Der Bananenstreit

## A. Sachverhalt

Die Erfordernisse des Gemeinsamen Binnenmarktes machten 1992 nach Ansicht der Kommission eine Vereinheitlichung der unterschiedlichen mitgliedstaatlichen Einfuhrregelungen für Bananen unausweichlich. Nach kontroversen Diskussionen wurde 1993 im EG-Agrarrat gegen den Widerstand der Bundesrepublik die so genannte Bananenmarktordnung verabschiedet. Dadurch werden – in vereinfachter Darstellung – Bananen aus den so genannten „AKP-Staaten" (Afrikas, der Karibik und des Pazifiks) aufgrund von Handelsabkommen und enger Assoziation mit der EG von Zöllen befreit. Für Bananen aus anderen Staaten, insbesondere Lateinamerikas, die zuvor gemeinschaftsweit einen Marktanteil von ca. zwei Dritteln hatten, wird dagegen ein fest begrenztes Zollkontingent vorgesehen: dessen Überschreitung ist zwar zulässig, aber mit sehr hohen Schutzzöllen belegt. Das Zollkontingent wird durch Lizenzen verwaltet, die nach einem bestimmten Schlüssel aufgrund der europarechtlichen Regelung von den nationalen Behörden vergeben werden. Bei außergewöhnlichen Umständen kann im Wege einer Härtefallregelung der Kommission eine Anpassung an den Bedarf hergestellt werden.

In der Bundesrepublik führt die Bananenmarktordnung zu erheblichen Problemen, da deutsche Importeure vor der Marktordnung im Wesentlichen hohe Mengen lateinamerikanischer Bananen importiert hatten. Die im Rat überstimmte Bundesrepublik klagt deshalb vor dem Gerichtshof gegen die Bananenmarktordnung. In der massiven Einschränkung des Handels mit latein-amerikanischen Bananen sieht sie eine Verletzung sowohl des Eigentumsrechts als auch des Rechts auf freie Berufsausübung, die beide gemeinschaftsrechtlich geschützt seien. Zudem verstoße die Verordnung – wie sich aus einer inzwischen im Rahmen der Welthandelsorganisation ergangenen Streitbeilegungsentscheidung ergebe – gegen Art. XI des GATT. Der Rat steht der Klage gelassen gegenüber: Nach seiner Auffassung sind mögliche Eingriffe der Marktordnung in die Gemeinschaftsgrundrechte jedenfalls verhältnismäßig. Auf einen Verstoß gegen Welthandelsrecht komme es gar nicht an, da der EuGH Sekundärrecht nicht am Maßstab von Gemeinschaftsabkommen zu prüfen habe.

Bananenimporteur I hat aufgrund der neuen Marktordnung nur noch für 2% seiner sonst üblichen Importmenge Einfuhrlizenzen erhalten. Er befürchtet, seinen Betrieb in Kürze schließen zu müssen. I beantragt deshalb vor dem Verwaltungsgericht unter Berufung auf seine existenzbedrohende Situation, die eine Härtefallregelung rechtfertige, die Zuteilung zusätzlicher Importlizenzen im Wege des einstweiligen Rechtsschutzes. Dieser Antrag bleibt auch in der Beschwerdeinstanz ohne Erfolg. I meint, so sei effektiver Rechtsschutz nicht mehr gegeben. Obsthändlerin O, die sich in einer ähnlichen Situation befindet, möchte dagegen unmittelbar gegen die Verordnung selbst vorgehen und dabei alle gegebenen Rechtsschutzmöglichkeiten ausschöpfen.

I, O und der die Klage der Bundesrepublik vorbereitende Ministerialdirigent M bitten Sie in folgender Hinsicht um Ihre rechtliche Einschätzung:

(1) M bittet Sie um eine gutachterliche Stellungnahme zu den Erfolgsaussichten einer Klage der Bundesrepublik gegen die Bananenmarktordnung.

(2) I möchte wissen, ob eine Verfassungsbeschwerde gegen die ablehnenden verwaltungsgerichtlichen Beschlüsse erfolgversprechend ist. Gehen Sie dabei (nur für diese Frage) davon aus, dass sich die Verwaltungsgerichte maßgeblich und ohne weitere Erörterung in der Sache auf eine zwischenzeitlich ergangene Entscheidung des EuGH über die Klage der Bundesrepublik gestützt haben, die die Rechtmäßigkeit der Bananenmarktordnung festgestellt hat, ohne freilich auf die Behandlung besonderer Härten im Einzelfall einzugehen.

(3) O schließlich fragt, ob sie mit Erfolg vor dem EuGH oder vor dem Bundesverfassungsgericht gegen die Bananenmarktordnung rechtlich vorgehen kann.

# B. Lösung

## Frage 1: Klage der Bundesrepublik gegen die Bananenmarktordnung

In Betracht kommt eine Nichtigkeitsklage der Bundesrepublik gegen die Bananenmarktordnung nach Art. 230 Abs. 2 EG. Diese wird Erfolg haben, wenn sie zulässig und begründet ist.

### I. Zulässigkeit

#### 1. Zuständigkeit des Gerichtshofs

Der EuGH ist nach Art. 230 Abs. 2 EG zur Entscheidung über Nichtigkeitsklagen der Mitgliedstaaten gegen Gemeinschaftsrechtsakte berufen.

#### 2. Parteifähigkeit

Die Bundesrepublik ist nach Art. 230 Abs. 2 EG zur Erhebung der Klage berechtigt (privilegierter Kläger). Der Rat als Urheber des angegriffenen Rechtsakts ist nach Art. 230 Abs. 1 EG tauglicher Klagegegner.

#### 3. Klagegegenstand und Klagebefugnis

Die Bananenmarktordnung gehört als EG-Verordnung zu den Rechtsakten, die im Wege der Nichtigkeitsklage angefochten werden können (Art. 230 Abs. 1 EG). Die Bundesrepublik muss als privilegierte Klägerin keine gesonderte Klagebefugnis im Sinne einer Verletzung in eigenen Rechten dartun.

#### 4. Klagegrund

Als Klagegrund kommt vorliegend eine „Verletzung dieses Vertrages" nach Art. 230 Abs. 2 EG in Betracht; diese stellt einen Auffangtatbestand dar, d.h. den Tatbestand erfüllt jede Gemeinschaftshandlung, die mit höherrangigem Gemeinschaftsrecht nicht in Einklang steht. Als höherrangiges Gemeinschaftsrecht, das verletzt sein könnte, kommen zum einen Gemeinschaftsgrundrechte, zum anderen Art. XI:1 des GATT[1] in Betracht.

---

[1] General Agreement on Tariffs and Trade vom 30.10.1947/15.04.1995 (Sartorius II, Nr. 510).

## a) Gemeinschaftsgrundrechte

Das Gemeinschaftsrecht kannte lange Zeit keinen geschriebenen Grundrechtskatalog. Die Existenz europäischer Grundrechte als Bestandteil der EG-Rechtsordnung ist allerdings anerkannt und wurde vom Gerichtshof in wertender Rechtsvergleichung in Anlehnung an die mitgliedstaatlichen Grundrechtskataloge und die Europäische Menschenrechtskonvention (EMRK) richterrechtlich festgestellt und fortentwickelt. Heute ist sie in Art. 6 Abs. 2 EU ausdrücklich festgeschrieben; auch die Gemeinschaftsgewalt ist also zum Schutz der Bürger an individuelle Gewährleistungen gebunden. Diese Gemeinschaftsgrundrechte sind als allgemeine Rechtsgrundsätze Bestandteile des europäischen Primärrechts. Deshalb ist die Bananenmarktordnung anhand europäischer Grundrechtsgewährleistungen überprüfbar.

> Die Grundrechtecharta[2], zweiter Teil der bisher nicht in Kraft getretenen Europäischen Verfassung, wurde bislang nur „feierlich proklamiert" und ist daher nicht rechtsverbindlich.

## b) Welthandelsrecht

Das GATT ist ein völkerrechtlicher Vertrag. Die Gemeinschaft ist selbst Vertragspartei des GATT (1994).

> Das GATT (1994) ist Bestandteil des Abkommens über die Gründung der Welthandelsorganisation[3] (WTO), deren Mitglied die Gemeinschaft ist. Das ursprüngliche GATT (1947) ist ergänzt und in den institutionellen Rahmen der Welthandelsorganisation eingebettet, im Kern aber nicht verändert worden; deshalb wird bei der Prüfung des Art. XI GATT hier nicht differenziert.

Nach Art. 300 Abs. 7 EG sind Abkommen der Gemeinschaft für die Organe der Gemeinschaft und die Mitgliedstaaten verbindlich. Sie stellen nach der ständigen Rechtsprechung des EuGH „integrierende Bestandteile der Gemeinschaftsrechtsordnung"[4] dar. Besondere Umsetzungsakte sind aufgrund der Bestimmung des Art. 300 Abs. 7 EG nicht erforderlich. Die Gemeinschaftsabkommen nehmen dabei einen Rang zwischen primärem und sekundärem Gemeinschaftsrecht ein: Der Vorrang vor dem Sekundärrecht ergibt sich daraus, dass die Abkommen für die

---

[2] Charta der Grundrechte der Europäischen Union vom 07.12.2000 (Sartorius II, Nr. 146).
[3] Übereinkommen zur Errichtung der Welthandelsorganisation vom 15.04.1994 (Sartorius II, Nr. 500).
[4] So die seitdem vielfach wiederholte Formel aus EuGH, Urt. v. 30.04.1974, Rs. 181/73, Slg. 1974, 449 (Ziff. 5) [*Haegeman*].

Gemeinschaftsorgane – und damit auch bei der Sekundärrechtsetzung – verbindlich sind, der Nachrang gegenüber dem Primärrecht daraus, dass die Gemeinschaft selbst nicht zur Änderung der Gründungsverträge befugt ist, wie sich aus Art. 300 Abs. 5 und 6 EG, 48 EU ergibt (die Mitgliedstaaten werden deshalb oft als „Herren der Verträge" bezeichnet). Aufgrund des dem Sekundärrecht übergeordneten Rangs der Gemeinschaftsabkommen ist ihre Verletzung grundsätzlich nach Art. 230 Abs. 2 EG im Wege der Nichtigkeitsklage rügefähig.

Allerdings fordert der Gerichtshof in ständiger Rechtsprechung, dass das Gemeinschaftsabkommen, auf das der Kläger seine Behauptung der Rechtswidrigkeit des Sekundärrechtsakts stützt, unmittelbar anwendbar sein muss („*self-executing*"), da ansonsten eine Berufung auf das Abkommen ausscheide. Diese Voraussetzung, die zunächst für Individualklagen aufgestellt worden war, hat der Gerichtshof später ausdrücklich auch für mitgliedstaatliche Klagen aufrecht erhalten.

Die unmittelbare Anwendbarkeit des GATT (1947) wird vom EuGH in ständiger Rechtsprechung verneint[5]: Er greift hierfür auf Sinn, Wortlaut und Aufbau des Abkommens zurück und stellt fest, dass das GATT (1947) durch die „besondere Geschmeidigkeit" der Bestimmungen gekennzeichnet sei. Die große Flexibilität der Vorschriften komme in dem in der Präambel betonten „Prinzip der Verhandlungen auf Grundlage der Gegenseitigkeit und zum gegenseitigen Nutzen" zum Ausdruck.

Allerdings hat die Gründung der Welthandelsorganisation (WTO) die institutionellen und rechtlichen Schwächen des GATT (1947) in weitem Umfang beseitigt, so dass für das GATT (1994) nicht automatisch dasselbe zu gelten hätte wie für das GATT (1947). In seiner viel kritisierten Entscheidung betreffend den Marktzugang für Textilwaren[6] hat der Gerichtshof seinen Argumentationsansatz geändert, seine Rechtsprechung im Ergebnis aber beibehalten: Zwar unterschieden sich die WTO-Übereinkünfte erheblich vom GATT (1947), gleichwohl werde den Verhandlungen zwischen den Mitgliedstaaten weiterhin ein hoher Stellenwert eingeräumt. Entscheidend sei, dass die unmittelbare Anwendung der WTO-Abkommen den Legislativ- und Exekutivorganen der Mitgliedstaaten die Möglichkeit nehme, auf dem Verhandlungswege Lösungen für Handelskonflikte zu suchen. Schließlich stellt der EuGH noch auf die fehlende Gegenseitigkeit bei der Durchführung der WTO-Übereinkünfte seitens einiger wichtiger Handelspartner der Gemeinschaft ab, die zu einem Ungleichgewicht führen könne. Aus diesen Erwägungen folgert er, dass die Rechtmäßigkeit von Handlungen der EG-Organe von ihm nicht am Maßstab des Welthandelsrechts zu überprüfen ist.

---

[5] EuGH, Urt. v. 12.12.1972, Rs. 24-27/72, Slg. 1972, 1219 (Ziff. 10 ff.) [*International Fruit Company*].
[6] EuGH, Urt. v. 23.11.1999, Rs. C-149/96, Slg. 1999, I-8395 [*Portugal/Rat (Textilimporte)*].

> Der Gerichtshof ignoriert, dass für das neue GATT im Rahmen der WTO ein verbindliches Streitschlichtungsverfahren existiert, das den Spielraum für Verhandlungslösungen erheblich reduziert hat[7]. So ergibt sich aus Art. 22 Abs. 1 des Dispute Settlement Understanding (DSU[8]), dass infolge der Feststellung von Rechtsverletzungen Staaten diese unbedingt abstellen müssen. Verhandlungen über Entschädigungen oder die Aussetzung von Verpflichtungen sind ausdrücklich kein Ersatz für die Behebung des Verstoßes. Die (fehlende) Gegenseitigkeit ist zwar ein klassisches völkerrechtliches Argument, doch der Gerichtshof schränkt mit der Berufung auf dieses Argument die Rechtswirkungen des Art. 300 Abs. 7 EG ein: Danach sollte die dort angeordnete Bindung der Gemeinschaft und ihrer Organe eben nicht von der unmittelbaren Anwendung in den Rechtsordnungen der anderen Vertragsparteien abhängen. Kern der massiven Kritik des Schrifttums an dieser EuGH-Rechtsprechung ist die Tatsache, dass der Gerichtshof nicht nur individuellen Klägern, sondern auch den Mitgliedstaaten die Berufung auf das Welthandelsrecht abschneidet[9].

Folgt man der Rechtsprechung des EuGH, so stellt die Verletzung von WTO-Recht keinen tauglichen Klagegrund dar. Insoweit ist die Klage der Bundesrepublik bereits unzulässig.

## 5. Ergebnis

Die Klage der Bundesrepublik gegen die Bananenmarktordnung ist nur insoweit zulässig, als eine Verletzung der Gemeinschaftsgrundrechte gerügt wird. Im Übrigen ist die Klage unzulässig.

---

[7] Überblick über die institutionellen Grundlagen der WTO bei Ipsen K, Völkerrecht, 5. Aufl. 2004, § 44 Rn. 42; zum Streitbeilegungsverfahren näher Weiß W/Herrmann C, Welthandelsrecht, 2003, Rn. 250 ff. m.w.N.

[8] Vereinbarung über Regeln und Verfahren zur Beilegung von Streitigkeiten vom 15.04.1994 (Sartorius II, Nr. 515).

[9] Näher zur Rechtsprechung des EuGH und zur Kritik an dieser etwa Bogdandy A von/Makatsch T, Kollision, Koexistenz oder Kooperation? Zum Verhältnis von WTO-Recht und europäischem Außenwirtschaftsrecht in neueren Entscheidungen, in: EuZW 2000, 261-268; Berrisch G M/Kamann H-G, WTO-Recht im Gemeinschaftsrecht – (k)eine Kehrtwende des EuGH, in: EWS 2000, 89-97; guter Überblick über die Gesamtthematik findet sich bei Hahn M, in: Calliess C/Ruffert M (Hrsg.), EUV/EGV-Kommentar, 2. Aufl. 2002, Art. 133 EG Rn. 162-187.

## II. Begründetheit

Die Klage ist begründet, wenn die Bananenmarktordnung gegen höherrangiges Recht verstößt. In Betracht kommen hier Verstöße gegen Gemeinschaftsgrundrechte.

> Der EuGH hat eine klare Systematik der Grundrechtsprüfung[10] bisher nicht erkennen lassen. Sollte in der Klausur eine solche verlangt werden, ist es daher ratsam, sich an das aus dem Verfassungsrecht bekannte Schema der Prüfung von Schutzbereich, Eingriff und Rechtfertigung zu halten.

### 1. Eigentumsfreiheit

**a) Gewährleistung im Gemeinschaftsrecht**

Aus den gemeinsamen Verfassungstraditionen der Mitgliedstaaten sowie aus Art. 1 des 1. Zusatzprotokolls zur EMRK ergibt sich nach ständiger Rechtsprechung des EuGH, dass die Eigentumsfreiheit ein auch auf Gemeinschaftsebene geschütztes Grundrecht ist (s. jetzt auch Art. 17 der Grundrechtecharta).

**b) Schutzbereich**

Die Eigentumsfreiheit schützt jede von der Rechtsordnung anerkannte und einem Inhaber zugeordnete vermögenswerte Rechtsposition. Demgegenüber schützt das Eigentumsrecht nicht bloße Marktanteile, die ein Wirtschaftsteilnehmer einmal erobert hat. Insoweit liegt kein Erwerb, sondern eine Erwerbserwartung vor. Auch die Einfuhrlizenz als solche ist keine von der Eigentumsfreiheit geschützte Rechtsposition. Marktanteile und Lizenzen stellen vielmehr wirtschaftliche Positionen dar, die dem Risiko einer Veränderung der Umstände unterliegen. Betroffen sind also die Erwerbschancen der Bananenimporteure. Diese unterfallen aber nicht dem Schutzbereich des europäischen Eigentumsgrundrechts.

> Insofern gilt in der Sache auf europäischer wie auf verfassungsrechtlicher Ebene, dass die Eigentumsfreiheit nur den Bestand schützt, der Erwerb dagegen allein der Berufsfreiheit unterfällt.

**c) Ergebnis**

Die Bananenmarktordnung verstößt nicht gegen das europäische Eigentumsrecht.

---

[10] Sehr lesenswert hierzu Kingreen T, in: Calliess C/Ruffert M (Hrsg.), EUV/EGV-Kommentar, Art. 6 EU Rn. 64-77.

## 2. Freiheit der Berufsausübung

### a) Gewährleistung im Gemeinschaftsrecht

Die freie Berufsausübung gehört ebenfalls zu den allgemeinen Rechtsgrundsätzen des Gemeinschaftsrechts, was neben den nationalen Verfassungstraditionen besonders in den Grundfreiheiten des EG-Vertrags zum Ausdruck kommt (s. jetzt auch Art. 15 der Grundrechtecharta). Angesichts der starken wirtschaftlichen Ausrichtung der Gemeinschaft hat die Berufsfreiheit in der Judikatur des EuGH schon immer eine große Rolle gespielt, und der Gerichtshof hat, obwohl die EMRK keine Garantie der Berufsfreiheit kennt, sowohl die Berufsfreiheit in ihrem Wahl- und Ausübungsaspekt als auch die in den Grundfreiheiten verbürgte Wettbewerbsfreiheit als Gemeinschaftsgrundrechte anerkannt.

### b) Eingriff in den Schutzbereich

Die Berufsfreiheit gewährt den von der Bananenmarktordnung betroffenen Importeure Erwerbsschutz. Die freie Berufsausübung der Importeure wird durch die Bananenmarktordnung beeinträchtigt, da sie nicht mehr unbegrenzt Bananen nach Deutschland importieren dürfen und sich die neue Einfuhrregelung damit negativ auf die Geschäftstätigkeit der Unternehmer auswirkt. Ein Eingriff in den Schutzbereich ist folglich gegeben.

### c) Eingriffsrechtfertigung

Nach der Rechtsprechung des Gerichtshofs kann die freie Berufsausübung Beschränkungen unterworfen werden, sofern diese legitimen Zielen der Gemeinschaft dienen und verhältnismäßig sind. Ein legitimes Ziel der Gemeinschaft ist darin zu sehen, dass die Bananenmarktordnung einheitliche Importregelungen für Drittlandsbananen festlegen und damit Wettbewerbsgleichheit im Binnenmarkt herstellen will (s. Art. 3 lit. g) EG). Bei der Bestimmung der Ziele hat der Gemeinschaftsgesetzgeber insbesondere in wirtschaftspolitischen Fragen einen sehr weiten Einschätzungsspielraum; der Gerichtshof schränkt seine eigene Kontrolldichte hier sehr stark ein.

Nach der Feststellung eines legitimen Gemeinschaftsziels prüft der EuGH noch die Verhältnismäßigkeit der Maßnahme, ohne hierbei im Regelfall zwischen unterschiedlichen Stufen zu unterscheiden. Im Wesentlichen sieht er eine Maßnahme mit legitimer Zielsetzung nur dann als unverhältnismäßig an, wenn der Wesensgehalt des betroffenen Grundrechts in Frage gestellt wird.

> Es empfiehlt sich aber auch hier, in der Klausur einfach die deutsche Systematik anzuwenden, da sie auf dasselbe hinausläuft und dabei genauer ist.

Die Geeignetheit der Verordnung zur Erreichung des anvisierten Ziels ist hier gegeben; bezüglich der Erforderlichkeit besteht erneut ein Einschätzungsspielraum des Rates, der so weit verstanden wird, dass die Erforderlichkeitskontrolle letztlich ausfällt. Der Gerichtshof möchte aus Gründen des institutionellen Gleichgewichts zwischen den EG-Organen[11] nicht in die Situation geraten, andere mögliche wirtschaftspolitische Konzepte auf ihre Eignung und auf mögliche Auswirkungen ü- überprüfen zu müssen. Er führt insoweit aus: „Zwar ist nicht auszuschließen, dass andere Mittel in Betracht kommen konnten, um das angestrebte Ergebnis zu erreichen. Der Gerichtshof kann jedoch nicht die Beurteilung des Rates in der Frage, ob die vom Gemeinschaftsgesetzgeber gewählten Maßnahmen mehr oder weniger angemessen sind, durch seine eigene Beurteilung ersetzen, wenn der Beweis nicht erbracht ist, dass diese Maßnahmen zur Verwirklichung des verfolgten Ziels offensichtlich ungeeignet waren."[12] Die Angemessenheit (Verhältnismäßigkeit im engeren Sinne) einer Marktordnung steht nach der Rechtsprechung des EuGH zur Bananenmarktordnung nur in Frage, wenn die Importeure durch die Marktordnung zur vollständigen Aufgabe ihres Berufs gezwungen werden; ansonsten überwiegt das Gemeinschaftsinteresse an der Wettbewerbsgleichheit in der Regel die Wirtschaftsinteressen der Importeure. Regelmäßig nimmt der EuGH also eine Rechtsgüterabwägung im engeren Sinne gar nicht vor. In der Entscheidung zur Bananenmarktordnung beschränkt sich der Gerichtshof auf die Feststellung, die Berufsfreiheit werde in ihrem Wesensgehalt nicht angetastet.

Folgt man dieser Rechtsprechung, ist der Eingriff in die Berufsfreiheit der Importeure verhältnismäßig und damit gerechtfertigt.

### d) Ergebnis

Die Bananenmarktordnung verstößt in Anlehnung an die Rechtsprechung des EuGH auch nicht gegen das europäische Recht auf freie Berufsausübung.

## 3. Ergebnis

Die Klage ist unbegründet.

## III. Gesamtergebnis

Die Nichtigkeitsklage der Bundesrepublik ist unter Zugrundelegung der Rechtsprechung des Gerichtshofs teilweise bereits unzulässig und im Übrigen unbegründet.

---

[11] Dazu Oppermann T, Europarecht, 3. Aufl. 2005, § 5 Rn. 103 m.N. zur Rechtsprechung des EuGH.
[12] EuGH, Urt. v. 05.10.1994, Rs. C-280/93, Slg. 1994, I-4973 (Ziff. 94) [*Deutschland/Rat (Bananenmarktordnung)*].

166  Fall 11

**Frage 2: Erfolgsaussichten einer Verfassungsbeschwerde des I**

Eine Verfassungsbeschwerde des I gegen die verwaltungsgerichtlichen Beschlüsse[13] wird erfolgreich sein, wenn sie zulässig und begründet ist.

## I. Zulässigkeit

### 1. Zuständigkeit des Bundesverfassungsgerichts

Das Bundesverfassungsgericht ist nach Art. 93 Abs. 1 Nr. 4a GG, §§ 13 Nr. 8a, 90 ff. BVerfGG zur Entscheidung über die Verfassungsbeschwerde des I berufen.

### 2. Beschwerdeberechtigung

Beschwerdeberechtigt ist nach Art. 93 Abs. 1 Nr. 4a GG, § 90 Abs. 1 BVerfGG jedermann, der Träger des als verletzt gerügten Grundrechts ist. I ist als deutscher Staatsbürger Träger aller Grundrechte und grundrechtsgleichen Rechte, so dass hier nicht näher differenziert werden muss. I ist damit beschwerdeberechtigt.

### 3. Beschwerdegegenstand

Tauglicher Gegenstand der Verfassungsbeschwerde ist nach Art. 93 Abs. 1 Nr. 4a GG, § 90 Abs. 1 BVerfGG jeder Akt der deutschen öffentlichen Gewalt. Wegen der umfassenden Grundrechtsbindung aller Gewalten nach Art. 1 Abs. 3 GG ist dieser Begriff weit zu verstehen, so dass auch gegen gerichtliche Entscheidungen Verfassungsbeschwerde erhoben werden kann. Ein tauglicher Beschwerdegegenstand liegt in den verwaltungsgerichtlichen Beschlüssen folglich vor.

### 4. Beschwerdebefugnis

#### a) Möglichkeit der Verletzung in eigenen Grundrechten

I muss dartun, dass eine Verletzung in seinen Grundrechten oder grundrechtsgleichen Rechten nicht offensichtlich von vornherein ausscheidet. Mit dem Verweis, ein effektiver Rechtsschutz sei infolge der Entscheidungen der Verwaltungsgerichtsbarkeit nicht mehr gegeben, beruft sich I auf Art. 19 Abs. 4 GG. Die Rechtsweggarantie gibt nach der Rechtsprechung des Bundesverfassungsgerichts nicht nur das Recht auf ein gerichtliches Verfahren – dieses muss vielmehr auch

---

[13] Über Anträge auf einstweiligen Rechtsschutz entscheidet das Verwaltungsgericht nach § 123 Abs. 4 VwGO in Beschlussform. Gegen den erstinstanzlichen Beschluss ist nach § 146 Abs. 1, 4 VwGO die Beschwerde zum OVG (VGH) statthaft.

effektiv sein. Eine Verletzung dieses Grundrechts auf effektiven Rechtsschutz durch die obergerichtlichen Beschlüsse, die ohne eine eigene Erörterung der Sache lediglich auf die Entscheidung des EuGH verwiesen haben, ist nicht von vornherein ausgeschlossen, die Möglichkeit einer Verletzung des Art. 19 Abs. 4 GG mithin gegeben.

**b) Eigene, unmittelbare und gegenwärtige Betroffenheit**

Zudem müsste I selbst, unmittelbar und gegenwärtig in seinen Grundrechten betroffen sein. Diese Voraussetzung, die das Bundesverfassungsgericht vornehmlich für die Rechtssatzverfassungsbeschwerde entwickelt hat, ist bei der Urteilsverfassungsbeschwerde unproblematisch erfüllt.

**c) Ergebnis**

I ist beschwerdebefugt.

## 5. Rechtsschutzbedürfnis

**a) Rechtswegerschöpfung**

Nach Art. 94 Abs. 2 S. 2 GG, § 90 Abs. 2 BVerfGG muss vor der Erhebung der Verfassungsbeschwerde der Rechtsweg erschöpft werden. Diese Voraussetzung hat I erfüllt.

**b) Subsidiarität der Verfassungsbeschwerde**

Eine Subsidiarität der Verfassungsbeschwerde aufgrund anderweitiger Möglichkeiten zur Behebung der Beschwer, wie sie das Bundesverfassungsgericht aus § 90 Abs. 2 BVerfGG ableitet, damit nur fachgerichtlich aufbereitete Verfahren zu ihm gelangen, ist nicht ersichtlich. Denkmöglich wäre es zwar, den I auf das Hauptsacheverfahren zu verweisen und bis zur Hauptsacheentscheidung die Verfassungsbeschwerde für unzulässig zu halten. Allerdings scheidet dies im vorliegenden Fall wegen der existenziellen Betroffenheit des I und der ihm drohenden irreversiblen Nachteile aus.

**c) Ergebnis**

Das Rechtsschutzbedürfnis des I ist gegeben.

## 6. Form und Frist

I hat die Formalia der §§ 92, 23 Abs. 1 BVerfGG zu wahren und muss die Monatsfrist des § 93 Abs. 1 S. 1 BVerfGG beachten.

## 7. Ergebnis

Eine Verfassungsbeschwerde gegen die verwaltungsgerichtlichen Beschlüsse ist zulässig.

## II. Begründetheit

Die Verfassungsbeschwerde des I ist begründet, wenn die verwaltungsgerichtlichen Beschlüsse ihn in seinem Grundrecht auf effektiven Rechtsschutz nach Art. 19 Abs. 4 GG verletzen.

### 1. Vorbemerkung zum Prüfungsumfang

Vorliegend handelt es sich um eine Urteilsverfassungsbeschwerde. Bei dieser ist folgendes zu beachten: Nach der *Elfes*-Rechtsprechung[14] des Bundesverfassungsgerichts kann über Art. 2 Abs. 1 GG jeder Verstoß gegen objektives Verfassungsrecht gerügt werden, damit auch gegen das Rechtsstaatsprinzip. Nach Art. 20 Abs. 3 GG ist die Rechtsprechung an das Gesetz gebunden. Das bedeutet, dass mit der Verfassungsbeschwerde über Art. 2 Abs. 1 GG jeder Rechtsverstoß der Judikative gerügt werden könnte. So aber würde das Bundesverfassungsgericht zur Superrevisionsinstanz, obwohl es eigentlich nur über die Verfassungsmäßigkeit des staatlichen Handelns wachen soll. Deshalb muss zwischen einer Grundrechtsverletzung der Judikative und einem bloßen „*error in procedendo*" differenziert werden. Das Bundesverfassungsgericht gebraucht hier die Formel von der Verletzung „spezifischen Verfassungsrechts": Eine solche soll vorliegen, wenn das Fachgericht nicht erkannt hat, dass es im konkreten Fall auch um Grundrechte ging, oder wenn die fachgerichtliche Entscheidung auf einer grundsätzlich unrichtigen Anschauung von der Bedeutung des einschlägigen Grundrechts beruht bzw. wenn das Auslegungsergebnis Grundrechte verletzt[15].

---

[14] BVerfGE 6, 32; s. dazu näher Kube H, Die Elfes-Konstruktion, in: JuS 2003, 111-118.
[15] Näher Schlaich K/Korioth S, Das Bundesverfassungsgericht, 6. Aufl. 2004, Rn. 280 ff.

## 2. Verletzung des Art. 19 Abs. 4 GG (i.V.m. Art. 14 Abs. 1 S. 1 GG)

### a) Schutzbereich

Das Verfahrensgrundrecht des Art. 19 Abs. 4 GG garantiert nicht nur das formelle Recht und die theoretische Möglichkeit, die Gerichte anzurufen, sondern auch die Effektivität des Rechtsschutzes. Der Bürger hat einen Anspruch auf einen tatsächlich wirksamen Schutz seiner Rechte. Hier kann I die Grundrechte aus Art. 12 und 14 nicht effektiv verteidigen, wenn die Verwaltungsgerichte ihm aufgrund der entsprechenden EuGH-Rechtsprechung kein Gehör schenken. Der Schutzbereich von Art. 19 Abs. 4 GG ist damit betroffen.

> Zu beachten ist allerdings, dass nach überwiegender Auffassung der Begriff der öffentlichen Gewalt i.S.d. Art. 19 Abs. 4 GG restriktiv zu interpretieren und insoweit kein Rechtsschutz gegen den Richter gegeben ist[16]. Insofern könnte es hier an der Betroffenheit des Schutzbereichs fehlen, da sich I gegen verwaltungsgerichtliche Beschlüsse wendet. Indes muss in Rechnung gestellt werden, dass es I in der Sache um eine Abwendung von Verletzungen seiner Berufsfreiheit und seines Eigentumsgrundrechts geht. Dies hat wohl auch das Bundesverfassungsgericht in dem zugrunde liegenden Fall berücksichtigt und eine Verletzung der Grundrechte aus Art. 19 Abs. 4 i.V.m. Art. 14 Abs. 1 S. 1 GG geprüft, ohne auf das Problem des Rechtsschutzes gegen den Richter einzugehen.

### b) Grundrechtsverletzung[17]

Art. 19 Abs. 4 GG ist verletzt, wenn die Versagung einstweiligen Rechtsschutzes schwere und unzumutbare, anders nicht abwendbare Nachteile für den Antragsteller nach sich zieht, die durch die Hauptsacheentscheidung nicht mehr beseitigt werden können, es sei denn, dass ausnahmsweise besondere, überwiegend wichtige Gründe entgegenstehen.

Die Verwaltungsgerichte haben hier trotz des Vorliegens eines Anordnungsgrundes (Dringlichkeit) den Erlass einer einstweiligen Anordnung nach § 123 VwGO abgelehnt, da I einen Anordnungsanspruch nicht hinreichend glaubhaft gemacht habe. Denn die im Rahmen der Prüfung des Anordnungsanspruchs erforderliche Abwägung zwischen dem gemeinschaftlichen Vollzugsinteresse und dem Interesse des I an der Zusprechung der Lizenzen falle zuungunsten des I aus, da

---

[16] So die herkömmliche Auffassung; das Bundesverfassungsgericht hat jetzt aber in einem Beschluss des Plenums festgestellt, dass sich aus dem Justizgewährleistungsanspruch auch eine grundsätzliche Überprüfbarkeit richterlicher Entscheidungen ergibt (BVerfGE 107, 395 mit Anmerkung von Voßkuhle A, in: NJW 2003, 2193-2200.

[17] Bei den Justizgrundrechten wird in der Regel auf eine getrennte Prüfung von Eingriff und Rechtfertigung verzichtet, da eine Eingriffsrechtfertigung kaum denkbar ist.

aufgrund der die Bananenmarktordnung bestätigenden Rechtsprechung des EuGH mit einem Erfolg des I im Hauptsacheverfahren nicht zu rechnen sei.

Demgegenüber führt das Bundesverfassungsgericht in dem dem Fall zugrundeliegenden Kammerbeschluss[18] aus, die Gerichte hätten nicht gewürdigt, dass die Rechte des I bei Versagung des vorläufigen Rechtsschutzes endgültig vereitelt würden, die Bananenmarktordnung jedoch für eine Härteregelung offen sei. Übersehen worden sei in dem Rekurs auf das bereits vorliegende Urteil des EuGH zur Grundrechtskonformität der Bananenmarktordnung, dass die Marktorganisation zwar als solche geprüft, ihre Auswirkungen auf einen konkreten Härtefall jedoch gerade nicht gewürdigt worden seien. Die Verordnung sei aber inhaltlich so offen, dass besondere Härten in der Anwendung aufgefangen werden könnten.

Folglich hätte – so das Bundesverfassungsgericht – aus der Sicht des Verfassungsrechts wegen des dem I drohenden irreparablen Schadens die Abwägung zugunsten des I ausfallen müssen. Die Versagung des vorläufigen Rechtsschutzes durch die Verwaltungsgerichte treffe den I schwer und irreparabel, ohne dass ausnahmsweise besondere Gründe für diese Versagung ersichtlich gewesen seien. Damit hätten die Verwaltungsgerichte das Gebot des effektiven Rechtsschutzes nicht ausreichend berücksichtigt. Das Bundesverfassungsgericht sieht deshalb eine Verletzung des Art. 19 Abs. 4 i.V.m. Art. 14 Abs. 1 S. 1 GG als gegeben an.

Daraus folgt jedoch nur, dass die verwaltungsgerichtlichen Beschlüsse fehlerhaft sind. Damit ist nicht gesagt, dass I in einer Neuauflage seines verwaltungsgerichtlichen Verfahrens die von ihm begehrten Einfuhrlizenzen tatsächlich erhalten würde. Denn es ist fraglich, ob aus der Sicht des Gemeinschaftsrechts ein Verwaltungsgericht dem I aus eigener Kompetenz im Vorgriff auf eine Entscheidung der hierfür zuständigen Kommission zusätzliche Einfuhrlizenzen zusprechen darf.

Der Europäische Gerichtshof hat diese Frage mit überzeugender Begründung verneint[19]: Zum einen liege die Anerkennung von Härtefällen allein in der Kompetenz der Kommission, so dass die gerichtliche Zusprechung zusätzlicher Kontingente konsequenterweise allein in der Kompetenz des EuGH und nicht in der der mitgliedstaatlichen Gerichte liege, die sonst dem Handeln eines Gemeinschaftsorgans vorgreifen würden. Zum anderen folge aus der ständigen Rechtsprechung des EuGH zum mitgliedstaatlichen vorläufigen Rechtsschutz[20] im Bereich des Gemeinschaftsrechts, dass dieser zwar ausnahmsweise gewährt werden dürfe, dass aber dem Gerichtshof gleichzeitig die gemeinschaftsrechtliche Frage im Wege der Vorabentscheidung vorgelegt werden müsse. Da der Vertrag jedoch keine Möglichkeit für ein nationales Gericht vorsehe, den Gerichtshof im Wege der Vorlage

---

[18] BVerfG EuZW 1995, 126 mit Anmerkung von Rupp H H, in: JZ 1995, 352-353.
[19] EuGH, Urt. v. 26.11.1996, Rs. C-68/95, Slg. 1996, I-6065 (Ziff. 53 ff.) [*Port*] mit Anmerkung von Koenig C, Gemeinschaftsrechtliche Unzulässigkeit einstweiliger Regelungsanordnungen gem. § 123 I VwGO im mitgliedstaatlichen Vollzug einer Gemeinsamen Marktorganisation?, in: EuZW 1997, 206-208.
[20] Hierzu EuGH, Urt. v. 21.02.1991, verb. Rs. C-143/88 u. C-92/89, Slg. 1991, I-415 (Ziff. 20 ff.) [*Zuckerfabrik Süderdithmarschen*]; EuGH, Urt. v. 09.11.1995, Rs. C-465/93, Slg. 1995, I-3761 (Ziff. 31 ff.) [*Atlanta*]. Eine Zusammenfassung der Judikatur findet sich etwa bei Kopp F O/Schenke W-R, VwGO, 14. Aufl. 2005, § 80 Rn. 154 und § 123 Rn. 16.

zu ersuchen, durch Vorabentscheidung die Untätigkeit eines Gemeinschaftsorgans festzustellen, seien die nationalen Gerichte auch nicht befugt, vorläufige Maßnahmen zu erlassen, bis das Organ tätig geworden ist.

Unter Berücksichtigung dieses Urteils des EuGH müsste eine Grundrechtsverletzung des I im Ergebnis doch verneint werden, da die Verwaltungsgerichte das Gebot des effektiven Rechtsschutzes zwar nicht ausreichend berücksichtigt haben mögen, in der Sache aber dennoch gegen I hätten entscheiden müssen.

### c) Ergebnis

Die Verfassungsbeschwerde ist damit unbegründet.

## III. Gesamtergebnis

Die Verfassungsbeschwerde des I gegen die verwaltungsgerichtlichen Beschlüsse wird keinen Erfolg haben.

## Frage 3: Vorgehen der O gegen die Bananenmarktordnung

## I. Rechtsschutz vor dem EuGH

Rechtsschutz vor dem EuGH kann O durch eine Nichtigkeitsklage gegen die Bananenmarktordnung erreichen. Diese hat Erfolg, wenn sie zulässig und begründet ist.

## 1. Zulässigkeit

### a) Zuständigkeit

Für Nichtigkeitsklagen, die von juristischen oder natürlichen Personen erhoben werden, ist gem. Art. 3 Abs. 1 lit. c) des Ratsbeschlusses 88/591 zur Errichtung eines Gerichts erster Instanz der EG[21] dieses (also nicht der EuGH) zuständig.

### b) Parteifähigkeit

Nach Art. 230 Abs. 4 EG ist I als natürliche Person tauglicher Antragsteller im Rahmen einer Nichtigkeitsklage. Der Rat ist gem. Art. 230 Abs. 1 EG möglicher Antragsgegner.

---

[21] Sartorius II, Nr. 248.

## c) Klagegegenstand

Die als Verordnung ergangene Bananenmarktordnung ist nach Art. 230 Abs. 4 EG grundsätzlich tauglicher Gegenstand einer Individualnichtigkeitsklage.

## d) Klagebefugnis

O ist als individuelle Klägerin nach Art. 230 Abs. 4 EG im Fall einer Verordnung jedoch nur klagebefugt, wenn die angegriffene Bananenmarktordnung sie „wie eine Entscheidung" unmittelbar und individuell betrifft.

Die unmittelbare Betroffenheit setzt voraus, dass die Betroffenheit bereits ohne das Dazwischentreten eines weiteren (mitgliedstaatlichen) Rechtsakts, dessen Eintritt ungewiss ist, gegeben ist. Aus diesem Grund kann man hier an der unmittelbaren Betroffenheit zumindest zweifeln, da erst die Erteilung bzw. Verweigerung einer Einfuhrlizenz auf der Grundlage der Bananenmarktordnung die O unmittelbar betrifft. Hier kommt es darauf an, inwieweit den Mitgliedstaaten bei der Verteilung der Lizenzen noch ein eigenes Ermessen zukommt (fehlt es an einem Zwischenakt mit mitgliedstaatlichem Entscheidungsspielraum, ist die unmittelbare Betroffenheit zu bejahen). Die Frage der unmittelbaren Betroffenheit kann jedoch dahingestellt bleiben, wenn es in jedem Fall an der individuellen Betroffenheit fehlt.

Für das individuelle Betroffensein i.S.v. Art. 230 Abs. 4 EG genügt nicht die bloße Identifizierbarkeit beeinträchtigter Marktteilnehmer. Die individuelle Betroffenheit ist vielmehr nur gegeben, „wenn der angegriffene Rechtsakt den Kläger wegen bestimmter persönlicher Eigenschaften oder besonderer, ihn aus dem Kreis aller übrigen Personen heraushebender Umstände berührt und ihn daher in ähnlicher Weise individualisiert wie einen Adressaten" (sog. „*Plaumann*-Formel" des EuGH[22]). Der Kreis der individuell betroffenen Personen muss dabei abgeschlossen sein. Das allein reicht allerdings noch nicht aus: Es genügt nach der im Bereich der Individualklagebefugnis äußerst restriktiven Rechtsprechung des EuGH[23] zur Individualisierung nicht, dass die individuell betroffenen Personen nach Maßgabe eines objektiven Tatbestands feststellbar sind (beispielsweise: alle Bananenimporteure). Es bedarf darüber hinaus noch besonderer Umstände. Als solche Umstände sind bisher sicher nur anerkannt:

– die Verfahrensbeteiligung im Vorfeld und
– der Entzug einer konkreten Rechtsposition durch den angegriffenen Rechtsakt.

Die Bananenmarktordnung regelt die Bananeneinfuhr nur abstrakt-generell, O wird in keiner Weise aus dem Kreis der übrigen Wirtschaftsteilnehmer herausgehoben. Die Betroffenen sind lediglich nach Maßgabe eines objektiven Tatbestands

---

[22] EuGH, Urt. v. 15.07.1963, Rs. 25/62, Slg. 1963, 211 (273) [*Plaumann*].
[23] zu den Entwicklungslinien und den Einzelheiten vgl. Cremer W, in: Calliess C/Ruffert M (Hrsg.), EUV/EGV-Kommentar, Art. 230 EG Rn. 48-60 m.w.N.

abgrenzbar. Folglich fehlt es vorliegend an den Voraussetzungen der Klagebefugnis nach Art. 230 Abs. 4 EG.

**e) Ergebnis**

Eine Klage der O gegen die Bananenmarktordnung wäre unzulässig.

## 2. Ergebnis

Eine Nichtigkeitsklage der O gegen die Bananenmarktordnung hat keine Aussicht auf Erfolg.

> Üblicherweise wäre die Begründetheit der Klage jetzt in einem Hilfsgutachten zu prüfen. Dies ist hier jedoch entbehrlich, weil die relevanten Rechtsfragen bereits im Rahmen von Frage 1 abgehandelt wurden.

## II. Rechtsschutz vor dem Bundesverfassungsgericht

In Betracht kommt weiter eine Verfassungsbeschwerde der O gegen die Bananenmarktordnung. Diese hat Erfolg, wenn sie zulässig und begründet ist.

## 1. Zulässigkeit

### a) Zuständigkeit des Bundesverfassungsgerichts

Das Bundesverfassungsgericht ist nach Art. 93 Abs. 1 Nr. 4a GG, §§ 13 Nr. 8a, 90 ff. BVerfGG zur Entscheidung über die Verfassungsbeschwerde der O berufen.

### b) Beschwerdeberechtigung

Beschwerdeberechtigt ist nach Art. 93 Abs. 1 Nr. 4a GG, § 90 Abs. 1 BVerfGG jedermann, der Träger des als verletzt gerügten Grundrechts ist. O ist als deutsche Staatsbürgerin Träger aller Grundrechte und grundrechtsgleichen Rechte, so dass hier nicht näher differenziert werden muss. Sie ist damit beschwerdeberechtigt.

### c) Beschwerdegegenstand

Tauglicher Gegenstand der Verfassungsbeschwerde ist nach Art. 93 Abs. 1 Nr. 4a GG, § 90 Abs. 1 BVerfGG jeder Akt der öffentlichen Gewalt. Vorliegend wendet sich O gegen die Bananenmarktordnung, also eine EG-Verordnung nach Art. 249 Abs. 2 EG. Diese ist ein Akt öffentlicher Gewalt, entstammt aber nicht der Hoheitsgewalt der Bundesrepublik, sondern der Hoheitsgewalt der Gemeinschaft. Insofern ist fraglich, ob der Begriff der „öffentlichen Gewalt" in Art. 93 Abs. 1 Nr. 4a GG nur die deutsche oder auch die supranationale öffentliche Gewalt bezeichnet.

Das BVerfG musste sich 1967 mit dieser Frage zum ersten Mal auseinandersetzen. Es hat damals festgestellt: „Das Bundesverfassungsgericht kann auf Verfassungsbeschwerde nur Akte der öffentlichen Gewalt nachprüfen. Nach ständiger Rechtsprechung sind dies nur Akte der staatlichen, deutschen, an das Grundgesetz gebundenen öffentlichen Gewalt. Verordnungen des Rates und der Kommission der EWG sind keine Akte der deutschen öffentlichen Gewalt."[24]

Von dieser Sichtweise hat sich das Bundesverfassungsgericht allerdings in der *Maastricht*-Entscheidung explizit distanziert. Dort heißt es: „Auch Akte einer besonderen, von der Staatsgewalt der Mitgliedstaaten geschiedenen öffentlichen Gewalt einer supranationalen Organisation betreffen die Grundrechtsberechtigten in Deutschland. Sie berühren damit die Gewährleistungen des Grundgesetzes und die Aufgaben des Bundesverfassungsgerichts, die den Grundrechtsschutz in Deutschland und insoweit nicht nur gegenüber deutschen Staatsorganen zum Gegenstand haben (Abweichung von BVerfGE 58, 1 [27])."[25]

> Diese Passage des *Maastricht*-Urteils ist verfassungsprozessual wohl so zu verstehen: Da die Grundrechtsgefährdungen für die deutschen Staatsbürger mehr und mehr nicht nur von Seiten der deutschen Staatsgewalt, sondern auch von Seiten der Gemeinschaftsgewalt drohen, ist diese der deutschen öffentlichen Gewalt in dieser Hinsicht funktional gleichzustellen mit der Folge, dass sich die öffentliche Gewalt i.S.d. Art. 93 Abs. 1 Nr. 4a GG nicht mehr auf die deutsche Hoheitsgewalt beschränkt.

Damit sieht das Bundesverfassungsgericht sekundäres Gemeinschaftsrecht – grundsätzlich! – als tauglichen Gegenstand der Verfassungsbeschwerde an. Also ist auch die Bananenmarktordnung tauglicher Beschwerdegegenstand.

**d) Auswirkungen des „Kooperationsverhältnisses" auf die Zulässigkeit („strukturelles Grundrechtsschutzdefizit" als besondere Zulässigkeitsvoraussetzung)**

Mit der Feststellung, dass sekundäres Gemeinschaftsrecht grundsätzlich mit der Verfassungsbeschwerde angegriffen werden kann, kann es nicht sein Bewenden haben. Anderenfalls wäre jede Verfassungsbeschwerde gegen Sekundärrecht vor dem Bundesverfassungsgericht zulässig, obwohl doch nach Art. 220 EG dem EuGH aus gemeinschaftsrechtlicher Sicht die alleinige Prüfungs- und Verwer-

---

[24] BVerfGE 22, 293 (295); ähnliche Passage in BVerfGE 37, 271 (283); 58, 1 (27).
[25] BVerfGE 89, 155 (175).

fungskompetenz über Gemeinschaftsrecht zusteht[26]. Dem widerspricht auch eine Unanwendbarkeitserklärung durch das nationale Gericht. Als der innergemeinschaftliche Grundrechtsschutz noch im Entstehen begriffen war, ließ die vorbehaltlose Anerkennung des Verwerfungsmonopols des EuGH jedoch Befürchtungen einer Aushöhlung des Grundrechtsschutzes aufkommen.

Das BVerfG hat sich deshalb in klarem Widerspruch zum Kontrollanspruch des EuGH und in wechselvoller Judikatur eine Reservefunktion im Bereich des Grundrechtsschutzes gegenüber Gemeinschaftsrecht zugesprochen, die es in einem „Kooperationsverhältnis" zum EuGH ausüben will. Im *Solange I*-Beschluss hatte sich das Bundesverfassungsgericht zunächst die Kompetenz zur Überprüfung von Sekundärrecht am Maßstab der Grundrechte zugesprochen, „solange der Integrationsprozess der Gemeinschaft nicht so weit fortgeschritten ist, dass das Gemeinschaftsrecht auch einen von einem Parlament beschlossenen und in Geltung stehenden formulierten Katalog von Grundrechten erhält, der dem Grundrechtskatalog des Grundgesetzes adäquat ist"[27].

> In Abkehr hiervon stellte das Bundesverfassungsgericht in Reaktion auf die zunehmenden Grundrechtsschutzbemühungen des EuGH im *Solange II*-Beschluss fest: „Nach Auffassung des erkennenden Senats ist mittlerweile im Hoheitsbereich der Europäischen Gemeinschaften ein Maß an Grundrechtsschutz erwachsen, das nach Konzeption, Inhalt und Wirkungsweise dem Grundrechtsstandard des Grundgesetzes im wesentlichen gleichzuachten ist. [...] Solange die Europäischen Gemeinschaften, insbesondere die Rechtsprechung des Gerichtshofs der Gemeinschaften, einen wirksamen Schutz der Grundrechte gegenüber der Hoheitsgewalt der Gemeinschaften generell gewährleisten, der dem vom Grundgesetz als unabdingbar gebotenen Grundrechtsschutz im wesentlichen gleichzuachten ist, zumal den Wesensgehalt der Grundrechte generell verbürgt, wird das Bundesverfassungsgericht seine Gerichtsbarkeit über die Anwendbarkeit von abgeleitetem Gemeinschaftsrecht, das als Rechtsgrundlage für ein Verhalten deutscher Gerichte oder Behörden im Hoheitsbereich der Bundesrepublik Deutschland in Anspruch genommen wird, nicht mehr ausüben und dieses Recht mithin nicht mehr am Maßstab der Grundrechte des Grundgesetzes überprüfen; entsprechende Vorlagen nach Art. 100 Abs. 1 GG sind somit unzulässig."[28]

Entsprechendes gilt seit diesem Beschluss für die Zulässigkeit von Verfassungsbeschwerden: Diese sind nur (d.h.: erst dann wieder) zulässig, wenn innergemeinschaftlich ein dem Grundgesetz im wesentlichen entsprechender Grundrechtsstan-

---

[26] Vgl. aus gemeinschaftsrechtlicher Sicht nur EuGH, Urt. v. 22.10.1987, Rs. 314/85, Slg. 1987, 4199 (Ziff. 15 ff.) [*Foto-Frost*].
[27] BVerfGE 37, 271 (285).
[28] BVerfGE 73, 339 (378 u. 387).

dard nicht mehr gewährleistet ist. Damit behält sich das Bundesverfassungsgericht zwar explizit eine Prüfungskompetenz hinsichtlich der Grundrechtskonformität von Sekundärrecht vor, die es aber bis auf weiteres nicht mehr ausüben will; daran hat sich mit der *Maastricht*-Entscheidung nichts geändert.

Nicht leicht zu beantworten ist allerdings die Frage, wann die Absenkung des europäischen Grundrechtsschutzes unter einen grundgesetzadäquaten Grundrechtsstandard zu konstatieren sein würde. Hier ist häufig die Formel vom „strukturellen Defizit" gebraucht worden. Aus der europäischen Rechtsprechungsentwicklung – ein Einzelfall genügt also nicht – müsste sich danach ergeben, dass ein im Wesentlichen dem Grundgesetz entsprechender Grundrechtsschutz generell nicht mehr gewährleistet ist. Erst wenn der Beschwerdeführer dies dartun kann, „reaktiviert" sich die Reservefunktion des Bundesverfassungsgerichts, und die Verfassungsbeschwerde wird zulässig.

Fortbestehende Unklarheiten hat das Bundesverfassungsgericht mit seinem Beschluss zur Bananenmarktordnung endgültig beseitigt. Es bürdet dem Beschwerdeführer tatsächlich schon im Bereich der Zulässigkeit eine erhebliche Darlegungslast auf: „Sonach sind auch nach der Entscheidung des Senats in BVerfGE 89, 155 Verfassungsbeschwerden und Vorlagen von Gerichten von vornherein unzulässig, wenn ihre Begründung nicht darlegt, dass die europäische Rechtsentwicklung einschließlich der Rechtsprechung des Europäischen Gerichtshofs nach Ergehen der *Solange II*-Entscheidung (BVerfGE 73, 339 [378 bis 381]) unter den erforderlichen Grundrechtsstandard abgesunken sei. Deshalb muss die Begründung der Vorlage eines nationalen Gerichts oder einer Verfassungsbeschwerde, die eine Verletzung in Grundrechten des Grundgesetzes durch sekundäres Gemeinschaftsrecht geltend macht, im Einzelnen darlegen, dass der jeweils als unabdingbar gebotene Grundrechtsschutz generell nicht gewährleistet ist. Dies erfordert eine Gegenüberstellung des Grundrechtsschutzes auf nationaler und auf Gemeinschaftsebene in der Art und Weise, wie das Bundesverfassungsgericht sie in BVerfGE 73, 339 (378 bis 381) geleistet hat."[29]

Folglich müsste O hier in eingehender Rechtsprechungsanalyse, die über den Fall der Bananenmarktordnung und die mit dieser verknüpften EuGH-Entscheidungen hinausreicht, ein generelles Absinken des innergemeinschaftlichen Grundrechtsstandards unter den Wesensgehalt der im Grundgesetz verbürgten Grundrechte dartun können. Wegen der hohen Hürde, die das Bundesverfassungsgericht hier ganz bewusst aufgestellt hat, um den Grundsatzkonflikt ohne Aufgabe seines Letztkontrollanspruchs in der Praxis zu entschärfen, ist nicht davon auszugehen, dass der O eine solche Darlegung gelingen kann. Also kann O die bei Verfassungsbeschwerden gegen sekundäres Gemeinschaftsrecht zu fordernde Zulässigkeitsvoraussetzung der Darlegung eines „strukturellen Grundrechtsschutzdefizits" nicht erfüllen.

---

[29] BVerfGE 102, 147 (164) mit Anmerkungen von Mayer F C, in: EuZW 2000, 685-689; Nettesheim M, Die Bananenmarktentscheidung des BVerfG: Europarecht und nationaler Mindestgrundrechtsstandard, Jura 2001, 686-692.

> Die oben skizzierte Rechtsprechungsentwicklung muss Examenskandidaten in ihren Grundlinien geläufig sein. Sie müssen in einer vergleichbaren Fallkonstellation darlegen, dass Verfassungsbeschwerden gegen sekundäres Gemeinschaftsrecht nur unter ganz besonderen Voraussetzungen zulässig sind. Ob sie diese als besondere Zulässigkeitsvoraussetzungen ansehen oder bereits im Rahmen des Beschwerdegegenstands prüfen, ist sekundär. Sie sollten jedoch in jedem Fall darstellen, dass das Bundesverfassungsgericht seit dem *Maastricht*-Urteil grundsätzlich auch die supranationale öffentliche Gewalt als „öffentliche Gewalt" i.S.d. Art. 93 Abs. 1 Nr. 4a GG ansieht.

### e) Ergebnis

Die Verfassungsbeschwerde der O gegen die Bananenmarktordnung ist unzulässig.

## 2. Ergebnis

Die Verfassungsbeschwerde gegen die Bananenmarktordnung wird keinen Erfolg haben.

> Die Fallfrage zielt hier wie in den meisten Konstellationen dieser Art offensichtlich nur auf eine Darstellung der Rechtsprechung des Bundesverfassungsgerichts zur Prüfung von Gemeinschaftsrecht ab. Sofern nichts Abweichendes verlangt ist, wird eine hilfsgutachtliche Prüfung des Gemeinschaftsrechtsakts am Maßstab der Grundrechte des Grundgesetzes daher entbehrlich sein.

## C. Anmerkungen

Der Fall ist schwierig, für das Grundverständnis des Zusammenwirkens von Gemeinschaftsrechtsordnung und nationaler Rechtsordnung aber wichtig. Nach den Konflikten zwischen EuGH und Bundesverfassungsgericht wird in Prüfungen immer wieder gefragt. Unerlässlich ist in diesem Bereich die Kenntnis der Rechtsprechung jedenfalls in ihren Grundzügen, weshalb die Lösung des Falls ganz bewusst sehr eng an die betreffenden Entscheidungen angelehnt wurde. Es lohnt sich, die zentralen Entscheidungen im Volltext oder jedenfalls die in den Studienausgaben abgedruckten Passagen nachzulesen!

### I. Vertiefungshinweise

#### 1. Das *Maastricht*-Urteil

Das *Maastricht*-Urteil betrifft im Kern nicht die Frage des Grundrechtsschutzes, sondern die der Verbandskompetenzverteilung. Sowohl der Grundrechts- als auch der Kompetenzkonflikt betreffen den Vorranganspruch des Gemeinschaftsrechts und seine Grenzen. Aus gemeinschaftsrechtlicher Sicht ist dieser Vorranganspruch unbegrenzt, d.h. Gemeinschaftsrecht setzt sich gegenüber nationalem Recht jeder Rangstufe durch[30]. Dem hat das Bundesverfassungsgericht, das die Integrationsschranken aus dem Grundgesetz herleiten will, in zweierlei Hinsicht Grenzen gezogen: Zum einen sollen sich die Grundrechte des Grundgesetzes gegenüber Gemeinschaftsrecht durchsetzen, wenn ein strukturelles Grundrechtsschutzdefizit zu verzeichnen ist. Im Kompetenzstreit geht es darum, wer letztverbindlich über die Reichweite der der Gemeinschaft eingeräumten Kompetenzen entscheidet. Der EuGH beansprucht diese Kompetenz für sich, da es sich um eine Frage der Auslegung der Kompetenznormen des EG-Vertrags handle. Demgegenüber hat das Bundesverfassungsgericht im *Maastricht*-Urteil festgehalten, Auslegungen der Kompetenznormen, die sich nicht in dem von den Mitgliedstaaten eingeräumten Rahmen bewegten, seien für die Bundesrepublik nicht verbindlich; kompetenzüberschreitende („ausbrechende") Rechtsakte der Gemeinschaft könnten für die Bundesrepublik keine Bindungswirkung entfalten[31]. Auch über die Kompetenzfrage will das Bundesverfassungsgericht also letztverbindlich entscheiden. Festzuhalten bleibt dabei, dass es in der Praxis bisher zu keiner Unanwendbarkeitserklärung von EG-Rechtsakten durch das Bundesverfassungsgericht gekommen ist.

#### 2. Grundrechte und Grundfreiheiten

Wie die Gemeinschaftsgrundrechte sind auch die Grundfreiheiten individuelle Garantien. In der Zielrichtung unterscheiden sich die im Kern wirtschaftsbezogenen

---
[30] EuGH, Urt. v. 15.07.1964, Rs. 6/64, Slg. 1964, 1253 (1269-1270) [*Costa/ENEL*].
[31] Die Kernpassage BVerfGE 89, 155 (187 f.) sei unbedingt zur Lektüre empfohlen!

Grundfreiheiten von den Grundrechten überdies dadurch, dass sie sich primär an die Mitgliedstaaten richten, denen es im Binnenmarkt verwehrt sein soll, ihre Staatsangehörigen zu privilegieren. Die Gemeinschaftsgrundrechte richten sich dagegen in erster Linie an die Gemeinschaftsorgane. Nach der Rechtsprechung des Gerichtshofs sollen aber auch die Mitgliedstaaten an die Gemeinschaftsgrundrechte gebunden sein, wenn sie Gemeinschaftsrecht vollziehen oder Grundfreiheiten einschränken (Grundrechte als „Schranken-Schranken" der Grundfreiheiten[32]).

## II. Lesehinweise

Die Empfehlungen zur Vertiefung ergeben sich aus den Fußnoten (neben den angegebenen Kommentarstellen betrifft das vor allem die Rechtsprechungslinie des Bundesverfassungsgerichts von *Solange I* über *Solange II* und *Maastricht* bis zum *Bananenmarkt*-Beschluss).

---

[32] Hierzu nochmals Kingreen T, in: Calliess C/Ruffert M (Hrsg.), EUV/EGV-Kommentar, Art. 6 EU Rn. 56 ff. m.w.N.

# Fall 12: Keine Regel ohne Ausnahme?

## A. Sachverhalt

Pentachlorphenol (PCP) ist ein chemischer Stoff, der zur Holzbehandlung, zur Imprägnierung, zum Gerben von Häuten sowie bei der Abwasseraufbereitung Verwendung findet. Er ist sowohl für den Menschen als auch für die Umwelt hochgradig giftig. In Deutschland besteht daher eine besondere PCP-Verordnung mit sehr niedrigen Grenzwerten.

Zur schrittweisen Verwirklichung des Binnenmarktes erlässt der Rat auf Vorschlag der Kommission im Mitentscheidungsverfahren eine Richtlinie, mit der die Grenzwerte für bestimmte Gefahrstoffe einheitlich für die Gemeinschaft festgelegt werden. Der für PCP – gegen deutschen Widerstand – festgesetzte Grenzwert liegt erheblich über dem in der deutschen Verordnung vorgesehenen. Daraufhin erklärt die Bundesregierung der Kommission, sie halte den niedrigen deutschen Grenzwert im Interesse des Gesundheits- und Umweltschutzes für dringend geboten und werde ihn daher weiter anwenden.

EG-Mitgliedstaat K widerspricht. Das Ziel des Binnenmarktes werde verfehlt, wenn jeder Mitgliedstaat nach Gutdünken von einer vereinbarten Harmonisierung abweichen könne. Die Kommission entscheidet sich jedoch dafür, die deutsche Verordnung zu bestätigen, und beschränkt sich zur Begründung auf die Feststellung, sie wirke weder diskriminierend noch marktbeschränkend und sei aus Gesundheits- und Umweltschutzgründen gerechtfertigt.

Die Regierung von K hat sich von diesem Schock noch nicht erholt, als schon die nächste Hiobsbotschaft eintrifft: Gestützt auf Art. 137 Abs. 2 EG hat der Rat gegen K's Widerstand in formell ordnungsgemäßer Weise eine Richtlinie zur Arbeitszeit erlassen, mit der er die Sicherheit und Gesundheit der Arbeitnehmer zu fördern hofft. Die Richtlinie enthält Mindestanforderungen hinsichtlich der Arbeitszeitgestaltung und legt Mindestruhezeiten sowie einen mindestens zu erfüllenden Urlaubsanspruch fest. Insbesondere bestimmt ihr Art. 5 Abs. 2, dass innerhalb von sieben Tagen eine zusammenhängende Mindestruhezeit von 24 Stunden zu gewährleisten ist, die den Sonntag einschließen muss. Die Richtlinie ermöglicht eine schrittweise Anpassung der nationalen Bestimmungen und stellt es den Mitgliedstaaten frei, weitergehende Vorschriften zu erlassen.

K wendet sich an den EuGH, um die Nichtigerklärung sowohl der Kommissionsentscheidung als auch der Arbeitszeitrichtlinie zu erreichen, und trägt dazu folgendes vor:

- Die Kommissionsentscheidung verstoße gegen das Begründungserfordernis, da nicht substantiiert dargelegt sei, welche wichtigen Gründe ein Ausscheren Deutschlands aus der angestrebten Harmonisierung der Vorschriften über Gefahrstoffe rechtfertigten.
- Die Richtlinie beruhe auf einer unzutreffenden Rechtsgrundlage. Statt auf Art. 137 Abs. 2 hätte sie entweder auf Art. 95 oder aber auf Art. 308 EG gestützt werden müssen. Denn es gehe ausschließlich um Arbeitszeitregelungen und nicht um Sicherheit oder Gesundheit der Arbeitnehmer.
- Selbst wenn Art. 137 Abs. 2 EG einschlägig sei, ermächtige er doch nur zum Erlass des aus Gesundheitsgründen zwingend erforderlichen Minimums von Rechtsvorschriften, über das die Richtlinie hier deutlich hinausgehe. Die Richtlinie sei daher unverhältnismäßig und verstoße gegen das Subsidiaritätsprinzip.

Wie wird der EuGH entscheiden?

# B. Lösung

Der Gerichtshof wird den beiden Klagen des Mitgliedstaats K stattgeben, wenn sie zulässig und begründet sind.

## I. Zulässigkeit der Nichtigkeitsklagen nach Art. 230 EG

> Auf eine getrennte Prüfung beider Klagen wird verzichtet, weil im Bereich der Zulässigkeit keine besonderen Probleme bestehen.

### 1. Zuständigkeit des Gerichtshofs

Der Gerichtshof ist nach Art. 230 EG zur Entscheidung über Nichtigkeitsklagen von Mitgliedstaaten berufen.

### 2. Parteifähigkeit

K müsste aktiv parteifähig sein. Gem. Art. 230 Abs. 2 EG kann jeder Mitgliedstaat ein entsprechendes Verfahren in Gang setzen; damit ist K als Mitgliedstaat aktiv parteifähig.

> K ist jedoch nur als Gesamtstaat parteifähig nach Art. 230 Abs. 2 EG. Teilgebiete eines Mitgliedstaates, wie z.B. die Bundesländer oder sonstige Gebietskörperschaften, unterfallen dem Abs. 2 nicht[1]. Sie können jedoch – freilich unter den dort normierten engeren Voraussetzungen – als juristische Personen im Sinne des Art. 230 Abs. 4 EG Nichtigkeitsklage erheben.

Der Rat und die Kommission müssten passiv parteifähig sein. Der EuGH überwacht die Rechtmäßigkeit der rechtsverbindlichen Handlungen von Rat und Kommission, Art. 230 Abs. 1 EG. Damit sind der Rat und die Kommission als Beklagte taugliche Verfahrensbeteiligte.

### 3. Klagegegenstand

Streitgegenstand kann nach Art. 230 Abs. 1 EG jeder Rechtsakt der EG-Organe sein, soweit es nicht um Empfehlungen oder Stellungnahmen geht. Die Kommis-

---

[1] Schwarze J, in: ders. (Hrsg.), EU-Kommentar, 2000, Art. 230 EGV Rn. 6.

sionsentscheidung ist damit ebenso tauglicher Klagegegenstand wie die Richtlinie des Rates.

> Gegenstand einer Nichtigkeitsklage können somit alle rechtsverbindlichen Akte der Gemeinschaft sein. Davon werden vorrangig Verordnungen, Richtlinien und Entscheidungen erfasst (vgl. Art. 249 EG), aber auch der Abschluss völkerrechtlicher Verträge oder atypische Handlungsformen der Gemeinschaft, solange ihnen rechtliche Verbindlichkeit zukommt[2]. Ein Beispiel für eine solche atypische Maßnahme stellen die Beschlüsse des Europäischen Parlaments über den Haushaltsplan dar[3].

## 4. Klagebefugnis

K gehört als Mitgliedstaat zum Kreis der privilegierten Kläger. Er muss daher für die beiden Klagen keine besondere Klagebefugnis nachweisen. Bei der Nichtigkeitsklage privilegierter Kläger gem. Art. 230 Abs. 2 EG handelt es sich um ein objektives Beanstandungsverfahren.

> Im Rahmen der Klagebefugnis ist zu differenzieren: die Mitgliedstaaten, der Rat, die Kommission und – seit dem Inkrafttreten des Vertrags von Nizza – auch das Parlament sind als privilegierte Kläger ohne weiteres klagebefugt (Art. 230 Abs. 2 EG). Auf eine gesonderte Feststellung des Rechtsschutzinteresses kommt es nicht an, es wird vielmehr (unwiderlegbar) vermutet, dass der Kläger ein Interesse an der Wahrung des Gemeinschaftsrechts hat[4]. EZB und Rechnungshof gehören zum Kreis der nichtprivilegierten Kläger und müssen die Wahrung ihrer Organrechte geltend machen (Art. 230 Abs. 3 EG). Natürliche und juristische Personen können nur unter einschränkenden Voraussetzungen Nichtigkeitsklage erheben (Art. 230 Abs. 4 EG). Unproblematisch ist dies der Fall, wenn sie gegen an sie selbst ergangene Entscheidungen vorgehen wollen. Richtet sich die Entscheidung gegen einen Dritten oder handelt es sich um einen normativen Rechtsakt (Verordnung oder Richtlinie), so sind natürliche oder juristische Personen nur dann klagebefugt, wenn sie unmittelbar und individuell betroffen sind. Unmittelbar betroffen ist der Kläger dann, wenn sich der Rechtsakt selbst auf seinen Interessenkreis auswirkt und es dafür nicht erst einer weiteren Durchführungsmaßnahme bedarf[5]. Individuell betroffen ist

---

[2] Ehricke U, in: Streinz R (Hrsg.), EUV/EGV-Kommentar, 2003, Art. 230 EGV, Rn. 9.
[3] EuGH, Urt. v. 03.06.1986, Rs. 34/86, Slg. 1986, 2155 (Ziff. 4 ff.) [*Rat/Parlament*].
[4] Ehricke U, in: Streinz R (Hrsg.), EUV/EGV-Kommentar, 2003, Art. 230 EGV Rn. 23.
[5] EuGH, Urt. v. 17.01.1985, Rs. 11/82, Slg. 1985, 207 (Ziff. 5 ff.) [*Piraiki-Patraiki/Kommission*].

der Kläger, wenn die streitige Maßnahme ihn wegen bestimmter persönlicher Eigenschaften oder besonderer, ihn aus dem Kreis der übrigen Personen heraushebender Umstände berührt und daher in ähnlicher Weise individualisiert wie den Adressaten einer Entscheidung (sog. „*Plaumann*-Formel")[6].

## 5. Klagegrund

K muss sich auf einen der in Art. 230 Abs. 2 EG aufgeführten Klagegründe stützen. K trägt formelle Mängel sowie die materielle Rechtswidrigkeit der beanstandeten Rechtsakte vor; er beruft sich also auf die „Verletzung wesentlicher Formvorschriften" sowie die „Verletzung dieses Vertrages". Taugliche Klagegründe sind damit gegeben.

Gem. Art. 38 § 1 lit. c VerfO EuGH müssen die Klagegründe in der Klageschrift kurz dargestellt werden. Anhand dieser Darstellung muss festgestellt werden können, ob die angeführten Klagegründe sich unter Art. 230 Abs. 2 EG subsumieren lassen[7].

## 6. Klagefrist

Nach Art. 230 Abs. 5 EG gilt eine Klagefrist von zwei Monaten ab Bekanntgabe des beanstandeten Rechtsakts. Die Wahrung der Frist kann hier in beiden Fällen unterstellt werden.

## 7. Ergebnis

Die Klagen des Mitgliedstaats K gegen die Kommissionsentscheidung und gegen die Richtlinie des Rates sind zulässig.

Würde K hier bezüglich der PCP-Verordnung nicht gegen die Entscheidung der Kommission, sondern direkt gegen Deutschland klagen wollen, müsste er nicht den umständlichen Weg über Art. 227 EG gehen, sondern könnte gem. Art. 95 Abs. 9 EG unmittelbar den Weg zum EuGH suchen;

---

[6] EuGH, Urt. v. 15.07.1963, Rs. 25/62, Slg. 1963, 211 (238) [*Plaumann*]; zur weiteren Entwicklung in der Rechtsprechung siehe Koenig C/Haratsch A, Europarecht, 4. Aufl. 2003, Rn. 387 ff.
[7] EuGH, Urt. v. 11.07.1985, Rs. C-42/84, Slg. 1985, 2545 (Ziff. 16) [*Remia BV u.a./Kommission*].

> dies ist eine besondere Ausgestaltung des Vertragsverletzungsverfahrens, die auch (anstelle von Art. 226 EG) für die Kommission gilt.

## II. Begründetheit der Klagen

Die Klagen von K sind begründet und führen zur Nichtigerklärung der angegriffenen Rechtsakte, wenn diese rechtswidrig sind.

### 1. Nichtigkeit der Kommissionsentscheidung

Die Kommissionsentscheidung ist nichtig, wenn ein Nichtigkeitsgrund nach Art. 230 Abs. 2 EG vorliegt. Vorliegend kommen die Unzuständigkeit der Kommission sowie insbesondere die Verletzung einer wesentlichen Formvorschrift in Betracht.

> Die in Art. 230 Abs. 2 EG normierten Nichtigkeitsgründe sind abschließend. Der EuGH interpretiert diese Anfechtungsgründe jedoch weit und nimmt grundsätzlich eine umfassende Prüfung der angegriffenen Maßnahme vor[8]. Dabei erkennt er politische und wirtschaftliche Entscheidungsprärogativen der Gemeinschaftsorgane an[9].

#### a) Zuständigkeit der Kommission für die Entscheidung

Die Zuständigkeit der Kommission zur Entscheidung über den „nationalen Alleingang" Deutschlands ergibt sich aus Art. 95 Abs. 6 S. 1 EG. Danach hat die Kommission die Kompetenz, in Einzelfällen Vorbehalte einzelner Mitgliedstaaten gegenüber Harmonisierungsmaßnahmen zu bestätigen und so den Vorrang des Gemeinschaftsrechts gegenüber nationalem Recht punktuell zu beseitigen.

> Art. 95 Abs. 4-6 EG liegt folgende Systematik zugrunde: Auf den Gebieten der öffentlichen Ordnung und Sicherheit sowie in den weiteren in Art. 30 EG genannten Bereichen, zum Schutz der Arbeitsumwelt sowie zum Schutz der Umwelt werden nationale Alleingänge der Mitgliedstaaten zur Verbesserung des Schutzniveaus über die gemeinschaftsrechtlich harmonisierten Mindestanforderungen hinaus zugelassen. Um diskriminierende oder den Handel hemmende Maßnahmen durch die Mitgliedstaaten zu vermeiden, begründet Art. 95 Abs. 4 EG allerdings eine Notifikationspflicht

---

[8] Herdegen M, Europarecht, 7. Aufl. 2005, 189.
[9] Schwarze J, in: ders. (Hrsg.), EU-Kommentar, 2000, Art. 230 EGV Rn. 56.

> der Mitgliedstaaten, und Art. 95 Abs. 6 EG sieht eine entsprechende Genehmigung durch die Kommission vor.

**b) Verstoß gegen eine wesentliche Formvorschrift**

In Betracht kommt jedoch die Verletzung einer wesentlichen Formvorschrift. Vorliegend könnte eine Verletzung der Begründungspflicht gem. Art. 253 EG gegeben sein.

> Die Begründungspflicht des Art. 253 EG dient vorwiegend dem Rechtsschutz der Betroffenen – gleich ob Mitgliedstaaten oder Bürger. Die von einem Rechtsakt Betroffenen sollen in die Lage versetzt werden, die Handlungen der Gemeinschaftsorgane kontrollieren und ggf. vor dem EuGH anfechten zu können[10]. Der EuGH verlangt daher, dass die Gründe, die das Gemeinschaftsorgan zu ihrer Vornahme veranlasst haben, so dargelegt werden, daß dem Gerichtshof die Ausübung seiner Rechtskontrolle und den Mitgliedstaaten sowie deren beteiligten Staatsangehörigen die Unterrichtung darüber ermöglicht wird, in welcher Weise die Gemeinschaftsorgane den Vertrag angewandt haben[11]. Letztlich dient die Begründungspflicht auch der internen Selbstkontrolle, da das Organ, das die betreffende Maßnahme erlässt, dazu angehalten wird, seine Entscheidung und das Vorliegen der rechtlichen Voraussetzungen zu überdenken[12]. Diese Funktionen bestimmen den Umfang der Begründungspflicht nach Art. 253 EG: Die Begründung muss Ausführungen zur Sach- und Rechtslage enthalten, und es muss verständlich dargelegt werden, warum die konkrete Maßnahme auf dieser Grundlage beschlossen wurde[13].

Hinsichtlich des Umfangs der Begründungspflicht gibt es keine allgemeingültigen Kriterien, es kommt vielmehr auf die Umstände des Einzelfalles an[14]. Damit stellt sich die Frage, welche Anforderungen die Begründung einer Entscheidung nach Art. 95 Abs. 6 S. 1 EG erfüllen muss.

---

[10] EuGH, Urt. v. 13.05.1997, Rs. C-233/94, Slg. 1997, I-2405 (Ziff. 25) [*Deutschland/Parlament u. Rat*].
[11] EuGH, Urt. v. 07.07.1981, Rs. 158/80, Slg. 1981, 1805 (Ziff. 25) [*Rewe/Hauptzollamt Kiel*].
[12] Bleckmann A, Europarecht, 6. Aufl. 1997, Rn. 493.
[13] Calliess C, in: ders./Ruffert M (Hrsg.), EUV/EGV-Kommentar, 2. Aufl. 2002, Art. 253 EG Rn. 11.
[14] Calliess C, in: ders./Ruffert M (Hrsg.), EUV/EGV-Kommentar, 2. Aufl. 2002, Art. 253 EG Rn. 13.

*aa) Teile des Schrifttums*

Zum Teil wurde dazu im Schrifttum die Ansicht vertreten, Art. 95 Abs. 6 EG sei eine Schutzverstärkungsklausel, die positiven Wettbewerb um bessere Standards innerhalb der Gemeinschaft ermöglichen solle[15]. Daher müsse die Inanspruchnahme dieser Klausel weitgehend dem Ermessen des einzelnen Mitgliedstaates überlassen werden; der Kommission komme nur quasi „notarielle" Funktion zu, so dass diese die „Bestätigung" nicht noch besonders begründen müsse.

*bb) Ansicht der Rechtsprechung*

Der Gerichtshof hat das anders gesehen; das Verfahren vor der Kommission nach Art. 95 Abs. 6 EG sei keine bloße Notifizierung, sondern stelle eine konstitutiv wirkende Genehmigung der beanspruchten Ausnahme dar.

> Der EuGH führt aus: „Das in dieser Vorschrift vorgesehene Verfahren soll sicherstellen, dass kein Mitgliedstaat eine von den harmonisierten Regeln abweichende einzelstaatliche Regelung anwenden kann, ohne dafür die Bestätigung durch die Kommission erhalten zu haben. Den Maßnahmen zur Angleichung der Rechts- und Verwaltungsvorschriften der Mitgliedstaaten, die den innergemeinschaftlichen Handelsverkehr behindern können, würde nämlich ihre Wirkung genommen, wenn die Mitgliedstaaten die Möglichkeit behielten, einseitig eine davon abweichende einzelstaatliche Regelung anzuwenden. Ein Mitgliedstaat ist daher erst dann befugt, die mitgeteilten einzelstaatlichen Bestimmungen anzuwenden, wenn er von der Kommission eine Entscheidung über ihre Bestätigung erhalten hat"[16]. Damit hat der EuGH den Meinungsstreit um die Frage, ob einer Entscheidung der Kommission nach Art. 95 Abs. 6 EG deklaratorische oder konstitutive Wirkung zukommt, im Sinne der letzteren Ansicht beendet[17].

Die Kommission muss deshalb umfassend prüfen, ob die Voraussetzungen für einen „nationalen Alleingang" erfüllt sind. Erst die Entscheidung der Kommission zugunsten der Bestätigung ermächtigt den Mitgliedstaat zu den beabsichtigten Abweichungen.

---

[15] So wohl noch Pipkorn J, in: Groeben H von der/Thiesing J/Ehlermann C-D (Hrsg.), EWGV-Kommentar Bd. 2, 4. Aufl. 1991, Art. 100a Rn. 117.

[16] EuGH, Urt. v. 17.05.1994, Rs. C-41/93, Slg. 1994, I-1829 (Ziff. 28-30) [*Frankreich/Kommission*].

[17] Siehe hierzu Hayder R, Anmerkung zu EuGH, Urt. v. 17.05.1994, Rs. C-41/93, in: EuZW 1994, 405-407, 407.

*cc) Zwischenergebnis*

Damit kommt Art. 253 EG uneingeschränkt zur Anwendung und verlangt eine substantiierte, letztlich durch den Gerichtshof nachprüfbare Begründung der Entscheidung. Vorliegend sind durch die Kommission aber keine näheren Begründungserwägungen gegeben worden, so dass die Entscheidung einer ordnungsgemäßen Begründung ermangelt und damit formell rechtswidrig ist.

**c) Ergebnis**

Die Kommissionsentscheidung ist wegen formeller Rechtswidrigkeit nichtig.

> Da der EuGH im Rahmen der Begründetheit einer Nichtigkeitsklage auf die einzelnen in Art. 230 Abs. 2 EG normierten Nichtigkeitsgründe zurückgreift, erscheint ihm die Prüfung der materiellen Rechtmäßigkeit der Kommissionsentscheidung, die auf eine „Verletzung dieses Vertrages" gestützt werden könnte, entbehrlich, wenn er den Gemeinschaftsrechtsakt bereits aus formellen Gründen für rechtswidrig erklärt hat.

**2. Nichtigkeit der Richtlinie**

Die Richtlinie ist nichtig, wenn sie formelle („Verletzung wesentlicher Formvorschriften") oder materielle („Verletzung dieses Vertrages") Mängel aufweist.

**a) Zuständigkeit des Rates**

Der Rat müsste freilich in jedem Fall für den Erlass der Richtlinie zuständig sein. Die Zuständigkeit zum Erlass der Richtlinie hängt von der Wahl der richtigen Rechtsgrundlage ab, d.h. davon, ob die Richtlinie auf Art. 137 Abs. 2 EG gestützt werden durfte.

*aa) Verhältnis von Art. 137 Abs. 2 und Art. 95 bzw. 308 EG*

Soweit Art. 137 Abs. 2 EG Anwendung findet, geht er der allgemeinen Harmonisierungskompetenz aus Art. 95 EG als lex specialis vor[18]. Art. 308 EG ist als Hilfsnorm ohnedies subsidiär und wird darüber hinaus vom Gerichtshof zunehmend in seiner Bedeutung zurückgedrängt.

---

[18] Zur generellen Nachrangigkeit des Art. 95 EG Leible S, in: Streinz R (Hrsg.), EUV/EGV-Kommentar, 2003, Art. 95 EGV Rn. 5; Kahl W, in: Calliess C/Ruffert M (Hrsg.), EUV/EGV-Kommentar, 2. Aufl. 2002, Art. 95 EG Rn. 5.

*bb) Grundsätzliche Anwendbarkeit von Art. 137 Abs. 1 und 2 EG*

Art. 137 Abs. 1 und 2 EG müssten grundsätzlich anwendbar sein. Zwar dienen Arbeitszeitregelungen nicht per se dem Schutz der Arbeitnehmer, sondern können auch zu anderen Zwecken erlassen werden, etwa zur Beeinflussung der Beschäftigungslage. Im vorliegenden Fall besteht aber jedenfalls das wesentliche Ziel der Richtlinie in dem Schutz von Sicherheit und Gesundheit der Arbeitnehmer. Das ergibt sich nicht nur aus der vom Rat angegebenen Zweckbestimmung, sondern auch aus dem Regelungsgehalt: Mindestruhezeiten und Mindesturlaub dienen typischerweise dem Arbeitnehmerschutz.

*cc) Sonderfall: Die Sonntagsregel*

Eine Ausnahme gilt allerdings für Art. 5 Abs. 2 der Richtlinie. Dass ausgerechnet der Sonntag in die wöchentliche Mindestruhezeit eingeschlossen sein soll, lässt sich nur mit kulturellen und religiösen Faktoren erklären. Unter dem Aspekt der Gesundheit und Sicherheit der Arbeitnehmer ist der Sonntag genauso zu bewerten wie jeder andere Wochentag.

Daher ist Art. 5 Abs. 2 der Richtlinie nicht mehr von Art. 137 Abs. 1 und 2 EG gedeckt. Der Rat war insoweit folglich unzuständig zum Erlass der Richtlinie.

*dd) Ergebnis*

Art. 5 Abs. 2 der Richtlinie ist wegen mangelnder Zuständigkeit des Rates nichtig.

**b) Form und Verfahren**

Form und Verfahren nach Art. 137 Abs. 2, 251 EG sind nicht zu beanstanden.

**c) Verletzung dieses Vertrages**

> Die „Verletzung dieses Vertrages" ist der praktisch bedeutsamste und umfassendste Klagegrund. Alle Verstöße gegen primäres und sekundäres Gemeinschaftsrecht können über ihn gerügt werden[19]. Er fungiert als Auffangtatbestand und umfasst die anderen spezielleren Klagegründe des Art. 230 EG. In der Fallbearbeitung sind letztere daher zuerst zu prüfen, bevor auf den Auffangtatbestand der „Verletzung des Vertrages" zurückgegriffen werden kann.

---

[19] Schwarze J, in: ders. (Hrsg.), EU-Kommentar, 2000, Art. 230 EGV Rn. 64.

*aa) Tatbestandsvoraussetzungen der Rechtsgrundlage*

Art. 137 Abs. 2 EG ermächtigt nur zum Erlass von „Mindestvorschriften". Dieser Begriff ist jedoch nicht so zu verstehen, dass er die Zuständigkeit der Gemeinschaft auf das zwingend erforderliche Minimum von Regelungen beschränkt[20]. Vielmehr ist damit gemeint, dass die Mitgliedstaaten zum Erlass weitergehender Maßnahmen ermächtigt bleiben sollen[21]. Da die Richtlinie ausdrücklich eine „schrittweise Anpassung" der nationalen Bestimmungen ermöglicht, sind die Voraussetzungen des Art. 137 Abs. 2 EG grundsätzlich erfüllt.

*bb) Mögliche Einschränkungen der gemeinschaftlichen Regelungsbefugnis*

> Hier zeigt sich die Reichweite des Klagegrundes „Verletzung dieses Vertrages". Er bildet den Anknüpfungspunkt für eine umfassende Überprüfung der Vereinbarkeit des Rechtsaktes mit höherrangigem Recht, also insbesondere der Vereinbarkeit von Sekundärrecht mit Primärrecht.

(1) Subsidiaritätsprinzip, Art. 5 Abs. 2 EG

Die Richtlinie könnte gegen das Subsidiaritätsprinzip des Art. 5 Abs. 2 EG verstoßen. Das Subsidiaritätsprinzip schließt die Zuständigkeit der EG jedoch nicht schon deswegen aus, weil eine Materie auf nationaler Ebene angemessen geregelt werden kann. Art. 137 EG ermächtigt gerade zu einer gemeinschaftsweiten Harmonisierung im Interesse einer Verbesserung des Arbeitnehmerschutzes. Ein Verstoß gegen das Subsidiaritätsprinzip liegt daher nicht vor.

(2) Verhältnismäßigkeit

Die Maßnahme müsste zudem dem Grundsatz der Verhältnismäßigkeit entsprechen.

> Der Grundsatz der Verhältnismäßigkeit beansprucht wie im nationalen Recht umfassende Geltung. Der EuGH hat ihn schon früh als allgemeinen Grundsatz des europäischen Gemeinschaftsrechts anerkannt[22]. Mit Art. 5 Abs. 3 EG hat er nunmehr auch eine ausdrückliche vertragsrechtliche Anerkennung gefunden. Gemeinschaftsrechtliche Maßnahmen sind demzufolge dann verhältnismäßig, wenn sie zur Erreichung des zulässigerweise an-

---

[20] EuGH, Urt. v. 12.11.1996, Rs. C-84/94, Slg. 1996, I-5755 (Ziff. 56) [*Großbritannien/Rat*].
[21] Eichenhofer E, in: Streinz R (Hrsg.), EUV/EGV-Kommentar, 2003, Art. 137 EGV Rn. 7.
[22] EuGH, Urt. v. 29.11.1956, Rs. 8/55, Slg. 1955, 297 (311) [*Fédération Charbonnière de Belgium/Hohe Behörde der EGKS*].

> gestrebten Zieles geeignet sind, wenn sie das mildeste unter den gleich geeigneten Mitteln darstellen und wenn die mit der Maßnahme einhergehenden Belastungen in einem angemessenen Verhältnis zum verfolgten Zweck stehen.

Die Arbeitszeitrichtlinie ist sicherlich zur Verbesserung des Arbeitnehmerschutzes geeignet. Hinsichtlich der Erforderlichkeit und Angemessenheit besitzt der Rat nach der Rechtsprechung des Gerichtshofs einen weiten Ermessensspielraum[23], für dessen Überschreitung keine Anhaltspunkte bestehen.

*cc) Ergebnis*

Eine zusätzliche Verletzung des Vertrages i.S.v. Art. 230 Abs. 2 EG liegt nicht vor.

**d) Ergebnis**

Art. 5 Abs. 2 der Richtlinie wird für nichtig erklärt werden. Ansonsten ist die Klage gegen die Richtlinie unbegründet.

### 3. Ergebnis zur Begründetheit der Klagen

Die Klage gegen die Kommissionsentscheidung ist in vollem Umfang, die Klage gegen die Richtlinie ist teilweise – hinsichtlich Art. 5 Abs. 2 der Richtlinie – begründet; im übrigen wird der EuGH sie abweisen.

### III. Ergebnis

Der Klage des K gegen die Kommissionsentscheidung wird der EuGH stattgeben. Die Klage gegen die Richtlinie wird dagegen nur teilweise erfolgreich sein.

---

[23] Herdegen M, Europarecht, 7. Aufl. 2005, 199.

# C. Anmerkungen

## I. Vertiefungshinweise

### 1. Das Prinzip der begrenzten Einzelermächtigung

Die Frage nach der richtigen Rechtsgrundlage für einen Sekundärrechtsakt stellt sich im Gemeinschaftsrecht häufig. Denn nach Art. 5 Abs. 1 EG gilt das Prinzip der begrenzten Einzelermächtigung, d.h. die EG hat keine Kompetenz-Kompetenz im Sinne einer Allzuständigkeit für alle Bereiche, die zu regeln ihr sinnvoll erscheint. Die Gemeinschaft kann nur in den Grenzen der ihr von den Mitgliedstaaten übertragenen Kompetenzen tätig werden, aus deren Sicht der Umfang der übertragenen Hoheitsrechte berechenbar bleiben muss. So hat sich das BVerfG die viel kritisierte Letztentscheidungskompetenz hinsichtlich der Frage, ob sich Gemeinschaftsrechtsakte im Rahmen der aus der Hoheitsrechtsübertragung der Mitgliedstaaten resultierenden Kompetenzen halten, vorbehalten. Es stellt im *Maastricht*-Urteil fest:

„Würden etwa europäische Einrichtungen oder Organe den Unions-Vertrag in einer Weise handhaben oder fortbilden, die von dem Vertrag, wie er dem deutschen Zustimmungsgesetz zugrunde liegt, nicht mehr gedeckt wäre, so wären die daraus hervorgehenden Rechtsakte im deutschen Hoheitsbereich nicht verbindlich. Die deutschen Staatsorgane wären aus verfassungsrechtlichen Gründen gehindert, diese Rechtsakte in Deutschland anzuwenden. Dementsprechend prüft das Bundesverfassungsgericht, ob Rechtsakte der europäischen Einrichtungen und Organe sich in den Grenzen der ihnen eingeräumten Hoheitsrechte halten oder aus ihnen ausbrechen."[24]

Vor diesem Hintergrund ist die Frage nach der richtigen Rechtsgrundlage, die der EuGH früher großzügig gehandhabt hat, wichtiger geworden. Dies mag ein Beispiel illustrieren: Seit 1989 versuchte die Kommission, eine weitreichende Harmonisierung im Bereich der Tabakwerbung zu erzielen. Ein Richtlinienvorschlag von 1992, der ein vollständiges Verbot jeder Form von Werbung für Tabakerzeugnisse vorsah, wurde vom Parlament gebilligt und fand im Ministerrat – gegen die Stimmen Deutschlands und Österreichs – die erforderliche Mehrheit. Die Richtlinie wurde auf Art. 57 Abs. 2 und 66 sowie Art. 100a EG (jetzt: Art. 47 Abs. 2 und 55 sowie Art. 95 EG) gestützt. Deutschland erhob Nichtigkeitsklage gegen die Richtlinie mit der Begründung, der Gemeinschaft fehle die Kompetenz für den Erlass des Rechtsakts. Der damit zutage getretene vertikale Kompetenzkonflikt hat viel Aufmerksamkeit gefunden. Der Gerichtshof musste zur Reichweite der Kompetenz nach Art. 95 Abs. 1 EG Stellung nehmen und stellte dabei klar, dass eine Harmonisierungsmaßnahme tatsächlich den Zweck haben muss, den Binnenmarkt zu verbessern. Der EuGH stellt dann fest, dass eine Maßnahme, deren einzige Wirkung das Verbot wirtschaftlicher Tätigkeit ist, nicht als Beseitigung von Handelshemmnissen im Bereich des Verkehrs von Waren und Dienst-

---

[24] BVerfGE 89, 155 (188); siehe dazu auch Fall 11.

leistungen angesehen werden kann. Marktfreiheitenbeschränkende Verbotsregeln könnten daher nicht auf Art. 95 Abs. 1 EG gestützt werden. Aus diesem Grund erklärte der Gerichtshof die Tabakwerberichtlinie mit seinem Urteil vom 05.10.2000 für kompetenzwidrig und folglich nichtig[25]. Durch dieses vielbeachtete Votum im Bereich vertikaler Kompetenzkonflikte ist der Gerichtshof seiner Rolle als Gemeinschaftsverfassungsgericht – zumindest im Prinzip – gerecht geworden.

## 2. Das Subsidiaritätsprinzip

Das Subsidiaritätsprinzip des Art. 5 Abs. 2 EG ist Kompetenzausübungsschranke. Es betrifft die Frage, ob die Gemeinschaft tätig werden soll, d.h. ob ein Bedarf für Gemeinschaftshandeln besteht, wenn keine ausschließliche Zuständigkeit begründet ist. Aufgrund eines Negativkriteriums ist ein Tätigwerden der Gemeinschaft nur möglich, „sofern und soweit die Ziele der in Betracht gezogenen Maßnahmen auf der Ebene der Mitgliedstaaten nicht ausreichend erreicht werden können". Daneben tritt – zusätzlich – ein Positivkriterium, nach dem die Ziele der in Betracht gezogenen Maßnahmen „wegen ihres Umfangs oder ihrer Wirkung besser auf Gemeinschaftsebene" erreichbar sein müssen. In der Praxis liegt das Problem in der begrenzten Justitiabilität solcher Vorschriften. Deshalb erfährt das Subsidiaritätsprinzip mit dem „Protokoll über die Anwendung der Grundsätze der Subsidiarität und der Verhältnismäßigkeit" zum Amsterdamer Vertrag (Nr. 30)[26] eine Konkretisierung.

In der Europäischen Verfassung ist das Subsidiaritätsprinzip in Art. I-11 Abs. 3 verankert. Wichtigste Neuerung ist dabei – neben zusätzlichen Begründungsanforderungen –, dass die nationalen Parlamente in die Überwachung der Einhaltung des Subsidiaritätsprinzips durch die Gemeinschaftsorgane mit eingebunden werden. Eine entsprechende Anpassung hat auch das o.g. Protokoll Nr. 30 zum Amsterdamer Vertrag erfahren, das nun Protokoll Nr. 2 zur Europäischen Verfassung darstellt. Danach sind die Entwürfe für Europäische Gesetzgebungsakte schon frühzeitig den nationalen Parlamenten zuzuleiten (Art. 4 des Protokolls), die die Möglichkeit haben, innerhalb von sechs Wochen eine begründete Stellungnahme abgeben können, wenn sie der Ansicht sind, dass der Entwurf mit dem Subsidiaritätsprinzip nicht vereinbar ist (Art. 6 des Protokolls). Geben mindestens ein Drittel der nationalen Parlamente – bei Gesetzgebungsvorhaben betreffend den Raum der Freiheit, der Sicherheit und des Rechts ein Viertel – eine negative Stellungnahme ab, so muss der Entwurf überprüft werden (Art. 7 des Protokolls). Zudem wird ein besonderes Klageverfahren zur Geltendmachung von Verstößen gegen das Subsidiaritätsprinzip eingeführt (Art. 8 des Protokolls).

Das „Opting out" wurde durch den Vertrag von Amsterdam komplett neu gefasst. Art. 95 Abs. 4 EG enthält sog. Schutzergänzungs- bzw. Schutzverstärkungsklauseln. Sie tragen der Sorge einiger Mitgliedstaaten Rechnung, dass die Harmo-

---

[25] EuGH, Urt. v. 05.10.2000, Rs. C-376/98, Slg. 2000, I-8419 [*Deutschland/Parlament u. Rat*].
[26] Sartorius II, Nr. 151.

nisierung zu einem Schutzniveau führen kann, das sie in einzelnen Fällen für nicht ausreichend erachten. Nationale Alleingänge sind also nur in eine Richtung, d.h. in Richtung auf ein höheres Schutzniveau, zulässig. Da ein solcher nationaler Alleingang aber die einheitliche Geltung des Gemeinschaftsrechts in den Mitgliedstaaten und damit das Funktionieren des Binnenmarkts beeinträchtigt, ist er an bestimmte Voraussetzungen geknüpft und muss von der Kommission gebilligt werden. Die Möglichkeit nationaler Alleingänge resultiert aus der Einführung des Mehrheitsprinzips bei der allgemeinen Binnenmarktharmonisierungskompetenz des Art. 95 EG (die die wichtigste Grundlage zur Harmonisierung der für den freien Waren-, Personen und Dienstleistungsverkehr relevanten Vorschriften darstellt).

## II. Lesehinweise

EuGH, Urt. v. 17.05.1994, Rs. C-41/93, EuZW 1994, 405 [*Frankreich/ Kommission*] m. Anm. Hayder, Roberto

EuGH, Urt. v. 12.11.1996, Rs. C-84/94, EuZW 1996, 751 [*Großbritannien/Rat*] m. Anm. Calliess, Christian

# Fall 13: Revierfremde Leasingpraxis

## A. Sachverhalt

BMW vertreibt in Deutschland ebenso wie in anderen EG-Mitgliedstaaten Kraftfahrzeuge teilweise über Niederlassungen, teilweise über ausgewählte Händler, die die Fahrzeuge im eigenen Namen und für eigene Rechnung vertreiben. Die Verträge zwischen BMW und den Händlern enthalten eine Klausel, derzufolge es den Händlern verboten ist, sich außerhalb ihres Vertragsgebiets in Bezug auf die Vertragsware eines Absatzmittlers zu bedienen.

Die in Deutschland ansässige L ist ein von den Kraftfahrzeugherstellern unabhängiges Leasingunternehmen, das u.a. Fahrzeuge der Marke BMW bei einzelnen Vertragshändlern einkauft und dann – auch und insbesondere außerhalb des Vertragsgebiets des jeweiligen Händlers – verleast. Die Kunden der L wenden sich anschließend wegen der kostenlosen Wartungs- und Kundendienstleistungen an den BMW-Vertragshändler, in dessen Vertragsgebiet sie ansässig sind.

Nachdem sich mehrere Vertragshändler bei BMW darüber beschweren, dass sie die kostenlosen Leistungen erbringen müssen, ohne vorher am Absatzgeschäft beteiligt gewesen zu sein, richtet BMW sich mit einem Rundschreiben an sämtliche Vertriebshändler in Deutschland. Darin heißt es:

„Verträge mit herstellerunabhängigen Leasingunternehmen, die ihre Fahrzeuge an Leasingnehmer außerhalb des Vertragsgebietes zur Verfügung stellen, sind nicht zulässig. Es obliegt dem Vertragshändler, sich bei Verträgen mit Fremdleasing-Gesellschaften zu vergewissern, dass die Fahrzeuge nur an Kunden, die im eigenen Vertragsgebiet ansässig sind, verleast werden. Ansonsten hat der Vertragshändler das Fremdleasingunternehmen an einen örtlich zuständigen BMW-Partner zu verweisen."

Die Vertragshändler der BMW halten sich in der Folgezeit an die im Rundschreiben getroffene Regelung. L bezweifelt, dass das Verhalten von BMW mit dem Gemeinschaftsrecht vereinbar ist.

Beurteilen Sie die Rechtsauffassung der L!

## B. Lösung

Das Vorgehen von BMW könnte gegen Art. 81 Abs. 1 EG verstoßen. Dies ist dann der Fall, wenn es sich dabei um eine Vereinbarung zwischen Unternehmen handelt, die zu einer spürbaren Einschränkung des innergemeinschaftlichen Wettbewerbs und zu einer Beeinträchtigung des Handels zwischen den Mitgliedstaaten führt.

> Art. 81 Abs. 1 EG ist unmittelbar anwendbar, d.h. die Vorschrift begründet unmittelbar Pflichten für den Normadressaten, ohne dass es hierfür eines weiteren Umsetzungsaktes durch die Mitgliedstaaten bedürfte. Das gemeinschaftsrechtliche Kartellverbot kann somit nicht nur hoheitlich durchgesetzt werden, sondern Verstöße können auch von betroffenen Unternehmen zivilrechtlich geltend gemacht werden (sog. dezentraler Vollzug).

### I. Vereinbarung zwischen Unternehmen

Dafür müsste zunächst eine Vereinbarung zwischen Unternehmen vorliegen.

### 1. Unternehmen

Ein Unternehmen i.S.d. Art. 81 Abs. 1 EG ist jede Einheit, die eine wirtschaftliche Tätigkeit ausübt, unabhängig von ihrer Rechtsform und der Art ihrer Finanzierung[1]. Das Merkmal der wirtschaftlichen Tätigkeit ist funktional und weit zu verstehen und umfasst jedes marktbezogene Verhalten, das auf Angebot oder Nachfrage von Waren oder Dienstleistungen gerichtet ist[2]. Bedenken hinsichtlich der Unternehmereigenschaft der Vertragshändler könnten allenfalls dann bestehen, wenn diese als bloße Vertreter von BMW handelten und nicht als selbständige Wirtschaftsteilnehmer anzusehen wären. Die Vertragshändler werden jedoch weitgehend unabhängig von BMW tätig und tragen das wirtschaftliche Risiko. Sie handeln in eigenem Namen und für eigene Rechnung und sind somit ebenso wie BMW Unternehmer i.S.d. Art. 81 Abs. 1 EG.

---

[1] EuGH, Urt. v. 23.04.1991, Rs. C-41/90, Slg. 1991, I-1979 (Ziff. 21) [*Höfner u. Elser/Macrotron*].
[2] Koenig C/Haratsch A, Europarecht, 4. Aufl. 2003, Rn. 813.

## 2. Vereinbarung

Es müsste eine Vereinbarung vorliegen. Eine Vereinbarung liegt vor, wenn die betreffenden Unternehmen ihren gemeinsamen Willen zum Ausdruck gebracht haben, sich auf dem Markt in einer bestimmten Weise zu verhalten[3]. Bedenken hinsichtlich des Vorliegens einer Vereinbarung könnten hier dahingehend bestehen, dass sich das Verbot aus einem Rundschreiben von BMW ergibt. Einseitige Handlungen sind dem Anwendungsbereich des Art. 81 Abs. 1 EG grundsätzlich entzogen.

### a) Rechtsprechung und Praxis der Gemeinschaftsorgane

Die Europäische Kommission und der EuGH gehen jedoch von einem weiten Begriff der Vereinbarung aus und beziehen das rechtliche Umfeld einer Maßnahme in die Beurteilung mit ein. Eine einseitige Maßnahme stellt demzufolge dann eine Vereinbarung dar, wenn sie im Rahmen einer laufenden Geschäftsbeziehung erfolgt, die einer im voraus getroffenen allgemeinen Vereinbarung unterliegt[4]. Die einseitige Maßnahme dient dann der Konkretisierung des vertraglichen Verhältnisses und ist vom vorangegangenen Vertragsabschluss umfasst. Da das Rundschreiben von BMW sich auf die vertraglich vereinbarte Klausel zum Ausschluss von Absatzmittlern außerhalb des jeweiligen Vertragsgebietes bezieht, stellt es nach dieser weiten Auslegung eine Vereinbarung i.S.d. Art. 81 Abs. 1 EG dar.

### b) Kritik der Literatur

In der Literatur wird der Rechtsprechung des EuGH und der Praxis der Kommission zum Teil kritisch begegnet[5]. Es wird bezweifelt, dass die bloß widerspruchslose Hinnahme einer Maßnahme als stillschweigende Zustimmung angesehen werden kann, insbesondere wenn der Inhalt der Maßnahme den Interessen der Gegenpartei zuwiderläuft. Demnach läge keine Vereinbarung vor.

### c) Stellungnahme

Der Wortlaut des Art. 81 EG und das systematische Verhältnis zu Art. 82 EG, der wettbewerbsrelevante einseitige Maßnahmen erfasst, bedingen, dass eine Vereinbarung eine wechselseitige Verpflichtung beinhalten muss. Allerdings kann die bloße Form der Maßnahme nicht entscheidend sein; diese muss vielmehr in ihrem umfassenden tatsächlichen und rechtlichen Kontext gewürdigt werden. Das Rundschreiben von BMW erfolgte mit Bezug zu dem bereits bestehenden Geschäftsverhältnis mit den Vertragshändlern. Es stellt sich als Konkretisierung der Ab-

---

[3] EuG, Urt. v. 26.10.2000, Rs. T-41/96, Slg. 2000, II-3383 (Ziff. 67) [*Bayer/Kommission*].
[4] EuGH, Urt. v. 17.09.1985, verb. Rs. 25/84 u. 26/84, Slg. 1985, 2725 (Ziff. 21) [*Ford/Kommission*].
[5] Bunte H-J, Kartellrecht, 2003, 411 f.; Emmerich V, in: Dauses M (Hrsg.), Handbuch des EU-Wirtschaftsrechts, Stand: 12/2004, Abschnitt H. I. § 1, Rn. 70.

satzmittlerklausel dar und ist somit von der beim Vertragsschluss erfolgten Zustimmung der Vertragshändler mit umfasst. Ihre generelle Zustimmung zu der von BMW getroffenen Maßnahme haben die Vertragshändler konkludent dadurch zum Ausdruck gebracht, dass sie dem Schreiben nicht widersprochen und ihre Praxis den Vorgaben von BMW angepasst haben. Insofern liegt eine Vereinbarung vor.

> Im Ergebnis ergibt sich damit ein weiter Begriff der Vereinbarung. Nach der Rechtsprechung des EuGH sowie der Entscheidungspraxis der Kommission kommt es weder darauf an, ob der Vereinbarung ein Bindungswille zugrunde liegt, noch darauf, ob die Vereinbarung freiwillig oder unter Zwang erfolgte. Auch eine stillschweigende Zustimmung – so wie sie vorliegend durch die Vertragshändler erfolgte – reicht für eine Vereinbarung aus.

### d) Ergebnis

Eine kartellrechtlich relevante Vereinbarung liegt vor.

> Auch Vereinbarungen zwischen Wirtschaftsteilnehmern auf unterschiedlichen Wirtschaftsstufen (vertikale Vereinbarungen) unterfallen Art. 81 Abs. 1 EG. Der EuGH hat frühzeitig klargestellt, dass Art. 81 EG unabhängig von der Frage, ob die betroffenen Unternehmen in einem horizontalen oder vertikalen Verhältnis zueinander stehen, zur Anwendung kommt[6].

## II. Spürbare Beschränkung des Wettbewerbs

Die Vereinbarung müsste eine spürbare Beschränkung des Wettbewerbs innerhalb des Gemeinsamen Marktes bezwecken oder bewirken.

> Das Kriterium der Spürbarkeit der Wettbewerbsbeschränkung stellt eine ungeschriebene Tatbestandsvoraussetzung dar (sog. „De-minimis"-Regel). Anerkannt ist, dass nicht jede Wettbewerbsbeschränkung zu einem Verstoß gegen Art. 81 Abs. 1 EG führt, sondern dass nur geringfügige Beeinträchtigungen des Marktes hinzunehmen sind[7]. Die Kommission hat in diesem Zusammenhang eine Bagatellbekanntmachung erlassen, derzufolge es re-

---

[6] EuGH, Urt. v. 13.07.1966, verb. Rs. 56/64 u. 58/64, Slg. 1966, 321 (387) [*Corsten u. Grundig/Kommission*].
[7] EuGH, Urt. v. 09.07.1969, Rs. 5/69, Slg. 1969, 295 (Ziff. 7) [*Völk/Vervaecke*].

> gelmäßig an der erforderlichen Spürbarkeit fehlt, wenn die Beteiligten einen Marktanteil von 10 bis 15% nicht überschreiten[8]. Darüber hinaus sind andere Kriterien, wie beispielsweise die Stärke einer Marke oder die Bedeutung des beeinträchtigten Handels, zu berücksichtigen[9].

Die Vereinbarung führt hier dazu, dass ein BMW-Vertragshändler nur dann an ein Leasingunternehmen verkaufen darf, wenn dieses die Fahrzeuge nur an Leasingnehmer, die ihren Sitz im Vertragsgebiet des Händlers haben, liefert. Die Maßnahme führt damit zu einem absoluten Gebietsschutz für den betreffenden Vertragshändler und schränkt darüber hinaus die wirtschaftliche Handlungsfreiheit der Händler ein, indem sie ihren geschäftlichen Aktivitätsradius auf Leasingunternehmen beschränkt, die nur im jeweiligen Vertragsgebiet Verträge mit Leasingnehmern abschließen. Die Vereinbarung bezweckt und bewirkt somit eine spürbare Wettbewerbsbeschränkung.

## III. Beeinträchtigung des innergemeinschaftlichen Handels

Die Maßnahme müsste zudem geeignet sein, den Handel zwischen den Mitgliedstaaten zu beeinträchtigen (sog. Zwischenstaatenklausel).

> Die zwischenstaatliche Komponente wird regelmäßig dann erfüllt sein, wenn die kartellrechtlich relevante Vereinbarung zwischen Unternehmen aus verschiedenen Mitgliedstaaten besteht. Art. 81 Abs. 1 EG ist jedoch auch auf Absprachen zwischen Unternehmen aus demselben Mitgliedstaat oder zwischen einem mitgliedstaatlichen Unternehmen und einem Unternehmen aus einem Drittstaat anwendbar. Maßgeblich sind die Auswirkungen, die das Verhalten der beiden Unternehmen auf den innergemeinschaftlichen Handel hat.

Nach der Rechtsprechung des EuGH ist eine Vereinbarung zwischen Unternehmen dann geeignet, den Handel zwischen Mitgliedstaaten zu beeinträchtigen, wenn sich anhand einer Gesamtheit objektiver rechtlicher oder tatsächlicher Umstände mit hinreichender Wahrscheinlichkeit voraussehen lässt, dass sie den Warenverkehr zwischen den Mitgliedstaaten unmittelbar oder mittelbar, tatsächlich oder potentiell in einem für die Erreichung der Ziele eines einheitlichen zwischenstaatlichen Marktes nachteiligen Sinne beeinflussen kann[10]. Der Nachweis einer tatsächlich eintretenden Handelsbeeinträchtigung ist hingegen nicht erforderlich[11].

---

[8] ABl. EG 2001, Nr. C 368, 13.
[9] Koenig C/Haratsch A, Europarecht, 4. Aufl. 2003, Rn. 822.
[10] EuGH, Urt. v. 21.01.1999, verb. Rs. C-215/96 u. C-216/96, Slg. 1999, I-135 (Ziff. 47) [*Bagnasco u.a./BNP u.a.*].
[11] EuGH, Urt. v. 01.02.1978, Rs. 19/77, Slg. 1978, 131 (Ziff. 15) [*Miller/Kommission*].

> Zusammenhänge erkennen! Die Nähe dieser Definition zu der im Rahmen
> von Art. 28 EG entwickelten *Dassonville*-Formel ist unverkennbar.

Den wichtigsten Ansatzpunkt für die Annahme einer Beeinträchtigung stellt die Beeinflussung der Handelsströme dar[12]. Die vorliegende Vereinbarung ist in zweifacher Hinsicht geeignet, den innergemeinschaftlichen Handel zu beeinträchtigen. Die von BMW produzierten Fahrzeuge sind Gegenstand eines umfangreichen internationalen Warenaustauschs. Die Vereinbarung bindet die BMW-Vertragshändler in einem wesentlichen Teil des Gemeinsamen Marktes (Deutschland) und trägt somit zur Abschottung des deutschen Marktes bei. Wettbewerbsbeschränkende Maßnahmen, die sich auf das gesamte Hoheitsgebiet eines Mitgliedstaates beziehen, haben schon ihrem Wesen nach eine abschottende Funktion und wirken der gemeinschaftsrechtlich gewollten wirtschaftlichen Verflechtung entgegen. Darüber hinaus führt die Vereinbarung hier dazu, dass ausländische Leasingunternehmen in ihrer Möglichkeit, in Deutschland Fahrzeuge der Marke BMW zu kaufen, eingeschränkt werden, da die Vertragshändler nur an Unternehmen mit Sitz im jeweiligen Vertragsgebiet verkaufen dürfen. Die Maßnahme ist somit dazu geeignet, den innergemeinschaftlichen Handel zu beeinträchtigen.

### IV. Ausnahme gem. Art. 81 Abs. 3 EG

> Art. 81 EG stellt seiner ursprünglichen Konzeption nach ein *Verbot mit administrativem Befreiungsvorbehalt* dar. Wettbewerbsrelevante Verhaltensweisen sind nach Art. 81 Abs. 1 EG verboten, können aber nach Art. 81 Abs. 3 EG unter den dort normierten Voraussetzungen durch die Kommission freigestellt werden. In der Praxis ist es zu einer Vielzahl von Freistellungen sowohl einzelner Vereinbarungen (Einzelfreistellung) als auch ganzer Gruppen von Vereinbarungen (Gruppenfreistellung) durch die Kommission gekommen. Dieses System hat durch das Inkrafttreten der Verordnung 1/2003[13] am 01.05.2004 einen grundlegenden Wandel erfahren. Art. 1 Abs. 2 der VO 1/2003 bestimmt nun, dass die Ausnahme vom Kartellverbot gem. Art. 81 Abs. 3 EG unmittelbar zur Anwendung kommt, ohne dass es vorher einer Entscheidung durch die Kommission bedarf. Es obliegt damit jetzt den Unternehmen selbst, festzustellen, ob sich ihr Verhalten mit Art. 81 EG im Einklang befindet. Die Kommission behält ein nachträgliches Kontrollrecht. Damit wandelt sich das Verbot mit Befreiungsvorbehalt zu einem *Verbot mit Legalausnahme und nachträglichem administrativem Kontrollvorbehalt*. In der Literatur ist die neue Verordnung mit Bedenken aufgenommen worden. Kritisiert wird, dass die Rege-

---

[12] Eilmansberger T, in: Streinz R (Hrsg.), EUV/EGV-Kommentar, 2003, Art. 81 EGV Rn. 30.
[13] ABl. EG 2003, Nr. L 1, 1.

> lung der VO 1/2003 mit dem Regelungsgehalt des Art. 81 EG, wie er von der Rechtsprechung des EuGH konkretisiert wurde, unvereinbar sei, zudem wird bezweifelt, ob die VO von der Ermächtigung des Art. 83 EG gedeckt ist[14].

Die Vereinbarung könnte durch Art. 81 Abs. 3 EG i.V.m. Art. 1 Abs. 2 VO 1/2003 vom Kartellverbot des Abs. 1 freigestellt sein. Zwar ermöglicht diese Ausnahmeregelung Herstellern in gewissem Maße den Schutz ihrer Vertriebsnetze. Eine Abschottung der Märkte ist jedoch durch Art. 81 Abs. 3 EG nicht zu rechtfertigen. Als Ausnahmebestimmung ist Art. 81 Abs. 3 EG restriktiv auszulegen. Eine Maßnahme, durch die einzelnen Händlern absoluter Gebietsschutz eingeräumt wird, ist kartellrechtlich unzulässig[15].

> Im Originalfall hatte BMW sich auf die – inzwischen nicht mehr rechtskräftige – Gruppenfreistellungsverordnung 123/85 berufen. Diese stellte Vereinbarungen, durch die der Lieferant den Händler beauftragte, den Vertrieb der Vertragswaren in einem bestimmten Gebiet zu fördern, und sich verpflichtete, innerhalb dieses Gebietes nur ihn mit Kraftfahrzeugen und Ersatzteilen zu beliefern, von der Anwendung des Art. 81 Abs. 1 EG frei. Der EuGH ist diesem Vorbringen jedoch nicht gefolgt, da derartige Ausnahmeregelungen restriktiv auszulegen seien und die VO keine ausdrückliche Regelung über Leasingverträge enthielt.

## V. Ergebnis

Die Maßnahme von BMW verletzt das gemeinschaftsrechtliche Kartellverbot gem. Art. 81 Abs. 1 EG.

---

[14] Koenig C/Haratsch A, Europarecht, 4. Aufl. 2003, Rn. 825 m.w.N.
[15] So bereits EuGH, Urt. v. 13.07.1966, verb. Rs. 56/64 u. 58/64, Slg. 1966, 321 (391) [*Corsten u. Grundig/Kommission*].

## C. Anmerkungen

### I. Rechtsprechung

Der Fall beruht auf folgendem Urteil des EuGH:

EuGH, Urt. v. 24.10.1995, Rs. C-70/93, Slg. 1995, I-3439 [*Bayerische Motorenwerke/ALD*].

### II. Vertiefungshinweise

Das europäische Wettbewerbsrecht spielt trotz seiner enormen praktischen Relevanz nur eine untergeordnete Rolle in der juristischen Pflichtfachausbildung. Dennoch sollte sich auch der Pflichtfachkandidat zumindest einen Überblick über die verschiedenen Regelungsbereiche des europäischen Wettbewerbsrechts verschaffen.

#### 1. Allgemeines

Während das Bundesverfassungsgericht von der wirtschaftspolitischen Neutralität des deutschen Grundgesetzes ausgeht[16], verpflichtet der EG-Vertrag die Europäische Gemeinschaft schon in den Art. 2, 3 Abs. 1 lit. g sowie insbesondere 4 Abs. 1 auf eine „offene Marktwirtschaft mit freiem Wettbewerb"[17]. Das in Art. 81-89 EG normierte System soll zur Gewährleistung dieses freien Wettbewerbs beitragen.

**a) Persönlicher Anwendungsbereich**

Im Hinblick auf den Adressatenkreis der Wettbewerbsvorschriften ist zu unterscheiden. Das Kartellverbot (Art. 81 EG), die Missbrauchsaufsicht (Art. 82 EG) sowie die Fusionskontrolle (FKVO) richten sich unmittelbar an private Unternehmen. Vorbehaltlich des Art. 86 EG werden auch öffentliche Unternehmen erfasst. Indirekt sind zudem die Mitgliedstaaten an die Wettbewerbsregeln gebunden, so dass sowohl staatliche als auch staatlich geförderte Wettbewerbsbeschränkungen in den Anwendungsbereich des europäischen Wettbewerbsrechts fallen[18]. Das EG-Beihilfenregime (Art. 87, 88 EG) richtet sich hingegen primär an die Mitgliedstaaten und unterstellt die staatliche Beihilfengewährung der Kontrolle durch die Kommission.

---

[16] BVerfGE 4, 7 (17); 50, 290 (338).
[17] Siehe dazu nur Streinz R, Europarecht, 7. Aufl. 2005, Rn. 971 ff.
[18] EuGH, Urt. v. 23.04.1991, Rs. C-41/90, Slg. 1991, I-1979 (Ziff. 20 ff.) [*Höfner u. Elser/Macrotron*].

## b) Sachlicher Anwendungsbereich

In sachlicher Hinsicht erstreckt sich das Wettbewerbsrecht auf den gesamten Gemeinsamen Markt, sofern keine Ausnahmeregelungen wie beispielsweise für den Agrarsektor (Art. 36 EG) bestehen, und setzt eine unmittelbare oder mittelbare, tatsächliche oder potentielle Beeinträchtigung des Handels zwischen den Mitgliedstaaten voraus („Zwischenstaatenklausel").

## c) Territorialer Anwendungsbereich

In räumlicher Hinsicht gilt das europäische Wettbewerbsrecht für alle Unternehmen, deren Sitz im Gemeinschaftsgebiet liegt („Personalitätsprinzip") oder die innerhalb des Gemeinschaftsgebiets tätig werden („Territorialitätsprinzip"). Darüber hinaus beansprucht die Europäische Kommission die Geltung des Wettbewerbsrechts für alle Maßnahmen, die sich im Gemeinschaftsgebiet auswirken („Auswirkungsprinzip")[19]. Im Ergebnis kann dies zu einer extra-territorialen Wirkung des europäischen Wettbewerbsrechts führen[20]. Für die Vollstreckung einer etwaigen Sanktion ist die EG jedoch in solchen Fällen auf die Zusammenarbeit mit dem entsprechenden Drittstaat angewiesen.

## 2. Kartellverbot (Art. 81 EG)

Die Grundstrukturen sowie die Systematik des europäischen Kartellverbots werden durch den vorliegenden Fall vermittelt. Besondere Beachtung verdient der durch die VO 1/2003 herbeigeführte Wandel von einem *Verbot mit administrativem Befreiungsvorbehalt* zu einem *Verbot mit Legalausnahme und nachträglichem administrativem Kontrollvorbehalt*. Als zivilrechtliche Rechtsfolge eines Verstoßes gegen das Kartellverbot ordnet Art. 81 Abs. 2 EG die Nichtigkeit der entsprechenden Vereinbarung an, und die neue VO 1/2003 regelt das (öffentlich-rechtliche) Verfahren der Überwachung und Aufsicht. Die Kommission – bzw. nach Art. 5 VO 1/2003 auch die mitgliedstaatlichen Wettbewerbsbehörden – können danach eine Abstellungsanordnung (Art. 7 VO 1/2003) erlassen sowie Buß- oder Zwangsgelder (Art. 23, 24 VO 1/2003) erheben. Die Art. 17 ff. VO 1/2003 begründen darüber hinaus Befugnisse zur Ermittlung. Mittelbare Folgen können sich durch Schadensersatz- und Unterlassungsklagen ergeben.

---

[19] Kommissionsentscheidung v. 19.12.1984, ABl.EG 1985, Nr. 85/1 (Ziff. 79) [*Zellstoff*].
[20] Angesichts der entsprechenden weit verbreiteten Staatenpraxis eröffnen sich in dieser Hinsicht auch keine völkerrechtlichen Bedenken, vgl. zum Ganzen Weiß W, in: Calliess C/Ruffert M (Hrsg.), EUV/EGV-Kommentar, 2. Aufl. 2002, Art. 81 EG Rn. 7 ff.

## 3. Missbrauchskontrolle (Art. 82 EG)

Das Verbot des Missbrauchs einer marktbeherrschenden Stellung nach Art. 82 EG soll einer zu einseitigen Beeinflussung der Wettbewerbsbedingungen durch marktbeherrschende Unternehmen vorbeugen und erfasst im Gegensatz zu Art. 81 EG auch einseitiges Verhalten. Im Unterschied zu Art. 81 EG, der präventiv die Entstehung von Kartellen verhindern soll, geht Art. 82 EG davon aus, dass schon ein Kartell oder eine bestimmte Marktmacht besteht. Der Tatbestand des Art. 82 EG setzt die marktbeherrschende Stellung eines Unternehmens und eine missbräuchliche Ausnutzung dieser Stellung sowie – als Konsequenz hieraus – die Beeinträchtigung des zwischenstaatlichen Handels voraus.

### a) Marktbeherrschende Stellung

Die Feststellung der marktbeherrschenden Stellung setzt zunächst die Bestimmung des relevanten Marktes voraus. Dieser bestimmt sich nach dem sog. Bedarfsmarktkonzept. Danach zählen zum sachlich relevanten Markt alle Güter, die aufgrund ihrer Merkmale dem gleichen Bedarf zu dienen bestimmt sind und aus der Sicht der Marktgegenseite mit anderen Erzeugnissen nur in geringem Maße austauschbar sind[21]. Entscheidendes Kriterium ist somit die Substituierbarkeit der Güter[22]. Marktbeherrschend ist die Stellung eines (Monopol) oder mehrerer (Oligopol) Unternehmen dann, wenn diese in der Lage sind, einen wirksamen Wettbewerb auf dem relevanten Markt zu verhindern.

### b) Missbräuchliche Ausnutzung

Nicht die marktbeherrschende Stellung als solche wird von Art. 82 EG sanktioniert, sondern nur deren missbräuchliche Ausnutzung. Missbräuchlich sind alle Verhaltensweisen, die vom normalen Produkt- und Dienstleistungswettbewerb abweichen und sich negativ auf die Wettbewerbsstruktur des Marktes auswirken[23]. Die missbräuchliche Ausnutzung ist anhand objektiver Kriterien zu bestimmen, wobei jedoch die Zielsetzung der Maßnahme mit einzubeziehen ist[24]. Als Leitlinie können dabei die Regelbeispiele nach Art. 82 Satz 2 EG herangezogen werden.

### c) Beeinträchtigung des zwischenstaatlichen Handel

Die missbräuchliche Ausnutzung muss schließlich dazu geeignet sein, den zwischenstaatlichen Handel innerhalb der Gemeinschaft zu beeinträchtigen.

---

[21] EuGH, Urt. v. 21.02.1973, Rs. 6/72, Slg. 1973, 215 (Ziff. 32) [*Europemballage/ Kommission*].
[22] Streinz R, Europarecht, 7. Aufl. 2005, Rn. 1000.
[23] Koenig C/Haratsch A, Europarecht, 4. Aufl. 2003, Rn. 834.
[24] Streinz R, Europarecht, 7. Aufl. 2005, Rn. 1001.

Umstritten ist, ob auch hier das Kriterium der Spürbarkeit Anwendung findet[25].

### d) Rechtsfolgen

Art. 82 EG ordnet keine ausdrückliche Rechtsfolge des Verstoßes an, führt aber zu einem unmittelbaren Verbot des Verhaltens. Eine Untersagungsverfügung der Kommission hat demnach nur deklaratorische Wirkung. Die Kommission kann darüber hinaus Buß- und Zwangsgelder verhängen (Art. 23, 24 VO 1/2003). Auf der zivilrechtlichen Ebene kann ein Verstoß Schadensersatzansprüche nach § 823 Abs. 2 BGB auslösen[26]. Verträge, die unter Verletzung von Art. 82 EG abgeschlossen wurden, sind nichtig[27].

## 4. Fusionskontrolle (FKVO)

Der EG-Vertrag enthält keine ausdrückliche Regelung zur Fusionskontrolle, dennoch besteht Einigkeit darüber, dass auch die Entstehung marktbeherrschender Zusammenschlüsse der gemeinschaftsrechtlichen Reglementierung bedarf. Nachdem die Fusionskontrolle anfangs auf die Art. 81, 82 EG gestützt wurde[28], stellte seit 1989 die Fusionskontrollverordnung (VO 4064/89), die auf der Basis der Art. 83, 308 EG erlassen worden war, die alleinige Grundlage für die Fusionskontrolle dar. Eine umfassende Reform hat die Fusionskontrolle durch die am 01.05.2004 in Kraft getretene VO 139/2004 erfahren.

### a) Anwendbarkeit der Fusionskontrolle

Die Anwendbarkeit der FKVO setzt gemäß Art. 1 Abs. 1 einen Unternehmenszusammenschluss von gemeinschaftsweiter Bedeutung voraus. Nach der Legaldefinition des Art. 3 FKVO ist unter einem Zusammenschluss die dauerhafte Veränderung der Kontrolle über ein Unternehmen in der Weise zu verstehen, dass zwei oder mehr voneinander unabhängige Unternehmen fusionieren oder vertraglich die näher spezifizierte Kontrolle durch Personen von einem auf weitere Unternehmen ausgeweitet wird. Die gemeinschaftsweite Bedeutung des Zusammenschlusses bemisst sich nach den Umsätzen der beteiligten Unternehmen, Schwellenwerte sind in Art. 1 Abs. 2 FKVO festgelegt. Unterhalb dieser Schwellenwerte richtet sich die Fusionskontrolle allein nach nationalem Recht.

---

[25] Weiß W, in: Calliess C/Ruffert M (Hrsg.), EUV/EGV-Kommentar, 2. Aufl. 2002, Art. 82 EG Rn. 71.
[26] Zum Schutzgesetzcharakter von Art. 82 EG vgl. Eilmansberger T, in: Streinz T (Hrsg.), EUV/EGV-Kommentar, 2003, Art. 82 EGV Rn. 80 ff.
[27] Brinker I, in: Schwarze J, (Hrsg.), EU-Kommentar, 2000, Art. 81 EGV Rn. 62.
[28] EuGH, Urt. v. 21.02.1973, Rs. 6/72, Slg. 1973, 215 (Ziff. 25 f.) [*Europemballage/ Kommission*].

## b) Vereinbarkeitsprüfung

Fusionen oberhalb der in Art. 1 Abs. 2 FKVO normierten Schwellenwerte müssen bei der Kommission angemeldet werden (Art. 4 Abs. 1 FKVO). Die Kommission prüft die geplante Fusion auf ihre Vereinbarkeit mit dem Gemeinsamen Markt (Art. 2 Abs. 1 FKVO) und untersagt die Fusion, wenn durch sie der wirksame Wettbewerb im Gemeinsamen Markt erheblich behindert würde (Art. 2 Abs. 3 FKVO[29]). Das vor Inkrafttreten der VO 139/2004 allein maßgebliche Merkmal der marktbeherrschenden Stellung ist nur noch ein Regelbeispiel für eine solche Behinderung[30]. So kann ein Zusammenschluss nunmehr auch ohne Marktbeherrschung untersagt werden, wenn er den wirksamen Wettbewerb beeinträchtigt[31]. Auf der anderen Seite kann ein Zusammenschluss mit dem Gemeinsamen Markt vereinbar sein, wenn er zwar zu einer marktbeherrschenden Stellung führt, den effektiven Wettbewerb aber nicht erheblich behindert, weil er beispielsweise ausgleichende Effizienzvorteile mit sich bringt. Die Anwendung dieses neuen materiell-rechtlichen Prüfungsmaßstabs in der Praxis bleibt abzuwarten. Vor der Entscheidung der Kommission darf die Fusion nicht vollzogen werden (Art. 7 Abs. 1 FKVO). Gegen die Entscheidung kann Klage zum EuG erhoben werden, eine Berufung zum EuGH ist möglich.

### 5. Beihilfenkontrolle (Art. 87 ff. EG)

Das Beihilfenrecht nimmt als derjenige Teil des Wettbewerbsrechts, der sich nicht an die Unternehmen, sondern an die Mitgliedstaaten richtet, eine Sonderstellung ein. Aufgrund seiner hohen Examensrelevanz wird es in einem gesonderten Fall besprochen.[32]

## III. Lesehinweise

Krimphove, Dieter, Europäisches Wettbewerbsrecht, 2002

Mestmäcker, Ernst-Joachim/Schweitzer, Heike, Europäisches Wettbewerbsrecht, 2. Aufl. 2004

---

[29] Sog. SIEC-Test (significant impediment to effective competition).
[30] Vgl. Mestmäcker E-J/Schweitzer H, Europäisches Wettbewerbsrecht, 2. Aufl. 2004, § 25 Rn. 1.
[31] Hintergrund der Neuregelung war der Wunsch, nicht-koordiniertes Verhalten oligopolistischer Unternehmen mit der FKVO erfassen zu können, siehe Erwägungsgrund 25 zur FKVO.
[32] Siehe dazu ausführlich Fall Nr. 14.

# Fall 14: Der Wirtschaftsaufschwung, der vom Himmel kam

## A. Sachverhalt

Der führende europäische Logistikkonzern ‚Logistic and Transport for Europe' (LATE) hat sich Ende 2004 zum Ausbau des in der Stadt D im deutschniederländischen Grenzgebiet liegenden Flughafens zum internationalen Luftdrehkreuz entschlossen. Ausschlaggebend dafür war die günstige Lage inmitten Europas. Aufgrund des erwarteten hohen Warenaufkommens kann LATE die Weiterleitung der Transportgüter mit Lastkraftwagen nicht allein abwickeln, sondern möchte Teile des Geschäfts an eine private Speditionsfirma auslagern. Da diese vor allem die näher gelegene Region abdecken soll, beschließt man, auf die Erfahrungen einer bereits im Umfeld ansässigen Spedition zurückzugreifen. In die engere Auswahl kommen schließlich zwei mittelständische Unternehmen: Die ‚Germania Express Transport' GmbH (GET) mit Sitz in der Stadt D und das im niederländischen Grenzort N ansässige Transportunternehmen ‚TorTour' GmbH (TT).

LATE präferiert zwar die GET, macht den Zuschlag für den Exklusivvertrag aber von der Erfüllung weiterer Kriterien abhängig. Während das niederländische Transportunternehmen TT alle Voraussetzungen erfüllt, müsste die deutsche GET auf ihrem Betriebsgelände noch eine Halle für die Vorsortierung der verschiedenen Güter errichten. Die GET, deren Geschäfte in den vergangenen Jahren immer schlechter liefen, verfügt jedoch nicht in ausreichendem Maße über die nötigen Investitionsmittel in Höhe von 100.000 Euro. Die Hauptkreditgeberin des Unternehmens, die Bar-Bank AG, weigert sich, über die bestehenden Kredite von 200.000 Euro hinaus weitere Mittel zur Verfügung zu stellen. Aufgrund der schlechten wirtschaftlichen Situation der GET ist sogar ungewiss, ob die GET die alten Kredite termingerecht tilgen kann. Bedingt durch die akute Insolvenzgefahr ist auch kein anderer Kreditgeber bereit, die Investition zu unterstützen. Die Geschäftsführung der GET sieht mit dem angebotenen Exklusivvertrag jedoch die Chance auf einen wirtschaftlichen Umschwung und wäre im Falle des Zuschlags sogar in der Lage, zu den bereits bestehenden 30 Arbeitsplätzen 20 weitere zu schaffen.

Sie wendet sich daher an den Gemeinderat der Stadt D mit der Bitte um Unterstützung, wozu man grundsätzlich bereit ist. Aufgrund klammer Kassen sieht sich die Stadt D jedoch nicht in der Lage selbst das Geld aufzubringen.

So schließen D und die GET am 1. Juni 2005 einen Vertrag, in dem sich D zur Aufnahme einer Hypothek von 100.000 Euro auf ein ihr gehörendes Grundstück zur Sicherung eines weiteren der GET von der Bar-Bank zu gewährenden Kredits in derselben Höhe verpflichtet. Im Gegenzug dazu verpflichtet sich die GET das Geld zum Bau der erforderlichen Halle zu verwenden, um damit die bestehenden Arbeitsplätze zu sichern, und beginnt auch sofort mit dem Neubau. Da sich der Ausbau des Flughafens zum Luftdrehkreuz jedoch verzögert und sich die wirtschaftliche Lage der GET in der zweiten Hälfte des Jahres 2005 nicht spürbar verbessert, wird der Kredit bei der Bar-Bank notleidend. Diese entschließt sich daraufhin im Januar 2006 zur Vollstreckung in das kommunale Grundstück. Zur Jahreswende jedoch nimmt die LATE schließlich das Luftdrehkreuz in Betrieb, so dass sich auch die Lage der GET bessert, die nach Abschluss des Exklusivvertrages die Weiterleitung der Transportgüter in der deutsch-niederländischen Grenzregion übernommen hat. Ab Ende Januar 2006 ist damit die Zahlungsfähigkeit der GET wieder hergestellt, so dass es nicht zur Zwangsvollstreckung in das Grundstück kommt.

Schlechte Nachrichten kommen aber von ganz anderer Seite: Zwischenzeitlich ist die Europäische Kommission von der TT auf das Verhalten von D aufmerksam gemacht worden. Die Kommission verfügt daher am 1. Januar 2006 nach vorheriger Anhörung der Bundesregierung in einer eingehend begründeten Stellungnahme, dass die Bundesrepublik Deutschland „die der GET gewährte und mit dem Gemeinsamen Markt unvereinbare Beihilfe binnen drei Monaten zurückfordern" müsse. Die Bundesregierung räumt in ihrem Antwortschreiben ein, dass wohl nicht alle Vorschriften des EG-Vertrages beachtet worden seien, und äußert ihr Bedauern, wenn der TT durch das Verhalten von D ein Schaden entstanden sein sollte. Aber dieser Schaden sei schon rein faktisch nicht mehr zu beheben, da man die GET nicht in den Zustand der drohenden Insolvenz zurückversetzen und ebenso wenig der Bar-Bank die einmal erworbene Kreditsicherheit für den noch nicht zurückgezahlten und notleidenden Kredit entziehen könne.

Die Kommission zeigt sich von dem Vorgebrachten jedoch nicht überzeugt und trifft am 5. Mai 2006 eine ausführlich begründete Entscheidung dahingehend, dass die Bundesrepublik Deutschland (1) die der GET gewährte Beihilfe bis spätestens zum 31. Juli 2006 aufheben und (2) verhindern müsse, dass aus der Hypothek Zahlungen an die Bar-Bank geleistet werden. Daraufhin erheben die GET und die Bar-Bank am 27. Mai 2006 Klage gegen die Entscheidung der Kommission.

<u>Fragen:</u>
(1) Hat die Klage der GET und der Bar-Bank Aussicht auf Erfolg?

(2) Unterstellen Sie, dass die Klage – jedenfalls insoweit als die GET Klägerin ist – im weiteren Verlauf erfolglos bleibt. D fordert nunmehr von der GET die unverzügliche Ablösung der dinglichen Belastung ihres Grundstücks mit der Begründung, dass der Vertrag vom 1. Juni 2005 nichtig sei, und erhebt nach fruchtloser

Fristsetzung Klage gegen die GET vor dem örtlich zuständigen Verwaltungsgericht. Hat diese Klage Aussicht auf Erfolg?

<u>Anmerkung</u>: Die GET könnte zwar die Ablösung der Sicherheit durch sofortige Abzahlung des Gesamtkredits erreichen, wäre dann aber endgültig insolvent.

(3) Die TT hatte im Hinblick auf die erwartete Insolvenz der GET und den darum erwarteten Zuschlag für den Exklusivvertrag im Sommer 2005 Investitionen in Höhe von 50.000 Euro getätigt und sich dafür für die Jahre ab 2006 einen deutlichen Gewinnzuwachs erhofft. Sie klagt nunmehr vor dem örtlich zuständigen Landgericht gegen die Bundesrepublik Deutschland auf Zahlung von 50.000 Euro. Zu Recht? Die Bundesregierung wendet ein, wenn überhaupt, hafte nur D.

<u>Anmerkung</u>: Die TT ist eine im prozessualen Sinne parteifähige juristische Person. Es erfolgt keine Auseinandersetzung mit Vorschriften des niederländischen Rechts; außer Betracht bleiben sollen auch insolvenzrechtliche Vorschriften.

# B. Lösung

**Frage 1**

Erfolgsaussichten der Klage der GET und der Bar-Bank gegen die Entscheidung der Europäischen Kommission vom 5. Mai 2006

## I. Zulässigkeit der Klage

### 1. Eröffnung des Rechtswegs

In Betracht kommt eine Nichtigkeitsklage nach Art. 230 Abs. 1 EG gegen die Entscheidung der Kommission[1]. Vorliegend wird die Klage nicht von einem Mitgliedstaat, sondern von *juristischen Personen* des Privatrechts (GET-GmbH und B-Bank AG) eingereicht, so dass nach Art. 225 Abs. 1, Abs. 2 EG i.V. m. Art. 3 lit. c des Ratsbeschlusses 88/591[2] das EuG in erster Instanz zuständig ist.

### 2. Parteifähigkeit der GET-GmbH, der Bar-Bank AG und der Kommission

Nach Art. 230 Abs. 4 EG können grundsätzlich auch juristische Personen Nichtigkeitsklage gegen Rechtsakte der Kommission erheben[3]. Die GET als GmbH und die Bar-Bank als AG sind juristische Personen und damit taugliche Antragsteller. Die Kommission, gegen deren Entscheidung sich die Klage richtet, ist bei Klagen gem. Art. 230 Abs. 4 EG passiv parteifähig.

### 3. Klagebefugnis

Bei Klagen von juristischen Personen nach Art. 230 Abs. 4 EG bedarf es der Feststellung einer besonderen Klagebefugnis, da es sich insoweit um *nichtprivilegierte Kläger* handelt[4]. Diese stehen im Gegensatz zu den privilegierten Klägern nach Art. 230 Abs. 1 EG und müssen qualifizierte Voraussetzungen erfüllen. Problematisch ist ferner, dass sich die Kläger gegen eine Entscheidung der

---

[1] Vgl. für einen ersten Überblick Koenig C/Pechstein M/Sander C, EU-/EG-Prozessrecht, 2. Aufl. 2002, 311 ff.
[2] ABl.EG L 319 vom 24.10.1988.
[3] Geiger R, EUV/EGV-Kommentar, 4. Aufl. 2004, Art. 230 EGV Rn. 16 f.; Cremer W, in: Calliess C/Ruffert M (Hrsg.), EUV/EGV-Kommentar, 2. Aufl. 2002, Art. 230 EG Rn. 25.
[4] Ehricke U, in: Streinz R (Hrsg.), EUV/EGV-Kommentar, 2003, Art. 230 EGV Rn. 51; Geiger R, EUV/EGV-Kommentar, 4. Aufl. 2004, Art. 230 EGV Rn. 15.

Kommission richten, die nicht gegenüber ihnen, sondern gegenüber einem Dritten (der Bundesrepublik Deutschland) ergangen ist.

> Für Klagen gegen einen Rechtsakt, der sich an eine andere Person richtet, ist es notwendig, dass die Entscheidung den Kläger *unmittelbar* und *individuell* betrifft[5]. Der Kläger muss an der Aufhebung des Rechtsaktes ein besonderes Interesse haben und durch die angegriffene Maßnahme persönlich beschwert sein[6].

Beide Kläger können hier geltend machen, dass die Umsetzung der Entscheidung der Kommission durch die Bundesrepublik ihre wirtschaftlichen Interessen erheblich beeinträchtigen würde.

> Allerdings ist der Kläger bei Entscheidungen, die an einen Mitgliedstaat gerichtet sind, regelmäßig nicht unmittelbar betroffen, wenn diese erst durch den Mitgliedstaat umgesetzt werden müssen und die letztendliche Entscheidung von den nationalen Behörden getroffen wird[7]. Etwas anderes gilt aber dann, wenn der Mitgliedstaat zur *Umsetzung ohne eigenen Ermessensspielraum* verpflichtet ist. Davon geht der EuGH vor allem bei Anweisungen der Kommission zur Rückforderung einer Beihilfe durch einen Mitgliedstaat aus[8].

Somit sind vorliegend die GET und die Bar-Bank individuell betroffen. Die angefochtene Entscheidung grenzt beide Kläger klar ab und lässt der Bundesrepublik als eigentlichem Adressaten keinen Umsetzungsspielraum.

## 4. Klagefrist

Die zweimonatige Klagefrist gem. Art. 230 Abs. 5 EG gegen die Entscheidung vom 5. Mai 2006 ist durch die Klageerhebung vom 27. Mai 2006 gewahrt.

---

[5] Siehe dazu ausführlich Fall 12.
[6] Koenig C/Pechstein M/Sander C, EU-/EG-Prozessrecht, 2. Aufl. 2002, 388.
[7] Ehricke U, in: Streinz R (Hrsg.), EUV/EGV-Kommentar, 2003, Art. 230 EGV Rn. 54.
[8] EuGH, Urt. v. 05.05.1998, Rs. C-386/96, Slg. 1998, I-2309 (Ziff. 43) [*Dreyfuß/Kommission*]; EuGH, Urt. v. 15.06.1976, Rs. 113/75, Slg. 1979, 1185 (Ziff. 11) [*NTN Toyo Bearing Company*].

## 5. Klagegründe

Die Darlegung der Klagegründe ist formales Zulässigkeitskriterium. Die Kläger berufen sich hier auf eine Verletzung des EG-Vertrages und damit auf einen zulässigen Klagegrund gem. Art. 230 Abs. 2 EG.

> Anmerkung: Ob eine Verletzung der Vorschriften des EG-Vertrages tatsächlich vorliegt, ist eine Frage der Begründetheit der Klage und damit im Prüfungsaufbau erst unter diesem Punkt zu untersuchen.

## 6. Zwischenergebnis

Die Klage der GET und der Bar-Bank ist somit zulässig.

## II. Begründetheit der Klage

Die Nichtigkeitsklage ist begründet, wenn die angegriffene Maßnahme mit einem oder mehreren der in Art. 230 Abs. 2 EG genannten *Nichtigkeitsgründe* behaftet ist und diese entweder vom Kläger geltend gemacht oder von Amts wegen zu berücksichtigen sind.

## 1. Zuständigkeit

Von Amts wegen ist die Zuständigkeit der Gemeinschaft selbst sowie des für sie handelnden Organs zu prüfen[9]: Die Verbandskompetenz der EG, die nach Art. 5 Abs. 1 EG dem Prinzip der *begrenzten Einzelermächtigung*[10] unterliegt, folgt aus Art. 88 EG. Demnach ist ein Tätigwerden der EG durch die Kommission ausdrücklich vorgesehen, um einen unverfälschten Wettbewerb im Gemeinsamen Markt zu gewährleisten (Art. 3 Abs. 1 lit. g EG). Die Beihilfenkontrolle stellt einen Kernbereich des primären Gemeinschaftsrechts dar, so dass die Verbandskompetenz der Gemeinschaft ebenso wie die Organkompetenz der Kommission gegeben ist.

---

[9] EuGH, Urt. v. 30.09.1982, Rs. 110/81, Slg. 1982, 3159 (Ziff. 34) [*Roquette Frères/Rat*].
[10] Dazu weitergehend Koenig C/Haratsch A, Europarecht, 4. Aufl. 2003, Rn. 57 ff.; Jarass H D, Die Kompetenzverteilung zwischen der Europäischen Gemeinschaft und den Mitgliedstaaten, in: AöR 121 (1996), 173-199.

## 2. Verletzung wesentlicher Formvorschriften

Die Verletzung von Formfehlern (d.h. auch Verfahrensfehlern) wird gegebenenfalls ebenfalls von Amts wegen berücksichtigt[11]. Die Kommission hat nach Bekanntwerden des Verhaltens von D dem Mitgliedstaat durch Verfügung vom 1. Januar 2006 eine Frist zur Änderung gesetzt (Art. 88 Abs. 2 1. Hs. EG), ohne dass die Bundesrepublik die von der Entscheidung betroffene Beihilfe tatsächlich zurückgenommen hätte. Erst nach erfolglosem Ablauf dieser Frist hat die Kommission die ausführlich begründete Entscheidung zur Rücknahme der Subvention abgegeben. Eine Verletzung von Formvorschriften liegt damit nicht vor.

## 3. Verletzung des Vertrages

Die Rüge der (sonstigen) Vertragsverletzung ist ein *Auffangtatbestand* für alle Verstöße, die keinem der anderen spezielleren Aufhebungsgründe unterfallen[12].

> Eine Verletzung des Vertrages liegt vor, wenn dem jeweiligen Organ bei Auslegung und/oder Anwendung des gesamten primären und sekundären Gemeinschaftsrechts oder bei Feststellung, Würdigung und Abwägung der entscheidungserheblichen Tatsachen ein Fehler unterlaufen ist[13].

Zu prüfen ist daher, ob die Kommission nach dem EG-Vertrag die Bundesrepublik anweisen durfte, die der GET gewährte Beihilfe aufzuheben und eine Zahlung aufgrund der Hypothek an die Bar-Bank zu verhindern. Grundsätzlich ist die Kommission gem. Art. 88 Abs. 2 Abs. 1, 249 Abs. 1 EG befugt – wenn nicht gar verpflichtet[14] – zu entscheiden[15], dass eine mit dem Gemeinsamen Markt unvereinbare Beihilfe eines Mitgliedstaates binnen einer bestimmten Frist umzugestalten oder aufzuheben ist. Voraussetzung ist allerdings, dass es sich um eine nach Art. 87 EG mit dem Gemeinsamen Markt *unvereinbare Beihilfe* handelt[16].

---

[11] EuGH, Urt. v. 07.05.1991, Rs. C-304/89, Slg. 1991, I-2283 (Ziff. 18) [*Oliveira/Kommission*].

[12] Ehricke U, in: Streinz R (Hrsg.), EUV/EGV-Kommentar, 2003, Art. 230 EGV Rn. 78.

[13] Ausführlich Cremer W, in: Calliess C/Ruffert M (Hrsg.), EUV/EGV-Kommentar, 2. Aufl. 2002, Art. 230 EG Rn. 78.

[14] So Wallenberg G von, in: Grabitz E/Hilf M (Hrsg.), Das Recht der Europäischen Union, Band II, Stand 06/2005, Art. 88 EGV Rn. 38.

[15] Cremer W, in: Calliess C/Ruffert M (Hrsg.), EUV/EGV-Kommentar, 2. Aufl. 2002, Art. 88 EG Rn. 13.

[16] Zum Verbotstatbestand des Art. 87 Abs. 1 EG Koenig C/Haratsch A, Europarecht, 4. Aufl. 2003, Rn. 847 f.

Die Beantwortung dieser Frage muss nach den beiden Bestandteilen der Entscheidung (zum einen hinsichtlich der GET und zum anderen hinsichtlich der Bar-Bank) differenziert werden:

**a) Unzulässige Beihilfe an die GET**

*aa) Beihilfe durch Gewährung von marktunüblichen Kreditsicherheiten*

Die Gewährung der dinglichen Kreditsicherheit könnte eine unzulässige Beihilfe an die GET darstellen.

> Nach Art. 87 Abs. 1 EG sind Beihilfen solche staatlichen Vergünstigungen, die durch Bevorzugung bestimmter Unternehmen oder Produktionszweige im Ergebnis den Wettbewerb verfälschen oder zu verfälschen drohen[17]. Dazu zählt neben direkten finanziellen Zuschüssen auch jede Entlastung von Kosten, die ein Unternehmen normalerweise zu tragen hätte[18].

Damit werden auch *staatliche Garantien* – insbesondere Bürgschaften des Staates – als Beihilfen angesehen, wenn sie zu besonders günstigen und darum marktunüblichen Konditionen gewährt werden[19]. Nichts anderes dürfte für dingliche Sicherheiten gelten, die unter denselben Umständen erfolgen. Sie sind insofern parallel zu Bürgschaften zu behandeln. Allerdings muss die Gewährung der Sicherheit *marktunüblich* sein und darf nicht durch eine *Gegenleistung* des Begünstigten kompensiert werden. Hier könnte die von der GET vertraglich übernommene Verpflichtung zur Investition des Darlehens in die neue Halle, die der Sicherung der Arbeitsplätze in der Region dient, eine Gegenleistung sein. Diese Argumentation ist im Ergebnis aber kaum vertretbar. Der Investition der GET fehlt der Charakter als Gegenleistung schon deswegen, weil sie den Kredit genauso für eigene Zwecke verwendet, wie sie es ohne die entsprechende Verpflichtung

---

[17] Grundlegend EuGH, Urt. v. 23.02.1961, Rs. 30/59, Slg. 1961, 43 (Ziff. 19 f.) [*Steenkolenmijnen/Hohe Behörde*]. Seither ständige Rspr., vgl. etwa EuGH, Urt. v. 01.12.1998, Rs. C-200/97, Slg. 1998, I-7926 (Ziff. 22 f.) [*Ecotrade*]. Vgl. Cremer W, in: Calliess, C/Ruffert M (Hrsg.), EUV/EGV-Kommentar, 2. Aufl. 2002, Art. 87 EG Rn. 7.

[18] EuGH, Urt. v. 15.03.1994, Rs. C-387/92, Slg. 1994, I-877 (Ziff. 11 f.) [*Banco de Crédito Industrial*], EuGH, Urt. v. 08.11.2001, Rs. C-143/99, Slg. 2001, I-8384 (Ziff. 38) [*Adria-Wien-Pipeline*].

[19] Vgl. vor allem die Mitteilung der Kommission vom 11.03.2000 über die Anwendung der Art. 87 und 88 EG auf staatliche Beihilfen in Form von Haftungsverpflichtungen und Bürgschaften, ABl.EG C 71 vom 11.03.2000, 14; EuG, Urt. v. 13.06.2000, Rs. T-204/97, Slg. 2000, II-2267 (Ziff. 66 f.) [*EPAC/Kommission*]; EuGH Urt. v. 11.07.1996, Rs. C-39/94, Slg. 1996, I-3547 (Ziff. 60) [*SFEI u. a.*]; EuGH Urt. v. 29.04.1999, Rs. C-342/96, Slg. 1999, I-2459 (Ziff. 41) [*Spanien/Kommission*].

durch den Vertrag mit D getan hätte. Aus diesem Grund hat die Verpflichtung der GET auch keinen „Entgeltcharakter"[20].

*bb) Aus staatlichen Mitteln*[21]

Mit der Verpflichtung der Gemeinde D, ein kommunales Grundstück zu belasten, kommt die Beihilfe aus staatlichen Mitteln.

*cc) Begünstigung eines bestimmten Unternehmens*[22]

Die GET ist als Begünstigte genau abgrenzbar.

*dd) Verfälschung des Wettbewerbs*

Eine Beeinträchtigung des Handels zwischen den Mitgliedstaaten durch eine *Verfälschung des Wettbewerbs* muss zumindest drohen.

> Eine Wettbewerbsverfälschung durch eine Beihilfe liegt dann vor, wenn sie – tatsächlich oder potenziell – in ein bestehendes Wettbewerbsverhältnis eingreift und damit den Ablauf des Wettbewerbs verändert.[23]

Vorliegend handelt es sich um eine Wettbewerbsverfälschung, da das eigentlich nicht überlebensfähige Unternehmen GET aufgrund der mit der Sicherheit von D erlangten Geldmittel den lukrativen Exklusivvertrag mit der LATE abschließen konnte. Aufgrund der realen Wirtschaftslage des Unternehmens hätte ansonsten die niederländische TT-GmbH berechtigte Aussichten gehabt. Aufgrund dieses grenzüberschreitenden Bezugs wird der Handel zwischen den Mitgliedstaaten im Sinne von Art. 87 Abs. 1 EG beeinträchtigt.

---

[20] Eine andere Argumentation wäre nur dann möglich, wenn die Gegenleistung der GET anhand eines Vergleichs mit einem "market economy investor" bewertet würde. Es müsste untersucht werden, ob die staatliche Kapitalzufuhr für einen hypothetischen privaten Vergleichsinvestor, wie etwa eine Bank, unter normalen marktwirtschaftlichen Voraussetzungen in der gleichen Investitionssituation akzeptabel gewesen wäre. Dies wird aber schon deshalb schwierig, da auf dem Markt der Schaffung oder Erhaltung von Arbeitsplätze kein privater Vergleichsinvestor existiert. Zu dieser umstrittenen Thematik vgl. insbesondere Koenig C/Kühling J, in: Streinz R (Hrsg.), EUV/EGV-Kommentar, 2003, Art. 87 EGV Rn. 32 f.

[21] Zu diesem Kriterium Geiger R, EUV/EGV-Kommentar, 4. Aufl. 2004, Art. 87 EGV Rn. 11.

[22] Wallenberg G von, in: Grabitz E/Hilf M (Hrsg.), Das Recht der Europäischen Union, Band II, Stand: 06/2005, Art 87 EGV Rn. 43.

[23] EuGH, Urt. v. 17.09.1980, Rs. 730/79, Slg. 1980, 2671 (Ziff. 11) [*Philip Morris/Kommission*]; Geiger R, EUV/EGV-Kommentar, 4. Aufl. 2004, Art. 87 EGV Rn. 13.

*ee) Zwischenergebnis*

Im Ergebnis liegt daher eine nach Art. 87 Abs. 1 EG unzulässige Beihilfe vor. Diese verstößt jedoch nur dann gegen das Gemeinschaftsrecht, wenn es sich bei ihr nicht um eine *Legalausnahme* nach Art. 87 Abs. 2 EG handelt und die *Freistellungsvoraussetzungen* nach Art. 87 Abs. 3 EG nicht vorliegen[24]. Vorliegend war die Beihilfe allerdings nicht ausnahmsweise nach Art. 87 Abs. 2 EG zulässig und wurde auch nicht ausnahmsweise nach Art. 87 Abs. 3 EG für zulässig erachtet. Damit ist die der GET gewährte Beihilfe nach Art. 87 Abs. 1 EG unzulässig.

**b) Unzulässige Beihilfe an die Bar-Bank**

Hinsichtlich der Bar-Bank erscheint bereits zweifelhaft, ob sie überhaupt Beihilfeempfängerin sein kann, da die GET der eigentliche Kreditempfänger ist. Inwieweit auch der Sicherungsgeber Beihilfeempfänger sein kann, ist umstritten.

> Nach einer Ansicht ist die Beihilfe grundsätzlich nicht in der Stellung einer Sicherheit, sondern erst in der hierdurch veranlassten Kreditauszahlung und den damit verbundenen Vorteilen zu erblicken[25]. Der Kreditgeber als Sicherungsnehmer wäre demnach nie Beihilfeempfänger und die Kommission nicht zur Anweisung der Rückforderung gegenüber ihm befugt.

Nach dieser Ansicht wäre es generell ausgeschlossen, die Rückforderung der Sicherheit von der Bar-Bank zu bewerkstelligen, und die Klage wäre zwangsläufig begründet.

> Die Kommission vertritt demgegenüber eine andere Rechtsauffassung[26]: Zwar sei grundsätzlich nur der eigentliche Kreditnehmer Beihilfeempfänger, andererseits sei es aber nicht ausgeschlossen, dass auch Sicherungsnehmer und Kreditgeber als Beihilfeempfänger anzusehen sind. Dies soll insbesondere dann der Fall sein, wenn der Kreditgeber gegenüber der vorherigen Position stärker gesichert wird, beispielsweise bei der Gewährung einer Garantie für einen bereits bestehenden Kredit.

In der vorliegenden Konstellation dürften Argumente für beide Seiten sprechen. Stellt man vornehmlich darauf ab, dass unklar war, ob die bestehenden Kredite

---

[24] Vgl. dazu weiterführend Koenig C/Haratsch A, Europarecht, 4. Aufl. 2003, Rn. 862 ff.
[25] Friesinger, J/Behr A, Staatsbürgschaften, Banken und EU-Beihilfenverbot, RIW 1995, 708–714, 710 f.
[26] Siehe dazu die Mitteilung der Kommission vom 11.03.2000 über die Anwendung der Art. 87 und 88 EG auf staatliche Beihilfen in Form von Haftungsverpflichtungen und Bürgschaften, abgedruckt in: ABl.EG C 71 vom 11.03.2000, 14, Ziff. 2.2.1.

überhaupt noch getilgt werden könnten, führt die Gewährung des Kredites neben den neuen Investitionen auch zu einer Sicherung der wirtschaftlichen Lage der GET. Diese Entwicklung wirkt sich mittelbar zu Gunsten der Bar-Bank aus, so dass man sie als Subventionsempfängerin ansehen müsste. Andererseits dürfte hier nicht ohne weiteres davon auszugehen sein, dass die Hypothek auch für die bereits bestehenden Kredite der GET haftet. Dem Sachverhalt kann nicht unterstellt werden, dass die Altkredite ihrerseits nicht hinreichend gesichert sind. Damit erfüllt der aufgrund der kommunalen Sicherheit gewährte Kredit nicht die von der Kommission aufgestellten engen Voraussetzungen, um von einer Beihilfe für die Bar-Bank ausgehen zu können. Aus diesem Grund erscheint es nach den vorliegenden Angaben vorzugswürdig, im Verhältnis zur Bar-Bank keine Beihilfe anzunehmen.

## 4. Ergebnis

Im Ergebnis ist die Klage damit nur teilweise begründet. Allein gegenüber der Bar-Bank war die Entscheidung der Kommission rechtswidrig; im Fall der GET liegt demgegenüber eine unzulässige Beihilfe vor.

> Anmerkung: Wer der Auffassung der Kommission folgt und eine Beihilfe auch im Verhältnis zur Bar-Bank annimmt, wird die Klage insgesamt für unbegründet halten müssen. Im Verhältnis zur Bar-Bank wäre eine solche Beihilfe bereits deshalb unzulässig, weil sie eine reine "Betriebsmittelsubvention"[27] wäre, die grundsätzlich unzulässig ist.

Nach Art. 231 Abs. 1 EG ist im Falle einer begründeten Nichtigkeitsklage die angefochtene Entscheidung *ex tunc* für nichtig zu erklären. Ein Rechtsakt kann jedoch auch teilweise für nichtig erklärt werden, wenn und soweit sich der für nichtig zu erklärende Teil sinnvoll von dem übrigen Rechtsakt trennen lässt. Davon ist hier auszugehen: Das EuG wird die Entscheidung der Kommission vom 5. Mai 2006 nur insoweit für nichtig erklären, als das Verbot betroffen ist, Zahlungen aus der Hypothek an die Bar-Bank vorzunehmen.

---

[27] Koenig C/Kühling J, in: Streinz R (Hrsg.), EUV/EGV-Kommentar, 2003, Art. 87 EGV Rn. 74.

## Frage 2: Erfolgsaussichten der Klage der Stadt D gegen die GET

### I. Zulässigkeit

#### 1. Verwaltungsrechtsweg

Der Verwaltungsrechtsweg ist nach § 40 Abs. 2 VwGO für solche Klagen eröffnet, mit denen Ansprüche aus oder aufgrund von Verwaltungsverträgen geltend gemacht werden. Hier geht es um einen Anspruch, der die *Kehrseite des entsprechenden Leistungsanspruchs* darstellt. Für solche Ansprüche ist grundsätzlich derselbe Rechtsweg wie für den Leistungsanspruch gegeben[28]. Dies gilt auch dann, wenn Ansprüche wegen einer (behaupteten) Nichtigkeit des Verwaltungsvertrages geltend gemacht werden.

> Die Rückforderungsansprüche teilen insoweit die Rechtsnatur des Leistungsanspruchs. Ist dieser öffentlich-rechtlich, dann ist es auch der Anspruch auf Rückgewähr. Subventionsverträge sind regelmäßig öffentlich-rechtlicher Natur[29].

Somit war der am 1. Juni 2005 zwischen D und GET geschlossene Vertrag öffentlich-rechtlicher Natur. Daher muss die Stadt D als Hoheitsträger ausnahmsweise selbst klagen und kann nicht durch Verwaltungsakt die Pflichten des Vertragspartners festsetzen (was umgekehrt erforderlich wäre, wenn die Leistung selbst durch Verwaltungsakt gewährt worden wäre, sog. *„actus contrarius"*-Theorie).

#### 2. Klageart

Als statthafte Klage kommt die *allgemeine Leistungsklage* in Betracht[30]. Diese ist hier auf Rückgewähr der aufgrund des Vertrages erbrachten Leistung gerichtet, die in der Bestellung einer dinglichen Sicherheit zugunsten eines der GET gewährten Kredits bestand. Sie ist somit auf Ablösung der dinglichen Sicherheit gerichtet.

---

[28] Vgl. BVerwGE 25, 72 (76); BGHZ 56, 36. Zu diesem Problemkreis auch Maurer H, Allgemeines Verwaltungsrecht, 15. Aufl. 2004, § 10 Rn. 7b.
[29] Ipsen J, Allgemeines Verwaltungsrecht, 4. Aufl. 2005, Rn. 382.
[30] Zu den Voraussetzungen Hufen F, Verwaltungsprozessrecht, 6. Aufl. 2005, 319 Rn. 2.

## 3. Klagebefugnis

Die Klagebefugnis der D folgt aus dem möglicherweise bestehenden Anspruch auf *Rückerstattung* der Leistung, die aufgrund des nichtigen Vertrages gewährt wurde.

## 4. Zwischenergebnis

Die weiteren Zulässigkeitsvoraussetzungen, insbesondere das allgemeine Rechtsschutzbedürfnis, sind erfüllt. Die Klage ist zulässig.

## II. Begründetheit

Die Klage ist begründet, wenn D einen Anspruch auf Ablösung der dinglichen Sicherheit hat. Als Anspruchsgrundlage kommt ein *öffentlich-rechtlicher Erstattungsanspruch* in Frage, der als allgemeiner Grundsatz des Verwaltungsrechts anzuerkennen ist[31].

> Der öffentlich-rechtliche Erstattungsanspruch ist auf die Rückgewähr einer rechtsgrundlos erlangten Leistung gerichtet. Obwohl seine Ableitung im Einzelnen umstritten ist, ist heute allgemein anerkannt, dass er ein eigenständiges öffentlich-rechtliches Rechtsinstitut darstellt, des sich aus dem Grundsatz der Gesetzmäßigkeit der Verwaltung ergibt[32].

## 1. Vermögensverschiebung

Der Erstattungsanspruch setzt eine *unmittelbare Vermögensverschiebung* von der Stadt D auf die GET voraus. Eine solche ist durch Belastung des städtischen Grundstücks zur Sicherung des Kredits erfolgt, welcher der GET gewährt wurde. Entsprechend den zur ersten Frage gemachten Ausführungen ist dies als eine Vermögensverschiebung an GET und nicht an die Bar-Bank zu bewerten.

## 2. Fehlender Rechtsgrund

Das entscheidende Merkmal des Erstattungsanspruchs besteht darin, dass die Leistung *ohne Rechtsgrund* erfolgte oder dieser später weggefallen ist[33]. Einen

---

[31] Vgl. zur umstrittenen Begründung dieses Anspruchs BVerwGE 48, 279 (286); nach a.A. sind die §§ 812 ff. BGB analog anzuwenden, was allerdings im Ergebnis zu keinem Unterschied führen dürfte.
[32] Vgl. nur Erichsen H-U, Allgemeines Verwaltungsrecht, 12. Aufl. 2002, 398 f. Rn. 20.
[33] Maurer H, Allgemeines Verwaltungsrecht, 15. Aufl. 2004, 793 Rn. 24.

Rechtsgrund könnte der zwischen D und der GET geschlossene Vertrag bilden. Dieser stellt einen *subordinationsrechtlichen Verwaltungsvertrag* dar, dessen rechtliche Bewertung sich nach §§ 54 ff. VwVfG richtet. Darunter versteht man Verträge zwischen Parteien, die sonst in einem Über-/Unterordnungsverhältnis stehen[34]. Dies ist vorliegend bei den Vertragspartnern Stadt D und GET der Fall. Die Zuordnung des Vertrages zum Verwaltungsrecht richtet sich grundsätzlich nach der Rechtsnatur des Vertragsgegenstandes, der hier in der Bewilligung einer Subvention besteht. Nach dem Sachverhalt ist jedoch zu unterstellen, dass der Vertrag wegen der erfolglosen Anfechtung der Rückforderungsentscheidung der Kommission vom 5. Mai 2006 nichtig ist.

> Zu den Verbotsgesetzen im Sinne von §§ 59 Abs. 1 VwVfG, 134 BGB gehören auch die zwingenden Vorschriften des Gemeinschaftsrechts. Insoweit besteht keinerlei Spielraum für eine Abwägung oder Differenzierung. Denn das dem Gedanken des *„effet utile"* folgende Prinzip der effektiven Durchsetzung des Gemeinschaftsrechts[35] erfordert eine strikte Anwendung der gemeinschaftsrechtlichen Vorschriften und dementsprechend die Nichtigkeit gemeinschaftsrechtswidriger Verträge[36]. Darum besteht im Ergebnis weitgehend Einigkeit darüber, dass ein Subventionsvertrag, der die Gewährung einer materiell europarechtswidrigen Beihilfe zum Gegenstand hat, nichtig ist[37].

### 3. Fehlen bzw. Wegfall der Bereicherung

Bei der parallelen Problematik der Rückforderung von Subventionen, die durch Verwaltungsakt gewährt werden, stellt sich die Frage, inwieweit die nach nationalem Recht bestehenden *Vertrauensschutztatbestände* und *Rückforderungsfristen*, insbesondere § 48 Abs. 2 bis Abs. 4 VwVfG, einer Rückabwicklung entgegenstehen. Diese Frage stellt sich vorliegend in der Form, ob sich die GET auf einen Wegfall der Bereicherung berufen kann, da die durch den Kredit ermöglichten Investitionen bereits getätigt wurden. Inwieweit sich der Bürger überhaupt auf eine Entreicherung berufen kann, wird nicht einheitlich beurteilt. Nach Ansicht des

---

[34] Statt vieler nur Kopp F/Ramsauer U, VwVfG-Kommentar, 9. Aufl. 2005, § 54 Rn. 48.
[35] EuGH, Urt. v. 17.12.1970, Rs. 30/70, Slg. 1970, I-1197 (Ziff. 8) [*Scheer/Einfuhr und Vorratsstelle für Getreide und Futtermittel*]; EuGH, Urt. v. 21.09.1983, Rs. 205-215/82, Slg. 1983, I-2633 (Ziff. 17 u. 22) [*Deutsche Milchkontor*].
[36] BVerwGE 70, 41 (44 f.); Ehlers D, Die Einwirkung des Rechts der Europäischen Gemeinschaften auf das Verwaltungsrecht, in: DVBl. 1991, 605-613, 613.
[37] Vgl. Oldiges M, Die Entwicklung des Subventionsrechts seit 1996, in: NVwZ 2001, 626-636, 634 f.; Maurer H, Allgemeines Verwaltungsrecht, 15. Aufl. 2004, § 14 Rn. 43a.

BVerwG kann sich der Bürger zwar nicht auf § 818 Abs. 3 BGB analog stützen, wohl aber wird er nach Gesichtspunkten des Vertrauensschutzes geschützt[38].

> In der Sache ergibt sich kein Unterschied zur Rückforderungshaftung nach § 48 VwVfG: Vertrauensschutz scheidet im Rahmen von Beihilfegewährung nämlich regelmäßig aus, wenn wegen mangelnder Notifikation der Beihilfe gem. Art. 88 Abs. 3 EG die Kommission vor Gewährung der Beihilfe keine Kenntnis von derselben hatte[39]. Dies gilt für Ansprüche aufgrund nichtiger Subventionsverträge ebenso wie im Rahmen von § 48 VwVfG.

### 4. Ergebnis

Die Klage der Stadt D auf unverzügliche Ablösung der dinglichen Belastung ihres Grundstücks ist im Ergebnis erfolgreich.

## Frage 3: Erfolgsaussichten der Klage der TT-GmbH gegen die BRD

### I. Zulässigkeit

Die Zulässigkeit der Klage wirft keine Bedenken auf, insbesondere ist das Landgericht örtlich und sachlich zuständig[40]. Die TT-GmbH ist als juristische Person parteifähig.

### II. Begründetheit

#### 1. Amtshaftung nach § 839 BGB i.V.m. Art. 34 GG

Amtshaftungsansprüche in direkter Anwendung scheiden vorliegend schon deshalb aus, weil die Bundesrepublik in Anspruch genommen wurde, jedoch die Stadt D durch ihre Bediensteten gehandelt hat. Die Haftung nach Amtshaftungs-

---

[38] BVerwGE 71, 85 (90); Kopp F/Ramsauer U, VwVfG-Kommentar, 9. Aufl. 2005, § 59 Rn. 31.
[39] EuGH, Urt. v. 20.03.1997, Rs. C-24/94, Slg. 1997, I-1591 (Ziff. 24 f.) [*Land Rheinland-Pfalz/Alkan*]; Hufen F, Verwaltungsprozessrecht, 6. Aufl. 2005, 434 Rn. 22 f.
[40] Vgl. zur Zuständigkeit der Zivilgerichte auch für die Haftung wegen Verletzung des Gemeinschaftsrechts Ehlers D, in: Schoch F/Schmidt-Aßmann E/Pietzner R, VwGO-Kommentar, Stand: Juli 2003, § 40 Rn. 542.

grundsätzen trifft grundsätzlich nur die *Anstellungskörperschaft*, d.h. denjenigen Rechtsträger, in dessen Diensten der konkret handelnde Amtsträger steht[41].

## 2. Enteignungsgleicher Eingriff

Auch eine Haftung nach den Grundsätzen des *enteignungsgleichen Eingriffs* scheidet vorliegend aus: Denn eine Haftung nach diesem – ohnehin nicht unumstrittenen[42] – Rechtsinstitut setzt einen unmittelbaren Eingriff in eine eigentumsgleich geschützte Rechtsposition im Sinne von Art. 14 Abs. 3 GG voraus. Nicht geschützt sind hingegen *bloße Gewinnhoffnungen* und *Erwerbschancen*[43]. Die bloßen Aussichten der TT-GmbH auf den Abschluss des Exklusivvertrages können dem geschützten Bestand des Unternehmens jedoch kaum zugeordnet werden. Geschützt wird als Eigentum nur das bisher Erworbene, nicht der Erwerb als solcher[44].

## 3. Gemeinschaftsrechtlicher Haftungsanspruch

### a) Haftungsgrund und Haftungssubjekt

Es bleibt mithin der Rückgriff auf den *allgemeinen gemeinschaftsrechtlichen Haftungsanspruch* wegen Verletzung des Gemeinschaftsrechts durch einen Mitgliedstaat. Obwohl der EG-Vertrag keine ausdrückliche Regelung für den Fall enthält, dass Organe oder Bedienstete der Mitgliedstaaten gegen unmittelbar verbindliche Vorschriften des Gemeinschaftsrechts verstoßen, hat der EuGH in seiner mit der *Francovich*-Entscheidung[45] begründeten Rechtsprechung einen direkt im Gemeinschaftsrecht begründeten Anspruch eigener Art entwickelt, der neben dem nationalen Haftungsrecht steht.

> Die Haftung der Mitgliedstaaten für Schäden, die sich aus einem Verstoß ihrer Organe gegen Gemeinschaftsrecht ergeben, folgt aus der Verpflichtung der Mitgliedstaaten, dem Gemeinschaftsrecht volle Wirksamkeit zu verleihen („*effet utile*"). Ferner wird auf die Verpflichtung zur Beseitigung von Gemeinschaftsrechtsverstößen gem. Art. 10 EG, das Gebot des Schut-

---

[41] Thomas H, in: Palandt O u.a., BGB-Kommentar, 64. Aufl. 2005, § 839 Rn. 18.
[42] Siehe dazu Pieroth B/Schlink B, Grundrechte, 21. Aufl. 2005, Rn. 926; Maurer H, Allgemeines Verwaltungsrecht, 15. Aufl. 2004, § 27 Rn. 20.
[43] Wendt R, in: Sachs M (Hrsg.), Kommentar zum GG, 3. Aufl. 2003, Art. 14 Rn. 41 u. 47; BGH NJW 1997, 123 (124).
[44] Jarass H D/Pieroth B, GG-Kommentar, 7. Aufl. 2004, Art. 14 GG Rn. 7; Maurer H, Allgemeines Verwaltungsrecht, 15. Aufl. 2004, § 27 Rn. 45.
[45] Grundlegend EuGH, Urt. v. 19.11.1991, Rs. C-6/90, Slg. 1991, I-5357 [*Francovich*]; dem folgend BGH NJW 1997, 123 (124).

> zes der Grundrechte der EG-Bürger und den Rechtsgedanken von Art. 288
> Abs. 2 EG[46] zurückgegriffen.

Problematisch ist allerdings die Frage des *Anspruchsgegners* im Fall eines föderalen Bundesstaates wie der Bundesrepublik. Nach verbreiteter Ansicht kann nur der Mitgliedstaat selbst Haftungssubjekt sein, weil der Anspruch selbst im Gemeinschaftsrecht wurzelt[47]. Im Nachgang zur *Konle*-Entscheidung[48] des EuGH, in welcher dieser die grundsätzliche Zulässigkeit der Verlagerung der Haftung innerhalb eines Bundesstaates auf andere Rechtsträger festgestellt hat, ist aber mit der nunmehr wohl überwiegenden Meinung davon auszugehen, dass eine innerstaatliche Haftungsdelegation auf bestimmte Institutionen zulässig ist. Unter Berücksichtigung des nationalen Rechtes hat dies zur Folge, dass wegen § 839 BGB grundsätzlich nur die Anstellungskörperschaft haftet und nur da, wo ihre Haftung nach deutschem Recht generell ausscheidet, subsidiär ein gemeinschaftsrechtlicher Anspruch besteht[49]. So liegt der Fall hier.

### b) Haftung für administratives Unrecht

Nach der älteren Linie des EuGH und des BGH, kommt ein Anspruch auch gegen die Bundesrepublik Deutschland in Betracht: Der vom EuGH entwickelte Haftungsanspruch steht insbesondere unter der Voraussetzung, dass der Mitgliedstaat seine Verpflichtungen nach dem Gemeinschaftsrecht in qualifizierter Weise verletzt und dadurch bei dem Anspruchsteller unmittelbar kausal einen Schaden verursacht hat.

> Einen *hinreichend qualifizierten Verstoß* sieht der EuGH dabei als gegeben an, wenn der Mitgliedstaat die Grenzen, die seinem Ermessen gesetzt sind, offenkundig und erheblich überschritten hat[50]. Gesichtspunkte, die eine solche erhebliche Überschreitung indizieren, sind z.B. die Klarheit und Genauigkeit der verletzten Vorschrift, der Umfang des eingeräumten Ermes-

---

[46] Cremer W, in: Calliess C/Ruffert M (Hrsg.), EUV/EGV-Kommentar, 2. Aufl. 2002, Art. 288 EG Rn. 28 ff. u. 53.
[47] Jarass H D, Haftung für die Verletzung von EU-Recht durch nationale Organe und Amtsträger, in: NJW 1994, 881-886 (884); weitere Nachweise bei Gundel J, Die Bestimmung des richtigen Anspruchsgegners der Staatshaftung für Verstöße gegen Gemeinschaftsrecht, in: DVBl. 2001, 95-102 (97).
[48] EuGH, Urt. v. 01.06.1999, Rs. C-302/97, Slg. 1999, I-3099 (Ziff. 61 ff.) [*Konle*].
[49] Gellermann M, in: Streinz R (Hrsg.), EUV/EGV-Kommentar, 2003, Art. 288 EGV Rn. 51.
[50] EuGH, Urt. v. 05.03.1996; Rs.C-46/93, Slg.196, I-1029 [*Brasserie de Pêcheur*].

> sensspielraumes und der Verschuldensgrad, insbesondere etwa bei vorsätzlichen Verstößen[51].

Im vorliegenden Fall kann mit guten Gründen ein qualifizierter Verstoß bejaht werden, weil die Vorschriften über die Notifizierung von Beihilfen und die materiellen Anforderungen des Beihilfeverbots nach Art. 87, 88 EG nicht beachtet worden sind und der Verwaltung insofern keinerlei Spielraum obliegt. Dem Umfang nach dürfte der Anspruch unproblematisch die vergeblichen Investitionen der TT umfassen, die sich bei rechtmäßigem Verhalten von D amortisiert hätten, weil laut Sachverhalt außer der GET nur die TT in der engeren Wahl der LATE war.

**c) Ergebnis**

Im Ergebnis besteht also ein gemeinschaftsrechtlicher Haftungsanspruch der TT gegen die Bundesrepublik Deutschland. Die Klage ist mithin begründet.

---

[51] Gellermann M, in: Streinz R (Hrsg.), EUV/EGV-Kommentar, 2003, Art. 288 EGV Rn. 42.

## C. Anmerkungen

Koenig, Christian/Kühling, Jürgen/Ritter, Nicolai, EG-Beihilfenrecht, 2. Aufl. 2005

Schütte, Michael/Kirchhoff, Wolfgang, Staatliche Bürgschaften und EG-Beihilferecht, EWS, 1996, 189-192

# Literaturverzeichnis

*Armbrüster, Christian*, „Golden Shares" und die Grundfreiheiten des EG-Vertrags – EuGH, NJW 2002, 2303, 2305, 2306, in: JuS 2003, 224-227

*Bamberger, Heinz Georg/Roth, Herbert* (Hrsg.), Kommentar zum Bürgerlichen Gesetzbuch, Band 2, §§ 611-1296, Stand: 08/2004, München

*Berrisch, Georg M./Kamann, Hans-Georg*, WTO-Recht im Gemeinschaftsrecht – (k)eine Kehrtwende des EuGH, in: EWS 2000, 89-97

*Beutler, Bengt/Bieber, Roland/Pipkorn, Jörn/Streil, Jochen*, Die Europäische Union, Rechtsordnung und Politik, 5. Aufl., Baden-Baden 2001

*Bleckmann, Albert*, Europarecht, 6. Aufl., Köln 1997

*Bogdandy, Armin von/Makatsch, Tilmann*, Kollision, Koexistenz oder Kooperation? Zum Verhältnis von WTO-Recht und europäischem Außenwirtschaftsrecht in neueren Entscheidungen, in: EuZW 2000, 261-268

*Borchardt, Klaus-Dieter*, Die rechtlichen Grundlagen der Europäischen Union, 2. Aufl., Heidelberg 2002

*Bunte, Hermann-Josef*, Kartellrecht, 1. Aufl., München 2003

*Calliess, Christian/Ruffert, Matthias* (Hrsg.), Kommentar zu EU-Vertrag und EG-Vertrag, 2. Aufl., Neuwied 2002

*Dauses, Manfred A.* (Hrsg.), Handbuch des EU-Wirtschaftsrechts, Stand: 12/2004, München

*Ehlers, Dirk*, Die Einwirkung des Rechts der Europäischen Gemeinschaften auf das Verwaltungsrecht, in: DVBl. 1991, 605-613

*Ehlers, Dirk*, Europäische Grundrechte und Grundfreiheiten, 2. Aufl., Berlin 2005

*Erichsen, Hans-Uwe*, Allgemeines Verwaltungsrecht, 12. Aufl., Berlin 2002

*Frenz, Walter*, Handbuch Europarecht, Band 1 - Europäische Grundfreiheiten, Berlin 2004

*Friesinger, Jürgen/Behr, Andreas*, Staatsbürgschaften, Banken und EU-Beihilfenverbot, in: RIW 1995, 708-714

*Geiger, Rudolf*, EUV/EGV-Kommentar, 4. Aufl., München 2004

*Geyrhalter, Volker/Gänßler, Peggy*, "Inspire Art" – Briefkastengesellschaften "on the Move", in: DStR 2003, 2167-2172

*Göttsche, Max*, Das Centros-Urteil des EuGH und seine Auswirkungen - Eine Bestandsaufnahme aus gesellschafts-, handels- und steuerrechtlicher Sicht -, in: DStR 1999, 1403-1408

*Grabitz, Eberhard/Hilf, Meinhard* (Hrsg.), Das Recht der Europäischen Union, Stand: 06/2005, München

*Groeben, Hans von der/Schwarze, Jürgen* (Hrsg.), EU-/EG-Vertrag Kommentar, Band 4, Art. 189-314 EGV, 6. Aufl., Baden-Baden 2004

*Gundel, Jörg*, Die Bestimmung des richtigen Anspruchsgegners der Staatshaftung für Verstöße gegen Gemeinschaftsrecht, in: DVBl. 2001, 95-102

*Gundel, Jörg*, Die Rechtfertigung von faktisch diskriminierenden Eingriffen in die Grundfreiheiten des EG, in: Jura 2001, 79-85

*Gundel, Jörg*, Neue Grenzlinien für die Direktwirkung nicht umgesetzter EG-Richtlinien unter Privaten, in: EuZW 2001, 143-149

*Haltern, Ulrich*, Europarecht, 1. Aufl., Tübingen 2005

*Hayder, Roberto*, Anmerkung zu EuGH, Urt. v. 17.05.1994, Rs. C-41/93, in: EuZW 1994, 407

*Henn, Günter*, Handbuch Aktienrecht, 7. Aufl., Heidelberg 2002

*Henssler, Martin*, Der Richtlinienvorschlag über die Anerkennung von Berufsqualifikationen, in: EuZW 2003, 229-233

*Herdegen, Matthias*, Europarecht, 7. Aufl., München 2005

*Hobe, Stephan*, Europarecht, 2. Aufl., Köln 2004

*Honrath, Alexander*, Umfang und Grenzen der Freiheit des Kapitalverkehrs, 1. Aufl., Baden-Baden 1998

*Hufen, Friedhelm*, Verwaltungsprozessrecht, 6. Aufl., München 2005

*Ipsen, Jörn*, Allgemeines Verwaltungsrecht, 4. Aufl., München 2005

*Ipsen, Knut*, Völkerrecht, 5. Aufl., München 2004

*Jarass, Hans D.*, Die Kompetenzverteilung zwischen der Europäischen Gemeinschaft und den Mitgliedstaaten, in: AöR 121 (1996), 173-199

*Jarass, Hans D.*, Elemente einer Dogmatik der Grundfreiheiten II, in: EuR 2000, 705-723

*Jarass, Hans D.*, Haftung für die Verletzung von EU-Recht durch nationale Organe und Amtsträger, in: NJW 1994, 881-886

*Jarass, Hans D./Pieroth, Bodo*, GG-Kommentar, 7. Aufl., München 2004

*Kilian, Wolfgang*, Vom sinkenden Wert der „Goldenen Aktien", in: NJW 2003, 2653-2655

*Kimms, Frank*, Die Kapitalverkehrsfreiheit im Recht der Europäischen Union, 1. Aufl., Frankfurt a.M. 1996

*Kindler, Peter*, Niederlassungsfreiheit für Scheinauslandsgesellschaften? – Die „Centros"-Entscheidung des EuGH und das internationale Privatrecht, in: NJW 1999, 1993-2000

*Kluth, Winfried/Rieger, Frank*, Die neue EU-Berufsanerkennungsrichtlinie - Regelungsgehalt und Auswirkungen für Berufsangehörige und Berufsorganisationen, in: EuZW 2005, 486-492

*Koenig, Christian*, Gemeinschaftsrechtliche Unzulässigkeit einstweiliger Regelungsanordnungen gem. § 123 I VwGO im mitgliedstaatlichen Vollzug einer Gemeinsamen Marktorganisation?, in: EuZW 1997, 206-208

*Koenig, Christian/Haratsch, Andreas*, Europarecht, 4. Aufl., Tübingen 2003

*Koenig, Christian/Pechstein, Matthias/Sander, Claude*, EU-/EG-Prozessrecht, 2. Aufl., Tübingen 2002

*Kopp, Ferdinand O./Ramsauer, Ulrich*, VwVfG-Kommentar, 9. Aufl., München 2005

*Kopp, Ferdinand O./Schenke, Wolf-Rüdiger*, VwGO-Kommentar, 14. Aufl., München 2005

*Krause, Hartmut*, Von „goldenen Aktien", dem VW-Gesetz und der Übernahmerichtlinie, in: NJW 2002, 2747-2751

*Kube, Hanno*, Die Elfes-Konstruktion, in: JuS 2003, 111-118

*Lecheler, Helmut*, Einführung in das Europarecht, 2. Aufl., München 2003

*Leible, Stefan/Hoffmann, Jochen*, Wie inspiriert ist „Inspire Art"?, in: EuZW 2003, 677-683

*Lorz, Ralph Alexander*, Anmerkung zu: BGH, Urteil vom 14.12.2000, in: JR 2001, 413-415

*Maurer, Hartmut*, Allgemeines Verwaltungsrecht, 15. Aufl., München 2004

*Mayer, Franz C.*, Die Warenverkehrsfreiheit im Europarecht – eine Rekonstruktion, in: EuR 2003, 793-824

*Mayer, Franz C.*, Grundrechtsschutz gegen europäische Rechtsakte durch das BVerfG: Zur Verfassungsmäßigkeit der Bananenmarktordnung, in: EuZW 2000, 685-689

*Mestmäcker, Ernst-Joachim/Schweitzer, Heike*, Europäisches Wettbewerbsrecht, 2. Aufl., München 2004

*Nettesheim, Martin*, Die Bananenmarkt-Entscheidung des BVerfG: Europarecht und nationaler Mindestgrundrechtsstandard, in: Jura 2001, 686-692

*Nowak, Carsten/Schnitzler, Jörg*, Erweiterte Rechtfertigungsmöglichkeiten für mitgliedstaatliche Beschränkungen der EG-Grundfreiheiten – Genereller Rechtsprechungswandel oder Sonderweg im Bereich der sozialen Sicherheit?, in: EuZW 2000, 627-631

*Oldiges, Martin*, Die Entwicklung des Subventionsrechts seit 1996, in: NVwZ 2001, 626-636

*Oppermann, Thomas*, Europarecht, 3. Aufl., München 2005

*Ossenbühl, Fritz*, Staatshaftungsrecht, 5. Aufl., München 1998

*Palandt, Otto* (Hrsg.), BGB-Kommentar, 64. Aufl., München 2005

*Pieroth, Bodo/Schlink, Bernhard*, Grundrechte, 21. Aufl., Heidelberg 2005

*Plötscher, Stefan*, Der Begriff der Diskriminierung im Europäischen Gemeinschaftsrecht, 1. Aufl., Berlin 2003

*Rättig, Horst/Protzen, Daniel*, Zur Europarechtswidrigkeit der §§ 7 -14 AStG und zu den Folgen für die internationale Steuerplanung, in: IStR 2003, 195-202

*Rebmann, Kurt* (Hrsg.), Münchener Kommentar zum BGB, Band 6, §§ 854-1296, 4. Aufl., München 2004

*Roth, Wulf-Henning*, Drittwirkung der Grundfreiheiten?, in: FS Ulrich Everling, Baden-Baden 1995, 1231-1247

*Rupp, Hans Heinrich*, Anmerkung zu BVerfG: Beschluß vom 15.01.1995, in: JZ 1995, 353-354

*Sachs, Michael* (Hrsg.), Kommentar zum GG, 3. Aufl., München 2003

*Sander, Florian*, Volkswagen vor dem EuGH – der Schutzbereich der Kapitalverkehrsfreiheit am Scheideweg, in: EuZW 2005, 106-109

*Schlaich, Klaus/Korioth, Stefan*, Das Bundesverfassungsgericht, 6. Aufl., München 2004

*Schleper, Norbert*, Auf dem Weg zu einer einheitlichen Dogmatik der Grundfreiheiten, in: Institut für Völkerrecht der Universität Göttingen, Abteilung Europarecht - Göttinger Online-Beiträge zum Europarecht, Nr. 16, 2004, 1-46

*Schoch, Friedrich*, Staatshaftung wegen Verstoßes gegen Europäisches Gemeinschaftsrecht, in: Jura 2002, 837-841

*Schoch, Friedrich/Schmidt-Aßmann, Eberhard/Pietzner, Rainer*, VwGO-Kommentar, Stand: 07/2003, München

*Schwarze, Jürgen* (Hrsg.), EU-Kommentar, 1. Aufl., Baden-Baden 2000

*Staudinger, Julius von* (Hrsg.), Kommentar zum Bürgerlichen Gesetzbuch, §§ 839, 839a, 13. Bearbeitung, Berlin 2002

*Streinz, Rudolf* (Hrsg.), EUV/EGV-Kommentar, 1. Aufl., München 2003

*Streinz, Rudolf*, Europarecht, 7. Aufl., Heidelberg 2005

*Streinz, Rudolf/Leible, Stefan*, Die unmittelbare Drittwirkung der Grundfreiheiten – Überlegungen aus Anlaß von EuGH EuZW 2000, 468 – Angonese, in: EuZW 2000, 459-467

*Voßkuhle, Andreas*, Bruch mit einem Dogma: Die Verfassung garantiert Rechtsschutz gegen den Richter, in: NJW 2003, 2193-2200

*Weiß, Wolfgang*, Nationales Steuerrecht und Niederlassungsfreiheit - Von der Konvergenz der Grundfreiheiten als Beschränkungsverbote zur Auflösung der Differenzierung zwischen unterschiedslosen und unterschiedlichen Maßnahmen, in: EuZW 1999, 493-498

*Weiß, Wolfgang/Herrmann, Christoph*, Welthandelsrecht, 1. Aufl., München 2003

*Weller, Marc-Philippe*, „Inspire Art": Weitgehende Freiheiten beim Einsatz ausländischer Briefkastengesellschaften, in: DStR 2003, 1800-1804

*Wellige, Kristian*, Weg mit dem VW-Gesetz, in: EuZW 2003, 427-433

*Zimmer, Daniel*, Nach „Inspire Art": grenzenlose Gestaltungsfreiheit für deutsche Unternehmen?, in: NJW 2003, 3585-3592

# Verzeichnis der Entscheidungen des EuGH

| | |
|---|---|
| *Adria-Wien-Pipeline* | EuGH, Urt. v. 08.11.2001, Rs. C-143/99, Slg. 2001, I-8384 |
| *Almelo* | EuGH, Urt. v. 27.04.1994, Rs. C-393/92, Slg. 1994, I-1477 |
| *Alpine Investments* | EuGH, Urt. v. 10.05.1995, Rs. C-384/93, Slg. 1995, I-1141 |
| *Angonese* | EuGH, Urt. v. 06.06.2000, Rs. C-281/91, Slg. 2000, I-4139 |
| *Atlanta* | EuGH, Urt. v. 09.11.1995, Rs. C-465/93, Slg. 1995, I-3761 |
| *Baars* | EuGH, Urt. v. 13.04.2000, Rs. C-251/98, Slg. 2000, I-2787 |
| *Bagnasco u.a./BNP u.a.* | EuGH, Urt. v. 21.01.1999, verb. Rs. C-215/96 u. C-216/96, Slg. 1999, I-135 |
| *Banco de Crédito Industrial* | EuGH, Urt. v. 15.03.1994, Rs. C-387/92, Slg. 1994, I-877 |
| *Bayer/Kommission* | EuG, Urt. v. 26.10.2000, Rs. T-41/96, Slg. 2000, II-3383 |
| *Becker/FA Münster* | EuGH, Urt. v. 19.01.1982, Rs. 8/81, Slg. 1982, 53 |
| *Bluhme* | EuGH, Urt. v. 03.12.1998, Rs. C-67/97, Slg. 1998, I-8033 |
| *Bosman* | EuGH, Urt. v. 15.12.1995, Rs. C-415/93, Slg. 1995, I-4921 |

| | |
|---|---|
| *Bostock* | EuGH, Urt. v. 24.03.1994, Rs. C-2/92, Slg. 1994, I-955 |
| *Bouchoucha* | EuGH, Urt. v. 03.10.1990, Rs. C-61/90, EuZW 1990, 577 |
| *Braatheus Sverige* | EuGH, Urt. v. 10.06.1999, Rs. C-346/97, Slg.1999, I-3418 |
| *Brasserie du Pêcheur und Factortame* | EuGH, Urt. v. 05.03.1996, verb. Rs. C-46/93 u. C-48/93, Slg. 1996, I-1029 |
| *British Telecommunications* | EuGH, Urt. v. 26.03.1996, Rs. C-392/93, Slg. 1996, I-1631 |
| *Cargill/Kommission* | EuGH, Urt. v. 20.06.1991, Rs. C-248/89, Slg. 1991, I-2987 |
| *Cassis de Dijon* | EuGH, Urt. v. 20.02.1978, Rs. 120/78, Slg. 1979, 649 |
| *Centros* | EuGH, Urt. v. 09.03.1999, Rs. C-212/97, NJW 1999, 2027 |
| *CIA Security/Signalson u. a.* | EuGH, Urt. v. 30.04.1996, Rs. C-194/94, Slg. 1996, I-2201 |
| *Ciola/Land Vorarlberg* | EuGH, Urt. v. 29.04.1999, Rs. C-224/97, Slg. 1999, I-2517 |
| *Corsica Ferries* | EuGH, Urt. v. 17.05.1994, Rs. C-18/93, Slg. 1994, I-1783 |
| *Corsten u. Grundig/Kommission* | EuGH, Urt. v. 13.07.1966, verb. Rs. 56/64 u. 58/64, Slg. 1966, 321 |
| *Costa/ENEL* | EuGH, Urt. v. 15.07.1964, Rs. 6/64, Slg. 1964, 1253 |
| *Dassonville* | EuGH, Urt. v. 08.07.1974, Rs. 8/74, Slg. 1974, 837 |
| *Decker* | EuGH, Urt. v. 28.04.1998, Rs. C-120/95, Slg. 1998, I-1831 |

| | |
|---|---|
| *Deliège* | EuGH, Urt. v. 11.04.2000, verb. Rs. C-51/96 u. C-191/97, Slg. 2000, I-2549 |
| *Deutsche Milchkontor* | EuGH, Urt. v. 21.09.1983, Rs. 205-215/82, Slg. 1983, I-2633 |
| *Deutschland/Kommission* | EuGH, Urt. v. 12.06.1990, Rs. 8/88, Slg. 1990, I-2355 |
| *Deutschland/Parlament u. Rat* | EuGH, Urt. v. 13.05.1997, Rs. C-233/94, Slg. 1997, I-2405 |
| *Deutschland/Parlament u. Rat* | EuGH, Urt. v. 05.10.2000, Rs. C-376/98, Slg. 2000, I-8419 |
| *Deutschland/Rat (Bananenmarktordnung)* | EuGH, Urt. v. 05.10.1994, Rs. C-280/93, Slg. 1994, I-4973 |
| *Dillenkofer u. a.* | EuGH, Urt. v. 08.10.1996, Rs. C-178/94, Slg. 1996, I-4845 |
| *Donà* | EuGH, Urt. v. 14.07.1976, Rs. 13/76, Slg. 1976, 1333 |
| *Dreyfuß/Kommission* | EuGH, Urt. v. 05.05.1998, Rs. C-386/96, Slg. 1998, I-2309 |
| *Driessen u. a.* | EuGH, Urt. v. 05.10.1993, verb. Rs. C-13/92, C-14/92, C-15/92 u. C-16/92, Slg. 1993, I-4751 |
| *Ecotrade* | EuGH, Urt. v. 01.12.1998, Rs. C-200/97, Slg. 1998, I-7926 |
| *Église de Scientology* | EuGH, Urt. v. 14.03.2000, Rs. C-54/99, Slg. 2000, I-1335 |
| *EPAC/Kommission* | EuG, Urt. v. 13.06.2000, Rs. T-204/97, Slg. 2000, II-2267 |
| *ERT* | EuGH, Urt. v. 18.06.1991, Rs. C-260/89, Slg. 1991, I-2925 |
| *Europemballage/Kommission* | EuGH, Urt. v. 21.02.1973, Rs. 6/72, Slg. 1973, 215 |

| | |
|---|---|
| *Faccini Dori* | EuGH, Urt. v. 14.07.1994, Rs. C-91/92, Slg. 1994, I-3325 |
| *Factortame* | EuGH, Urt. v. 25.07.1991, Rs. C-221/89, Slg.1991, I-3905 |
| *Fédération Charbonnière de Belgium/Hohe Behörde der EGKS* | EuGH, Urt. v. 29.11.1956, Rs. 8/55, Slg. 1955, 297 |
| *Ford/Kommission* | EuGH, Urt. v. 17.09.1985, verb. Rs. 25/84 u. 26/84, Slg. 1985, 2725 |
| *Foto Frost* | EuGH, Urt. v. 22.10.1987, Rs. 314/85, Slg. 1987, 4199 |
| *Foyer culturel du Sart-Tilman/Kommission* | EuGH, Urt. v. 25.05.1993, Rs. C-199/91, Slg. 1993, I-2667 |
| *Francovich* | EuGH, Urt. v. 19.11.1991, verb. Rs. C-6/90 u. C-9/90, Slg. 1991, I-5357 |
| *Frankreich, Irland/Kommission* | EuGH, Urt. v. 29.02.1996, verb. Rs. C-296/93 u. C-307/93, Slg. 1996, I-795 |
| *Frankreich/Kommission* | EuGH, Urt. v. 17.05.1994, Rs. C-41/93, Slg. 1994, I-1829 |
| *Gebhard* | EuGH, Urt. v. 30.11.1995, Rs. C-55/94, NJW 1996, 579 |
| *Graf* | EuGH, Urt. v. 27.01.2000, Rs. C-190/98, Slg. 2000, I-493 |
| *Großbritannien/Rat* | EuGH, Urt. v. 12.11.1996, Rs. C-84/94, Slg. 1996, I-5755 |
| *Haegeman* | EuGH, Urt. v. 30.4.1974, Rs. 181/73, Slg. 1974, 449 |
| *Hayes/Kronenberg* | EuGH, Urt. v. 20.03.1997, Rs. C-323/95, Slg. 1997, I-1711 |
| *Höfner u. Elser/Macrotron* | EuGH, Urt. v. 23.04.1991, Rs. C-41/90, Slg. 1991, I-1979 |

| | |
|---|---|
| *Ianelli & Volpi/Meroni* | EuGH, Urt. v. 22.03.1977, Rs. 74/76, Slg. 1977, 557 |
| *Inspire Art* | EuGH, Urt. v. 30.09.2003, Rs. C-167/01, NJW 2003, 3331 |
| *International Fruit Company* | EuGH, Urt. v. 12.12.1972, Rs. 24-27/72, Slg. 1972, 1219 |
| *Jägerskiöld/Gustafsson* | EuGH, Urt. v. 21.10.1998, Rs. C-97/98, Slg. 1999, I-7319 |
| *Keck und Mithouard* | EuGH, Urt. v. 24.11.1993, verb. Rs. C-267/91 u. C-268/91, Slg. 1993, I-6097 |
| *Klopp* | EuGH, Urt. v. 12.07.1984, Rs. 107/83, NJW 1985, 1275 |
| *Köbler/Republik Österreich* | EuGH, Urt. v. 30.09.2003, Rs. C-224/01, Slg. 2003, I-10239 |
| *Kommission/Belgien* | EuGH, Urt. v. 09.07.1992, Rs. C-2/90, Slg. 1992, I-4431 |
| *Kommission/Belgien* | EuGH, Urt. v. 04.06.2002, Rs. C-503/99, Slg. 2002, I-4809 |
| *Kommission/Dänemark* | EuGH, Urt. v. 20.09.1988, Rs. 302/86, Slg. 1998, 4607 |
| *Kommission/Deutschland* | EuGH, Urt. v. 30.05.1991, Rs. C-59/89, Slg. 1991, I-2607 |
| *Kommission/Deutschland* | EuGH, Urt. v. 10.05.1995, Rs. C-422/92, Slg. 1995, I-1097 |
| *Kommission/Frankreich* | EuGH, Urt. v. 09.12.1997, Rs. C-265/95, Slg. 1997, I-6959 |
| *Kommission/Frankreich* | EuGH, Urt. v. 04.06.2002, Rs. C-483/99, Slg. 2002, I-4781 |
| *Kommission/Griechenland* | EuGH Urt. v. 19.03.1991, Rs. C-205/89, Slg. 1991, I-1361 |

| | |
|---|---|
| *Kommission/Großbritannien* | EuGH, Urt. v. 13.05.2003, Rs. C-98/01, NJW 2003, 2666 |
| *Kommission/Italien* | EuGH. Urt. v. 10.12.1968, Rs. 7/68, Slg. 1968, 633 |
| *Kommission/Italien* | EuGH, Urt. v. 18.11.1970, Rs. 8/70, Slg. 1970, 961 |
| *Kommission/Italien* | EuGH, Urt. v. 09.06.1982, Rs. 95/81, Slg. 1982, 2187 |
| *Kommission/Italien* | EuGH, Urt. v. 21.03.2002, Rs. C-298/99, Slg. 2002, I-3129 |
| *Kommission/Königreich Spanien* | EuGH, Urt. v. 13.05.2003, Rs. C-463/00, NJW 2003, 2663 |
| *Kommission/Luxemburg* | EuGH, Urt. v. 02.07.1996, Rs. C-473/93, Slg. 1996, I-3207 |
| *Kommission/Niederlande* | EuGH, Urt. v. 05.10.1989, Rs. 290/87, Slg. 1989, 3083 |
| *Kommission/Portugal* | EuGH, Urt. v. 04.06.2002, Rs. C-367/98, Slg. 2002, I-4731 |
| *Kommission/Rat* | EuGH, Urt. v. 31.03.1971, Rs. 22/70, Slg. 1971, 263 |
| *Kommission/Rat* | EuGH, Urt. v. 27.09.1988, Rs. 165/87, Slg. 1988, 5545 |
| *Kommission/Spanien* | EuGH, Urt. v. 13.05.2003, Rs. C-463/00, NJW 2003, 2663 |
| *Konle* | EuGH, Urt. v. 01.06.1999, Rs. C-302/97, Slg. 1999, I-3099 |
| *Konsumentombudsmannen/De Agostini u. TV-Shop* | EuGH, Urt. v. 09.07.1997, verb. Rs. C-34/95, C-35/95 u. C-36/95, Slg. 1997, I-3848 |
| *Konsumentombudsmannen* | EuGH Urt. v. 08.03.2001, Rs. C-405/98, Slg. 2001, I-1797 |

| | |
|---|---|
| *Kraus* | EuGH, Urt. v. 31.03.1993, Rs. C-19/92, Slg. 1993, I-1663 |
| *Land Rheinland-Pfalz/Alkan* | EuGH, Urt. v. 20.03.1997, Rs. C-24/94, Slg. 1997, I-1591 |
| *Lawrie-Blum* | EuGH, Urt. v. 03.07.1986, Rs. 66/85, Slg. 1986, 2121 |
| *Luisi und Carbone* | EuGH, Urt. v. 31.01.1984, verb. Rs. 286/82 u. 26/83, Slg. 1984, 377 |
| *Maizena/Rat* | EuGH, Urt. v. 29.10.1980, Rs. 139/79, Slg. 1980, 3393 |
| *Marimex/Italienische Finanzverwaltung* | EuGH, Urt. v. 14.12.1972, Rs. 29/72, Slg. 1972, 1309 |
| *Marshall* | EuGH, Urt. v. 26.02.1986, Rs. 152/84, Slg. 1986, 723 |
| *Mediawet* | EuGH, Urt. v. 25.07.1991, Rs. C-353/89, Slg. 1991, I-4069 |
| *Miller/Kommission* | EuGH, Urt. v. 01.02.1978, Rs. 19/77, Slg. 1978, 131 |
| *Ninni-Orasche* | EuGH, Urt. v. 06.11.2003, Rs. C-413/01, Slg. 2003, I-13187 |
| *Nold KG/ECSC High Authority* | EuGH, Urt. v. 20.03.1959, Rs. 18/57, Slg. 1957, 91 |
| *NTN Toyo Bearing Company* | EuGH, Urt. v. 15.06.1976, Rs. 113/75, Slg. 1979, 1185 |
| *O'Flynn* | EuGH, Urt. v. 21.03.1996, Rs. C-237/94, Slg. 1996, I-2617 |
| *Oliveira/Kommission* | EuGH, Urt. v. 07.05.1991, Rs. C-304/89, Slg. 1991, I-2283 |
| *Omega Air u. a.* | EuGH, Urt. v. 12.03.2002, Rs. C-27/00, Slg. 2002, I-2569 |

| | |
|---|---|
| *Oscar Traen u. a.* | EuGH, Urt. v. 12.05.1987, verb. Rs. 372/85, 373/85 u. 374/85, Slg. 1987, 2141 |
| *Parlament/Kommission* | EuGH, Urt. v. 13.07.1995, Rs. C-156/93, Slg. 1995, I-2019 |
| *Parlament/Rat* | EuGH, Urt. v. 16.07.1992, Rs. C-65/90, Slg. 1992, I-4593 |
| *Parlament/Rat* | EuGH, Urt. v. 07.07.1992, Rs. C-295/90, Slg. 1992, I-4193 |
| *Parlament/Rat* | EuGH, Urt. v. 02.03.1994, Rs. C-316/91, Slg. 1994, I-625 |
| *Parlament/Rat* | EuGH, Urt. v. 05.07.1995, Rs. C-21/94, Slg. 1995, I-1827 |
| *Parlament/Rat* | EuGH, Urt. v. 30.03.1995, Rs. C-65/93, Slg. 1995, I-643 |
| *Parlament/Rat* | EuGH, Urt. v. 10.05.1995, Rs. C-417/93, Slg. 1995, I-1185 |
| *Parlament/Rat* | EuGH, Urt. v. 28.05.1998, Rs. C-22/96, Slg. 1998, I-3231 |
| *Peralta* | EuGH, Urt. v. 14.07.1994, Rs. C-379/92, Slg. 1994, I-3453 |
| *Pfandflaschen* | EuGH, Urt. v. 20.09.1988, Rs. 302/88, Slg. 1988, 4607 |
| *Philip Morris/Kommission* | EuGH, Urt. v. 17.09.1980, Rs. 730/79, Slg. 1980, 2671 |
| *Pigs Marketing Board/Redmond* | EuGH, Urt. v. 29.11.1978, Rs. 83/78, Slg. 1978, 2347 |
| *Piraiki-Patraiki/Kommission* | EuGH, Urt. v. 17.01.1985, Rs. 11/82, Slg. 1985, 207 |
| *Plaumann* | EuGH, Urt. v. 15.07.1963, Rs. 25/62, Slg. 1963, 211 |

| | |
|---|---|
| *Port* | EuGH, Urt. v. 26.11.1996, Rs. C-68/95, Slg. 1996, I-6065 |
| *Portugal/Rat (Textilimporte)* | EuGH, Urt. v. 23.11.1999, Rs. C-149/96, Slg. 1999, I-8395 |
| *Preussen Elektra* | EuGH, Urt. v. 13.03.2001, Rs. C-379/98, Slg. 2001, I-2099 |
| *Rat/Parlament* | EuGH, Urt. v. 03.06.1986, Rs. 34/86, Slg. 1986, 2155 |
| *Ratti* | EuGH, Urt. v. 05.04.1979, Rs. 148/78, Slg. 1979, 1629 |
| *Rau* | EuGH, Urt. v. 10.11.1982, Rs. 261/81, Slg. 1982, 3972 |
| *Remia BV u.a./Kommission* | EuGH, Urt. v. 11.07.1985, Rs. C-42/84, Slg. 1985, 2545 |
| *Rewe/ Bundesmonopolverwaltung für Branntwein* | EuGH, Urt. v. 20.02.1978, Rs. 120/78, Slg. 1979, 649 |
| *Rewe/Hauptzollamt Kiel* | EuGH, Urt. v. 07.07.1981, Rs. 158/80, Slg. 1981, 1805 |
| *Reyners* | EuGH, Urt. v. 21.06.1974, Rs. 2/74, Slg. 1974, 631 |
| *Romkes* | EuGH, Urt. v. 16.06.1987, Rs. 46/86, Slg. 1987, 2671 |
| *Roquette Frères* | EuGH, Urt. v. 30.09.1982, Rs. 110/81, Slg. 1982, 3159 |
| *Roquette Frères/Rat* | EuGH, Urt. v. 29.10.1980, Rs. 138/79, Slg. 1980, 3333 |
| *Rutili* | EuGH, Urt. v. 28.10.1975, Rs. 36/75, Slg. 1975, 1219 |
| *Rustica Semences* | EuGH, Urt. v. 14.07.1994, Rs. C-438/92, Slg. 1994, I-3519 |

| | |
|---|---|
| *Säger* | EuGH, Urt. v. 25.07.1991, Rs. C-76/90, Slg. 1991, I-4221 |
| *Saldanha* | EuGH, Urt. v. 02.10.1997, Rs. C-122/96, Slg. 1997, I-5325 |
| *Scheer/Einfuhr und Vorratsstelle für Getreide und Futtermittel* | EuGH, Urt. v. 17.12.1970, Rs. 30/70, Slg. 1970, 1197 |
| *Schutzverband gegen unlauteren Wettbewerb* | EuGH, Urt. v. 13.01.2000, Rs. C-254/98, Slg. 2000, I-151 |
| *Segers* | EuGH, Urt. v. 10.07.1986, Rs. 79/85, NJW 1987, 571 |
| *SETTG* | EuGH, Urt. v. 05.06.1997, Rs. C-398/95, Slg. 1997, I-3091 |
| *SFEI u. a.* | EuGH, Urt. v. 11.07.1996, Rs. C-39/94, Slg. 1996, I-3547 |
| *Sodemare* | EuGH, Urt. v. 17.06.1997, Rs. C-70/95, Slg. 1997, I-3395 |
| *Sotgiu* | EuGH, Urt. v. 12.02.1974, Rs. 152/73, Slg. 1974, 153 |
| *Spanien/Kommission* | EuGH, Urt. v. 29.04.1999, Rs. C-342/96, Slg. 1999, I-2459 |
| *Steenkolenmijnen/Hohe Behörde* | EuGH, Urt. v. 23.02.1961, Rs. 30/59, Slg. 1961, 43 |
| *Syndesmos ton en Elladi Touristikon kai Taxidiotikon Grafeion/Ypourgos Ergasias* | EuGH, Urt. v. 05.06.1997, Rs. C-398/95, Slg. 1997, I-3091 |
| *Tschernobyl I* | EuGH, Urt. v. 22.05.1990, Rs. 70/88, Slg. 1990, I-2041 |
| *Überseering* | EuGH, Urt. v. 05.11.2002, Rs. C-208/00, NJW 2002, 361 |
| *Unilever/Central Food* | EuGH, Urt. v. 26.09.2000, Rs. C-443/98, Slg. 2000, I-7535 |

| | |
|---|---|
| *Vaassen-Göbbels* | EuGH, Urt. v. 30.06.1966, Rs. 61/65, Slg. 1966, 584 |
| *van Binsbergen* | EuGH, Urt. v. 03.12.1974, Rs. 33/74, Slg. 1974, 1299 |
| *Van Duyn/Home Office* | EuGH, Urt. v. 04.12.1974, Rs. 41/74, Slg. 1974, 1337 |
| *van Gend & Loos* | EuGH, Urt. v. 05.02.1963, Rs. 26/62, Slg. 1963, 1 |
| *Vander Elst* | EuGH, Urt. v. 09.08.1994, Rs. C-43/93, Slg. 1994, I-3803 |
| *Vereinigte Familiapress Zeitungsverlags- und -vertriebs GmbH* | EuGH, Urt. v. 26.06.1997, Rs. C-368/95, Slg. 1997, I-3689 |
| *Vereinigtes Königreich/Kommission* | EuGH, Urt. v. 12.05.1998, Rs. C-106/96, Slg. 1998, I-2729 |
| *Vereinigtes Königreich/Rat* | EuGH, Urt. v. 19.11.1998, Rs. C-150/94, Slg. 1998, I-7235 |
| *Veronica Omroep Organisatie* | EuGH, Urt. v. 03.02.1993, Rs. C-148/91, NJW 1993, 875 |
| *Vlassopoulou* | EuGH, Urt. v. 07.05.1991, Rs. C-340/89, NJW 1991, 2073 |
| *Völk/Vervaecke* | EuGH, Urt. v. 09.07.1969, Rs. 5/69, Slg. 1969, 295 |
| *von Binsbergen* | EuGH, Urt. v. 03.12.1974, Rs. 33/74, NJW 1975, 1095 |
| *Walrave* | EuGH, Urt. v. 12.12.1974, Rs. 36/74, Slg. 1974, 1405 |
| *Webb* | EuGH, Urt. v. 17.12.1981, Rs. 279/80, Slg. 1981, 3305 |
| *Zuckerfabrik Süderdithmarschen* | EuGH, Urt. v. 21.02.1991, verb. Rs. C-143/88 u. C-92/89, Slg. 1991, I-415 |

Druck und Bindung: Strauss GmbH, Mörlenbach

The manufacturer's authorised representative in the EU is Springer
Nature Customer Service Centre GmbH, Europaplatz 3, 69115 Heidelberg,
Germany. If you have any concerns regarding our products, please
contact ProductSafety@springernature.com

Printed and bound by CPI Group (UK) Ltd, Croydon, CR0 4YY
23/03/2026
02076751-0001